高速铁路无砟轨道密集过渡段路基动力试验与仿真研究

Dynamic experimental study and simulink analysis of closely spaced bridge-transition sections in for ballastless tracks on high speed railway

◎胡 萍 著

中国矿业大学出版社
China University of Mining and Technology Press
·徐州·

图书在版编目（CIP）数据

高速铁路无砟轨道密集过渡段路基动力试验与仿真研究/胡萍著．—徐州：中国矿业大学出版社，2020.11

ISBN 978-7-5646-4826-8

Ⅰ．①高…　Ⅱ．①胡…　Ⅲ．①高速铁路－无砟轨道－铁路路基－动力学－研究　Ⅳ．①U213.1

中国版本图书馆 CIP 数据核字（2020）第 233135 号

书　　名　高速铁路无砟轨道密集过渡段路基动力试验与仿真研究
Gaosu Tielu Wuzha Guidao Miji Guoduduan Luji Dongli Shiyan yu Fangzhen Yanjiu

著　　者　胡　萍

责任编辑　耿东锋

出版发行　中国矿业大学出版社有限责任公司
（江苏省徐州市解放南路　邮编 221008）

营销热线　（0516）83884103　83885105

出版服务　（0516）83995789　83884920

网　　址　http://www.cumtp.com　**E-mail**：cumtpvip@cumtp.com

印　　刷　湖南省众鑫印务有限公司

开　　本　710 mm×1000 mm　1/16　**印张** 13.25　**字数** 258 千字

版次印次　2020 年 11 月第 1 版　2020 年 11 月第 1 次印刷

定　　价　78.00 元

（图书出现印装质量问题，本社负责调换）

前　言

高速铁路是国家重要基础设施和交通运输大动脉，对推动我国社会经济发展，实现“两个一百年”奋斗目标，实现中华民族伟大复兴的中国梦具有举足轻重的作用。截至2019年年底，中国高铁总里程已超过3.5万km，成为世界上高铁里程最长、运输密度最高、成网运营场景最复杂的国家。我国高速铁路取得了辉煌的成绩，如何保证高铁长期、安全、稳定运营成了现阶段关注度极高的问题。

过渡段作为连接土质路基与刚性构筑物(桥梁、隧道和涵洞等)的结构，是高速铁路最薄弱的环节之一，更是列车长期运营过程中路基沉降和轨道平顺性控制的重中之重。过渡段的合理设计成为保证线路安全和旅客舒适性的关键，而列车作用下过渡段的动力特性则成为验证过渡段设计是否合理的重要指标。考虑到我国高速铁路建设中，桥梁、隧道和涵洞等构筑物出现的比例较高，密集过渡段间的相互影响也成为当今高速铁路研究的一个重点。

本书以武广高速铁路过渡段为研究对象，以国家自然科学基金项目和湖南省自然科学基金项目等为依托，通过室内外试验获取了过渡段材料参数和刚度比，利用现场大型行车试验分析过渡段动力特性规律，并由实测轨道振动加速度数据数定(本书指以数学方法将加速度信号转化为应力结果)得到了轨道应力时程曲线，结合ANSYS参数化编程建立了过渡段轨道-路基动力有限元分析模型。另外，结合有限元法和模态叠加法，采用FORTRAN语言编制了列车-轨道-路基动力分析程序，研究了列车作用下过渡段的动力特性影响因素及密集过渡段间的相互影响。本书共分为三部分八章。第一部分是对高速铁路过渡段基本知识和理论的介绍，包括第1～3章；第二部分是对高速铁路动力特性分析新技术新方法的介绍，包括第4～6章；第三部分是对高速铁路动力响应结果分析及技术应用的介绍。

第1章绪论，搜集了国内外高速铁路过渡段所产生的问题及处理方法，并对普通轨道-路基和过渡段轨道-路基动力响应的研究历史与现状进行回顾和总结，提出了需要开展研究的问题。

第2章无砟轨道路-桥过渡段路基参数获取试验研究，通过现场波速试验(跨孔法、下孔法及面波法)、大型激振试验及室内大型粗颗粒土的物理力学试验，得到了路-桥过渡段基床表层和底层填料的动力参数和物理力学参数，并通过综合刚度法计算得到路-桥过渡段的刚度比。通过对比不同试验方法的试验结果，提出了较为合理的参数获取试验方案。

第 3 章列车动荷载模拟，从分析列车振动荷载产生的机理出发，通过现场实测轨道振动加速度，对轨道振动加速度进行数定，获取轨道动应力时程曲线，再假定整个路-桥过渡段分为过渡段区域与普通路基区域，从而获取路-桥过渡段的动荷载时程曲线，完成对列车振动荷载的模拟。

第 4 章无砟轨道过渡段轨道-路基系统模型的建立及求解，基于D′Alembert原理的弱变分和整体 Lagrange 格式，首先分析研究对象的本构模型、材料阻尼、CA 砂浆单元选取、不同单元的连接，并引入了黏弹性人工边界，充分利用实测钢轨加速度，结合傅立叶变换等方法数定得到轮轨垂向力，作为动荷载输入，从而改进了现有无砟轨道路-桥过渡段系统半无限三维空间动力有限元计算模型。整体刚度矩阵方程的求解采用了 Newmark 隐式积分法，因计算模型中包含有大量的耦合约束方程，采用了波前求解器和缩减法求解器，整个求解是在ANSYS 系统中进行的。

第 5 章基于模态叠加法的车辆-轨道路基过渡段耦合模型的建立，通过建模和有限元分析提取模型的振型和频率，将有限单元法和模态综合叠加技术引入车轨耦合振动模型。车辆采用六自由度的二维车辆模型，轨道采用平面梁单元建立连续梁模型，提取车轮行驶单元节点处振型向量，利用模态综合叠加法推导了系统矩阵，并建立了系统运动方程，这使得车轨耦合方程组矩阵维数大大降低，提高了求解速度，且避免了由于单元划分过细导致轨道刚度矩阵和质量矩阵非常大而计算难以进行的问题。并用 FORTRAN 语言编制了相应的计算程序，运用所编制的程序与实测数据进行对比分析，结果表明该种方法切实可行，具有很强的通用性，且便于分析结构细部的动力响应。

第 6 章过渡段动力响应信号测试及分析，在武广高速铁路综合试验段进行了两种车型 120 趟高速行车条件下的动力学测试，首次获得了最高速度达354.7 km/h的路-桥过渡段动力响应试验数据。引入小波分析理论，根据牛顿-柯特斯积分法、五点三次平滑法，结合 Matlab 软件编程，获取了更真实的动态时程响应曲线。为了获取动响应幅值，进一步对时程曲线进行随机数据信号的均方值、均值和方差的统计分析，并通过 K 检验法进行正态分布的假设检验；进一步验证数据的真实性，从而剔除部分不真实数据，获得真实信号。同时，对信号进行了频域分析，研究了过渡段的动态响应沿线路方向和路基深度方向的变化规律，并研究了轴重、行车速度、行车方向、邻线行车等对过渡段动力特性的影响。提出了过渡段路基动力设计的控制条件和动力分析控制标准，进而对过渡段的设计提出了建议。

第7章过渡段结构设计及相邻过渡段之间动力特性相互影响分析，根据国内外车辆轨道路基动力学特性的评价指标，利用第4章的过渡段轨道-路基动力模型，求得路-桥过渡段在列车荷载作用下轨道-路基的动力响应；利用第5章模态叠加法建立的车辆-轨道-路基(地基)模型求得车辆-轨道的动力响应。以武广高速铁路轨道路基设计参数为基础，分析了过渡段长度、轨面弯折、差异沉降、过渡段刚度、过渡段形式等因素对过渡段动力指标的影响，并提出了相应的设计参考值。

第8章结论与展望，借助于书中建立的过渡段动力有限元程序和模态叠加法编制的FORTRAN语言程序，对于不同间距的路-桥相邻过渡段进行动力分析，与实际工况的路-桥过渡段和现有评价标准进行对比，获得了最不利的过渡段间距范围，然后考虑极限工况，获得相邻路-桥过渡段的最不利间距，并进一步分析了一次过渡法和二次过渡法对密集过渡段进行处理的区别，得到了在最不利间距以内的相邻过渡段必须用一次过渡法处理的重要结论。

本书的研究工作得到了国家自然科学基金项目(50678177)、湖南省自然科学基金项目(2020JJ5488)、湖南省教育厅优秀青年基金项目(20B098)和湖南财政经济学院工程管理学院的资助，特此向支持和关心笔者研究的所有单位和个人表示衷心的感谢。笔者还要感谢教育我多年的师长，感谢领导和同事的帮助和支持。

本书以高速铁路密集过渡段动力特性为研究对象，旨在为既有高速铁路长期稳定和安全运营提供理论支撑，也为后续高速铁路建设提供技术储备。随着高速列车速度的提高和高速铁路运行环境的变化，高速铁路过渡段轨道-路基动力特性也相应发生变化，为此书撰写增添了一定的难度，再加上受笔者水平所限，虽几经改稿，书中错误和缺点在所难免，欢迎广大读者不吝赐教。

著者

2020年5月

目　录

第1章 绪　论

众所周知，在铁道线路上桥梁与路基的连接处，由于桥台和路基存在着刚度上的悬殊而产生沉降差异，以致列车通过时，尤其是列车速度较高时，对桥台与路基之间的轨道结构产生较大的冲击，从而降低列车运行的平稳性和乘车旅客的舒适度，加快了结构物和列车的磨损。因此在连接处设置一端刚度逐渐变化的过渡段，并对其开展研究，对于确保高速列车运行下线路的稳定性与平顺性有着重要的意义。

本章首先介绍本书的选题背景、研究意义，进而确定本书与整个课题的从属关系，然后针对本书研究内容对国内外的研究现状进行总结，并在此基础上制定本书的研究内容和路线。

1.1 引言

高速铁路的迅猛发展，不仅在国内给人们带来了便捷惬意的生活体验，助推社会经济发展，更是在国际上作为升级版的“丝绸之路”，已经成为我国外交的新名片，在推动“一带一路”建设和实现中华民族的伟大复兴中发挥着重要作用。目前我国国内高铁运营里程超过 3.5 万 km，总旅客发送量超过 200 亿人次，其中 2019 年旅客发送量高达 35.7 亿人次。我国在高铁领域取得了举世瞩目的成就，如何保证高铁长期、安全、稳定运营成了国内外关注度极高的问题。国内高铁专家提出“如何科学地维护规模如此庞大的运营线路，从而使高速铁路能够长期、安全、稳定运营，已经成为现阶段面临的突出难题，而探明高速铁路基础结构在长期运营过程中的动态性能演变行为与规律则是解决这一问题的关键，是当前迫切需要研究的重大课题。”

2000 年 6 月，一列欧洲之星列车在法国北部出轨，14 人受伤，当时列车时速达 290 km，路基不平导致的铁轨变形是事故的直接原因。据统计，高速铁路 80%的养护维修工作与由路基沉降所引起的轨道病害相关，过渡段作为连接土质路基与刚性构筑物(桥梁、隧道和涵洞等)的结构，是高速铁路长期运营过程中出现问题最多的结构之一。在我国高速铁路建设中，桥梁、隧道和涵洞等构筑物的使用比例非常高，比如武广高铁沿线 300 km 的路基中分布了近 7 000 个过渡段，平均 45 m 出现一个过渡段。如此密集的过渡段，其沿线结构的材料属性、动力特性差别极大，车辆-轨道-路基耦合作用机制极为复杂，在 100 年的服役期内，密集过渡段路基在列车反复作用下，产生的累积不均匀沉降对轨道不平顺的影响是非常复杂的(如图 1-1 所示)。不断发展的不均匀沉降必将改变车辆-轨道-路基耦合作用关系，激发出更大的系统响应，加剧耦合系统主要激扰源——轨道不平顺的恶化，加速材料、部件的劣化进程以及累积不均匀沉降的增长，形成恶性循环，导致关键材料及结构部件的动力性能进一步恶化甚至失效，势必给高速铁路运营带来安全隐患。

过渡段设计一方面通过加强地基处理以实现不同构筑物之间的地基沉降过渡，同时针对路桥、路隧、桥桥、桥隧之间距离小于 150 m 或小于 60 m 路基填筑段，通过设置不同的过渡段形式及填料类型、压实标准等实现路堤土工构筑物的纵向刚度过渡，其过渡段形式有 18 个大类。在现有过渡段的设计中，涵洞等构筑物与路基之间执行相同的工后沉降控制标准，仅在连接处设置了级配碎石＋5%的水泥过渡，但由于两者之间采用的地基加固方案和上部载荷水平有所不同，而导致涵洞与路基的差异沉降必然存在，这种差异沉降在目前的Ⅰ级干线铁路中普遍存在。

除此之外，桥隧间距小于或等于 60 m 时，或与桥隧相接处挖方为较硬的岩质时，设置刚性过渡段，基床表层和底层均采用级配碎石掺加 5%的水泥作为填料，路堤本体层也采用级配碎石掺加 5%的水泥作为填料。如果路堤本体层采用 A、B 填料组取代级配碎石＋5%的水泥，将节省投资，经济效益也是非常大的。但是它是否满足无砟轨道高速铁路的要求，还是一个未知数。因此轨道路基动力响应成为了高速铁路路基研究的重点。

我国正值高速铁路发展的重要战略机遇期，铁路“十三五”规划明确提出“突出抓好高速铁路安全，构建全方位的高速铁路安防体系”的重点任务。但目前我国高速铁路投入运营时间较短，针对密集过渡段累积不均匀沉降和列车-轨道-路基系统动态性能演变方面的研究资料较少，缺乏深入的理论分析和系统研究，不利于高速铁路长期安全稳定运营。本书将从理论上和通过现场试验对过渡段进行全面而系统的研究，试图得出一个可靠的结论并提出建设性的意见，以便抛砖引玉，解决高速铁路中的技术难点和重点问题，为确保我国高速铁路长期安全运营提供理论依据，具有非常重要的实用价值和现实意义。

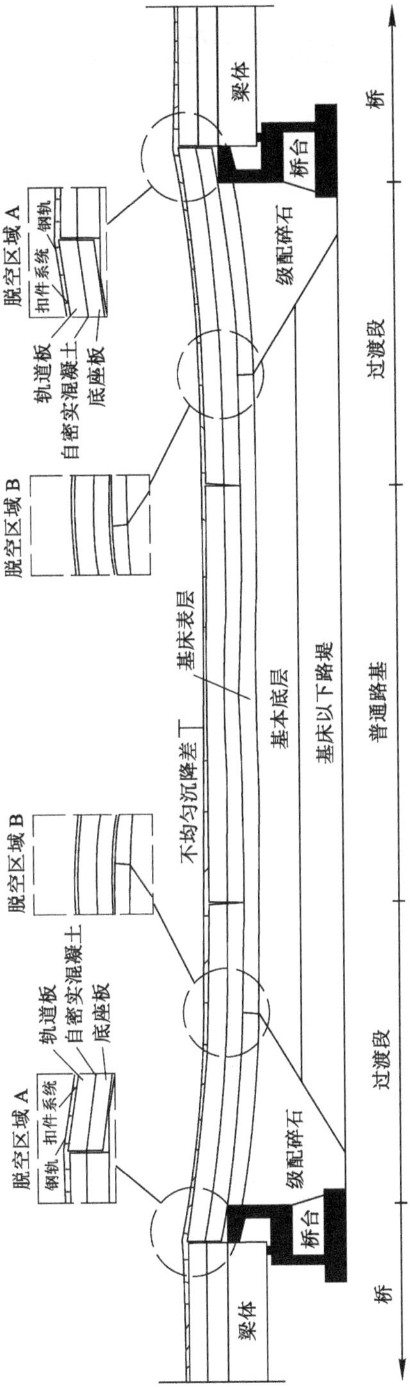

图 1-1　密集过渡段路基-轨道变形示意图

1.2 过渡段设计、填筑与处置所产生的问题

1.2.1 国内外过渡段的处理措施

日本铁道建筑物设计相关标准解说中认为，在路堤与桥台等结构物连接处，由于路堤和结构物的沉降不同，在路基顶面容易产生台阶，由于动力特性的剧变，列车通过时容易产生轨道变形，使旅客感觉不舒服。为减少这些缺陷，在路堤和结构物之间设计了缓冲区，填筑压缩性小的填料（粒径级配为 M-10 的碎石和粒径级配为 MS-40 的炉渣碎石，也可使用低标号混凝土等），并达到 K_{30}（地基系数）>150 MPa/m 的压实程度。日本新干线主要采取如下 3 种路桥过渡方式。

（1）引堤方式

在桥台与路基之间设置一定长度并逐渐减薄的正梯形高密度填土引提，以实现刚性桥台与柔性路基间综合模量（或刚度）的平顺过渡。引堤采用压缩性小、级配良好的材料来进行填筑。引堤过渡方式见图 1-2(a)。

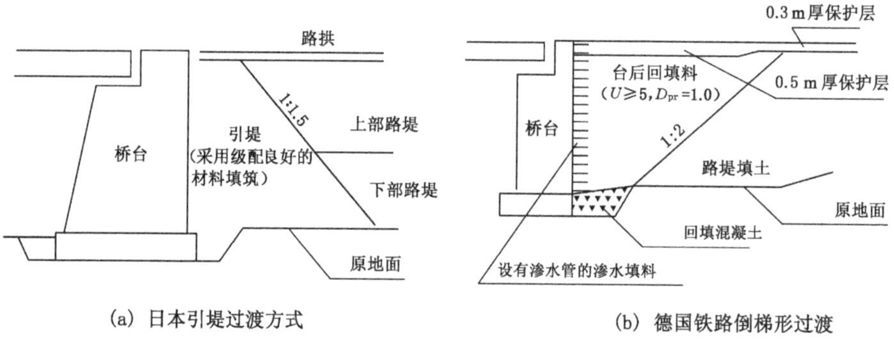

图 1-2 日本和德国过渡段示意图

（2）补强方式

在桥台背后一定长度的路基范围内使用带加筋材料的填土进行补强，以促成上部轨道刚度的平稳过渡。

（3）搭板方式

在桥台背后设置一定长度的纵向搭板梁，以实现刚性桥台与柔性路基间刚度的平稳过渡。

德国高速铁路中的路-桥过渡段一般采用倒梯形结构形式，将桥台台背部位填筑渗水材料，并设渗水管，渗水材料与路堤填土之间的填料按葡氏压实系数

D_{pr}及颗粒不均匀系数 U 的要求进行控制($U \geq 5$,$D_{pr}=1.0$),一般采用级配良好的砂砾石或者级配碎石进行填筑。过渡方式如图 1-2(b)所示。

《德国铁路土工建筑物规范》(DS836)要求,在土工建筑物向人工构造物过渡时,应采取适宜措施,以达到尽可能小的沉陷差和实现道(基)床模量的渐次过渡。在从土工建筑物到人工构筑物的过渡,必须遵守建筑物的回填规程。回填材料应该是透水的级配粗粒料,应该特别认真地铺设夯实,并在台背后壁设渗流墙以利于排水。新建贯通正线的水泥加强砂石处理路-桥过渡段的典型结构如图 1-3 所示。图中,S_0 为轨面标高,GW 为颗粒级配分散砾石,GI 为颗粒混合级配砾石,SW 为颗粒级配分散砂,SI 为颗粒混合级配砂,D_{pr}为葡氏压实系数,E_{v2}为平板载荷试验的二次加载变形模量,U 为不均匀系数。

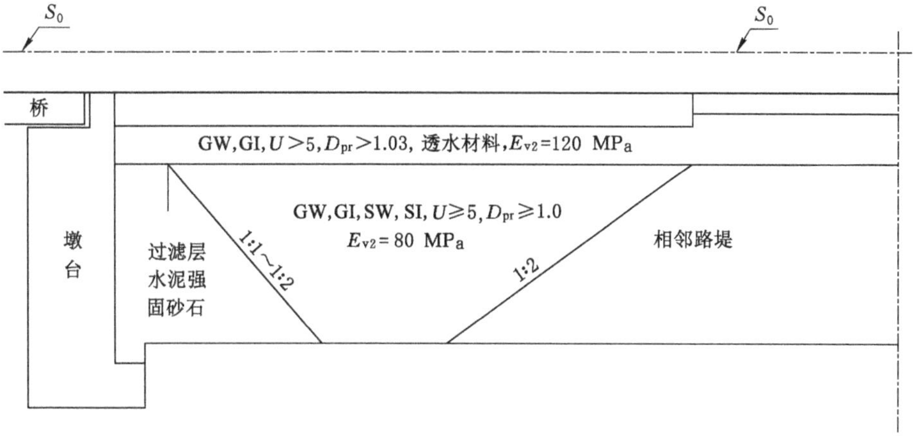

图 1-3　德国高速铁路路-桥过渡段的典型结构(单位:m)

南非 Spoornet 公司(铁路网斯普尔内公司)在重载线路 Coalline(煤线)的一处隧道进出口过渡区域分别铺设了梯子形和 H 形轨枕两种类型的轨道结构。每 3 个月进行一次轨道状态测试,测试数据表明,上述两种轨道结构的工作状态均良好,变形小且均匀。

西班牙的马德里—塞维利亚高速铁路赫塔费—科尔多瓦段要求对过渡段进行必要的工程设计,使得不同地段的刚度差异有合理的过渡,并对过渡段铺设完成后的变形特性进行监测。其路-桥过渡段的典型结构如图 1-4 所示。

图 1-5 所示为韩国首尔—釜山高速铁路路-桥过渡段的典型结构。不同部分的填料要求为:A——最大粒径不大于 63 mm 的硬碎石加 3%水泥,厚 0.7 m;B——最大粒径不大于 63 mm 的硬碎石;C——最大粒径不大于 63 mm 的普通碎石加 3%水泥;D——最大粒径不大于 63 mm 的普通碎石。

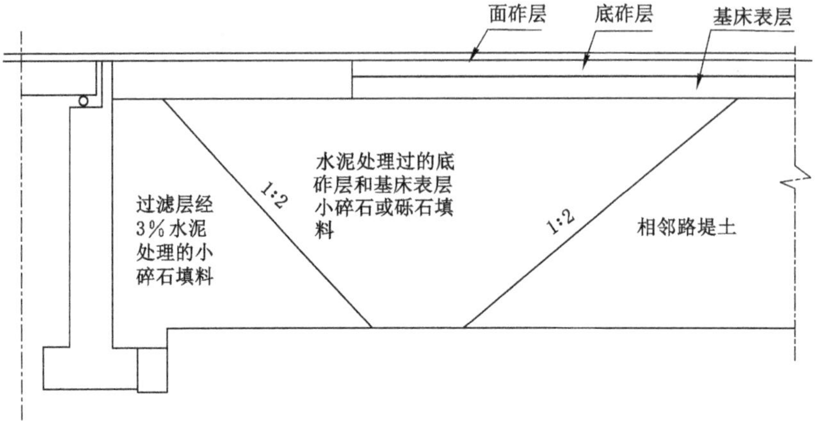

图 1-4　西班牙高速铁路路-桥过渡段的典型结构(单位:m)

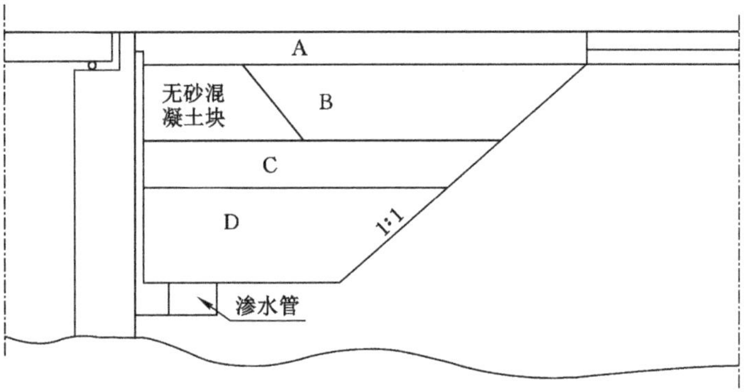

图 1-5　韩国高速铁路路-桥过渡段典型结构(单位:m)

国内路桥(涵)过渡段结构形式与国外过渡段结构形式大同小异,国内学者进行了大量的研究工作并形成了一些自己的经验和成果,主要可以归纳为:

(1) 对于不良地基,如软土地基加固处理可采用袋装砂井、超载预压法、超载塑料排水板、钢渣桩、粉喷桩、注浆法、强夯等防治措施。

(2) 对于台背填料进行改良,例如采用水泥土、石灰土、二灰土等,或者选用级配良好的砂石料填筑,使得台背填料的大部分沉降在工期内完成,以尽量减小其工后沉降量。

(3) 加铺土工织物,通过土工织物如土工格网、土工格室等来限制侧填土的侧向位移,从而增强填料层的整体性,提高路基承载力,使得路基的沉降在一定范围内平稳过渡。我国近几年也开始了对它进行试验和理论研究，国内外试验证明：台背填土中加入土工格栅能大大减小桥背路基的沉降，将桥背路基与桥头交界处的台阶式跳车沉降变成连续的斜坡式沉降，可以增加土体在相同击实功下的压实度，从而提高土体的承载力。

（4）设置桥头搭板，如采用水泥桩复合地基加搭板、搭板加桩等将刚性桥台与柔性路基连接起来，从而起到一个平稳过渡的作用，以消除桥头跳车的影响。目前国内该方法应用非常广泛。

（5）采用轻质填料或人工材料，如采用粉煤灰、人工材料 EPS 泡沫板、废矿砟等来减小填料本身的自重以及对地基的附加压力。

除此以外，还有以加强和改善为主的设计方案，如提高台背压实度、设置横向泄水管或盲沟、加强桥台与沥青路面的接缝处理和完善施工工艺和强化施工质量等。但从现场调研的情况看，上述方法虽然起到了一些作用，但效果不十分理想，并没有从根本上解决问题。

1.2.2　国内外路-桥连接处存在的问题

不论是在铁路建设过程中，还是在铁路既有运营线上，路-桥过渡段都是容易发生病害的薄弱环节。据统计，至 1994 年底，在我国 68 053 km 的运营线上，路基总长 64 088 km，占运营线路的 94%，路基病害地段 81 082 处，累计长 11 055 km，占运营线路的 16.2%。在这些路基的病害中，路-桥过渡段的问题占据了相当大的一部分；美国也有大约 25% 的桥梁（约 150 000 座构造物）受到桥头跳车的影响，预计每年为此花费的维修费用高达 1 亿美元以上。由此看来，对过渡段的研究就具有异常重要的意义。

对于铁路路-桥过渡段，若路桥（涵）间沉降差达到一定程度，就会破坏线路的平顺，妨碍行车安全和影响旅客的舒适度，并且沉降差还会使得列车高速通过时产生对线路较大的附加动力作用，这种动力作用会加剧沉降差的发展，加速路基的破坏，还可能使过渡段处结构受到破坏，导致路基排水不良，积水下渗到路基内部，从而降低土体强度，使沉降增大。这种危害不仅增加维修养护的工作量和难度，还影响线路上列车的运行速度，最终在整体上影响铁路的经济效益和社会效益。由于车辆通过桥头时产生跳动和冲击，对桥梁和路基造成附加的冲击荷载，加速了桥台、支座及伸缩缝的损坏，同时也加剧了车辆部件和轮轨的磨损，从而增加了维修费用。路-桥连接处的路基面也因列车的往复冲击而出现变形，形成道砟囊、槽等，致使轨枕摆动或者悬空，从而产生永久性铁路变形，损伤轨道部件，破坏轨面及轨距，降低行车效率或因脱轨危险而中断行车。因此，过渡段的危害与路基桥（涵）之间的沉降差和刚度直接相关。此外连接处的危害还与列车上下桥方向、列车运行速度等因素有关。一般来讲，列车下桥方向对过渡段路基危害较大，行车速度高时对过渡段危害大。因此确保过渡段刚度的平顺过渡是减小连接处危害的重要保证之一。

对于有砟轨道，线路上部的轨道结构由不同力学特性的材料（钢轨、轨枕、扣件等）组合而成，弹性较好，阻尼较大，结构比较松散，由各种因素引起的轨面变形可通过起拨道捣固工作进行修复，故我国铁路系统对常速铁路路-桥过渡段的处理一直未得到重视。路-桥过渡段的设计意图过于简单和原则化，参数指标和技术标准既缺乏也不明确，基本上还是处于经验设计阶段。在施工过程中，由于路-桥过渡段的位置特殊，场地狭小，而常使台后填料不易达到最佳的压实效果，竣工后沉降较大。另外，工程建设中施工组织的安排也增大了过渡段的处理难度。桥梁作为重点控制工程一般都优先进行施工，路基由于被认为施工难度较小而放在最后，路桥连接处的路基填土则是在铺架前突击完成，没有一定的堆载压密时间，交付运营后的沉降变形较大，往往形成较严重的线路病害，需要频繁养护维修以保证轨道的平顺性要求。

秦沈线沙河特大桥铺设了长枕埋入式无砟轨道，双河特大桥、狗河特大桥铺设了板式无砟轨道，实践证明取得了极大的成功。但是，后期试验中也发现了一些不容忽视的问题，例如过渡段区间列车横向摆动过大、乘客舒适性降低等，而且极有可能导致该区段轨道结构的破坏加速。此外，实测还表明当行车速度超过 200 km/h 时，经过路桥（涵）等过渡段还是有较明显的颠簸感，这说明现有的过渡段设计及处理措施还存在着一些问题。

大量调查分析说明，我国铁路路桥（涵）连接处病害广泛而严重，轨道的几何形位难以长期保持，是产生脱轨、掉道等行车事故的多发区段之一。为了保证该部位的线路状态满足修养标准，日常工务维修工作量的很大部分都用于了该路段的整修，使得该路段的维修工作量远大于一般路段的正常维修工作量，经常性的维修使得一些线路桥（涵）台后路基的道砟囊厚度达 2～3 m，纵向延伸 10～30 m。

中国铁道科学研究院铁道建筑研究所对引起路-桥过渡段不平顺的地基条件、台后填料、设计与施工方案、重桥轻路思想、路桥结构差异等因素进行了分析，并利用轨道检测车对新建的京九铁路的部分路段进行了检测，以了解路-桥过渡段对行车的影响及路-桥过渡段的线路状况，检测内容包括轨道高低及车体的振动加速度等数据。检测数据表明，桥头线路有明显变形的不在少数，大、中、小桥均有。桥头线路的变形在交付运营的初期发展很快，在两个月左右的时间内，便会出现从几毫米到二十余毫米的变形量，车体振动明显，对乘坐的舒适性和行车的安全性均有一定影响。

丹麦国家铁路（DSB）所属的一处铁路桥桥头曾出现严重病害问题。该路段的线路结构采用 UIC60 钢轨、5 mm 厚轨下胶垫，路基上铺设混凝土半轨枕，桥上为无砟轨道结构，铺设混凝土长轨枕，枕下设 10 mm 厚枕下橡胶垫层，并与桥面粘接固定，与桥头紧邻的路基过渡段铺设了 23 根木枕。在该桥头附近，不仅轨下基础的支承刚度变化巨大(有砟和无砟)，而且轨枕的支承条件也存在很大差异(混凝土半轨枕、木枕、混凝土长轨枕)，其综合作用使该路桥过渡段范围的轨道刚度发生了突变。另一方面，在该桥头附近，路基与桥梁间的差异沉降也十分明显，出现了约 0.4%的轨面折角，折角段长约 30 m。如此的线路状况，使该桥头附近线路的日常养护维修工作量剧增，而频繁的修养作业，又使该区段道床较区间线路松散，轨道变形增大。现场调查还发现，桥头附近已有 4 根轨枕的枕下胶垫松脱，列车通过时，乘客已有因车体上下跳动而引起的不舒适感。

2002 年 9 月，轨检车以 160 km/h 速度对我国内地新建的第一条快速铁路——秦沈客运专线的综合检测中也发现，部分路段桥头过渡区域的轨道高低不平顺和车体垂向振动加速度等均有较明显的变化。试验列车"先锋号"和"中华之星"在高速行驶条件下，通过部分路段的桥头过渡区域时，尤其是通过路基上的有砟轨道与桥上无砟轨道的过渡区域时，车体仍有一定振感，而且机头的振感相对较大。

1.3 高速铁路动力响应研究现状

1.3.1 理论分析

1867 年文克勒(Winkler)提出位于常刚度基础上无限长梁组成的轨道模型，该模型因简单而被广泛使用，随后，铁木辛柯(Timoshenko)等对该模型模拟铁路轨道的正确性做了验证。而欧拉-伯努利(Euler-Bernoulli，E-B)梁和铁木辛柯梁是两种主要模拟梁的形式。欧拉-伯努利梁仅考虑了梁弯曲，而铁木辛柯梁考虑了梁的剪切刚度和转动惯性矩。由于波在钢轨中的波长远远大于梁截面尺寸，因此用欧拉-伯努利梁和铁木辛柯梁模拟低频激励所得结果十分相近。铁木辛柯梁则在模拟高频激励时能得到更精确的结果。

考虑到地基有一定的阻尼，在 Winkler 地基模型基础加上阻尼器，即成为 Kelvin(开尔文)地基模型。然而，Kelvin 地基上梁又不能考虑波在垂直轨道的水平方向上的传播，因此将一个剪切层加入地基支撑中是一个不错的解决方法。Krenk(克伦克)考虑了剪切和平移弹簧刚度，推导了 Kelvin-Pasternak(帕斯捷尔纳克)地基上欧拉-伯努利梁的解析解。Choros(赫罗斯)、Adams(亚当斯)和 Celep(杰莱普)等分析了不同荷载工况下无张力 Kelvin 地基的动力响应。Coskun(科斯昆)等提出了使用扰动法结合 Galerkin(伽辽金)法来分析有限长梁在非线性无张力 Winkler 地基上振动。Mathews(马修斯)研究了恒速移动振荡荷载作用下弹性地基上梁的稳态响应,并通过傅立叶(Fourier)变换得到了梁动响应精确表达式。Filippov(菲利波夫)研究了在匀速移动荷载作用下弹性半空间上欧拉-伯努利梁的稳态响应。Labra(拉夫拉)在 Filippov 模型的基础上,进一步考虑了温度轴向应力,发现随着轴向应力的增大,临界速度也明显降低。Kenny(肯尼)研究了恒速移动荷载作用下置于黏弹性地基上的梁的稳态响应,得到了动响应的解析解和共振曲线。Hardy(哈迪)和 Cebon(赛邦)发现 Kelvin 地基上,用 Euler 梁模型计算得到的结果与试验得到的测试结果比较一致。Hardy 还提出了一个图示化方法以识别波传播过程中的相位和群速度,发现行波的产生和数量在很大程度依赖于激励的速度与频率。Seong(赛昂)研究了均布移动恒载和谐振荷载下 E-B 梁在 Winkler 弹性地基上的振动,通过傅立叶变换,得到梁的稳态响应,并分析了梁变形与最大位移的影响因素,最后给出了荷载临界速度、频率计算公式。

然而以上所述模型仍然没有考虑地基本身的动力特性,想要更准确地求解波在土中的传播,就必须建立(黏)弹性半空间体的力学分析模型。

Sneddon(斯内登,1951)首先考虑移动动荷载作用在弹性半空间表面问题,并给出了积分解。Cole(柯尔,1958)等分析了弹性半空间表面作用移动和有限长度的线荷载问题。Miles(迈尔斯,1960)和 Payton(佩顿,1964)分别考虑了弹性半空间表面作用移动的轴对称荷载和点荷载问题。该模型后来得到了改进,用来计算移动线荷载作用下层状体系的动力响应。

1965 年 Eason(伊森)通过傅立叶变换得到了半无限弹性体阻碍移动荷载作用下的应力解。Sneddon 分析了弹性半空间体在移动竖向荷载和水平荷载作用下的应力,采用直接积分变换法导出了应力的一维有限积分解析解,并通过数值计算分析了亚音速荷载作用下弹性半空间体的应力。Fryba(弗莱布)通过傅立叶变换得到在亚音速、音速和超音速三种速度下弹性半空间体的动力响应特征。Jones(琼斯)和 Petyt(佩蒂)先后研究了亚音速矩形荷载、条形荷载作用下弹性半空间的地基响应。郝宏等用单轴双自由度体系模拟交通车辆,结合现场实测路面粗糙度,根据波在黏弹性半空间传播的能量谱密度特性,分析了交通荷载作用下地面振动响应问题,而计算结果与实测结果较为吻合。Satonaka(里中)提出地基响应在振源附近只与振源特性有关,而地基弹性波的传播则受到车速变化的影响。若振源为移动振源,则波形最大振幅随着与振源距离增大而减小。也有学者将地基简化为黏弹性半空间体,将交通荷载分成恒定荷载和振动荷载两个部分,通过 Hemlholtz(亥姆霍兹)分解和傅立叶变换,研究了半空间体的单个点荷载、均布轮荷载、弹性分布轮荷载及多个弹性分布轮荷载四种荷载在亚音速、跨音速和超音速下的竖向动力响应，结果表明：荷载振动频率对荷载临界速度、路基振动加速度、位移影响很大；在跨音速和超音速下地基响应的衰减程度小于亚音速下的地基响应的衰减程度；移动荷载数目增加会导致地基位移增大，但对地基振动加速度和速度无太大影响。杨英豪、王杰贤利用均布无限线分布竖向谐和力来模拟列车动荷载，并研究了半空间体在动荷载作用下的动力响应，最后得到了列车运行时振波在土中的传递规律及振动位移在竖向和水平向的衰减公式。张昀青应用动力互等定理，得到了半无限大弹性连续介质空间上任意一点在移动荷载作用下动力响应的广义杜哈姆积分表达式；用一系列具有一定间距的集中荷载来模拟列车荷载，采用 Floquet（弗洛凯）变换与傅立叶变换，最终得到任意点在集中移动荷载作用下的动力响应在频域和频率波数域内的表达式，并结合叠加原理得到结了列车荷载作用下的动力响应。蒋建群通过对半空间体响应进行数值计算，得到了弹性半空间体内任一点的动响应，并结合具体算例，分析了荷载移动速度等参数对结果的影响。谢伟平等利用薄层单元法计算地基土在移动荷载作用下的动力响应，并得到了其加速度和位移。Alhaikh（阿尔沙伊克）等研究了二维瞬时波在成层黏弹性介质中的传播特性。Lefeuve（勒弗夫）等考虑了地基土的层状特性，结合傅立叶变换和动力刚度矩阵法，建立层状半空间体运动方程并求解，在波数域内对瑞利极点进行分析，证实了在亚音速下存在 Doppler（多普勒）效应，并发现当竖向荷载速度超出瑞利波速时，在荷载后方出现锥形振动区；同时也研究了基床厚度对动力响应的影响，在此基础上修正了由固定谐荷载计算所得的共振深度。Grundmann（格伦德曼）等利用移动周期荷载模拟列车荷载，通过傅立叶变换和小波变换，研究了层状半空间表面的动响应，得到半空间体响应的数值解，分析了荷载频率、地基刚度变化等因素对动力响应的影响。

Sheng（沈）将地基模拟为层状弹性半空间体，将轨道结构模拟为层状梁，研究了振荡荷载和恒载沿梁表面移动所产生的响应在地基中的传播规律，并分上述荷载直接作用于地基表面和考虑轨道地基间的耦合两种情况，分析了荷载移动速度、轨道结构和频率等因素对地面响应的影响。Matsuura（松浦）用格林法计算了移动简谐荷载作用下轨道-地基同时工作时体系的动响应，同时考虑了成层土对波传播的影响，分析表明轮距和车厢数目对地面振动的影响很大，并作出了不同情形下轨道系统的时间-加速度谱、传递函数响应谱、频率-振幅谱和波动特征衰减曲线等。Krylov（克雷洛夫）将路基视为弹性半空间体，将钢轨视为欧拉-伯努利梁，将列车荷载视为匀速移动点荷载，而荷载间距由轨枕间距来确定，研究结果表明，路基振动在列车速度接近瑞利波速时变得十分剧烈，达到了常速情况下的 1 000～2 000 倍甚至更多。Dieterman（迪特曼）与 Metrikine（梅特坎）

在 Filippov 模型的基础上，研究了在亚音速、跨音速和超音速三个范围内，与梁相互作用的半空间路基的等效刚度，发现路基等效刚度是梁频率与波数的复函数，同时发现存在两个临界速度，第一个临界速度与 Filippov 提出的瑞利波速相等，第二个临界速度略低于瑞利波速。这两个临界速度都将使梁的动响应急剧增大。Kaynia（卡尼亚）等又在 Dieterman 和 Metrikine 研究基础上，考虑路基层状结构建立了路基动力响应分析模型，该模型已被瑞典一个试验场地的现场记录证明是有效的，且已被应用于研究通过增强路堤刚度来减小高速列车引起的地面振动。

Dieterman 和 Metrikine 把路堤看作均匀半无限空间体上的梁，通过傅立叶变换实现空间和时间上的转换，研究了匀速移动常荷载作用下梁在弹性半空间体上的稳态变形。Libe（里布）和 Sudre（苏德）也应用该方法和小波变换进行有效的数值计算。Knothe（克诺特）和 Grassie（格拉西）总结了前人所建的轨道-车辆耦合计算模型，并分别指出了各模型的适用情况和存在的问题。Metrikine 将钢轨视为弹性半空间上的点支承欧拉-伯努利梁，首次提出周期支撑的三维轨道模型，研究了系统的半空间等效刚度，接着，他们结合该等效刚度，分析了在移动集中恒载作用下弹性半空间上无限长 Euler 梁的稳态响应，并研究了速度、梁参数和地基参数等对动响应的影响。结合该等效刚度，Metrikine 和 Dieterman 考察了 Euler 梁中多种波的耦合作用，发现横向的弯曲波和纵向的压缩波在一般情况下是耦合在一起的，只有当梁的几何特性和力学特性相对于梁的中性轴对称时，波之间才没有相互作用，而不对称时竖向的激励会引起横向的屈曲。另外，由于在土层中存在黏性，Metrikine 等在 Fourier 变换域内直接应用数值积分，推导了黏弹性土层的等效刚度。

Suiker（苏克）等研究了弹性半空间上 Timoshenko 梁在加速移动荷载作用下的性状，发现当梁比弹性半空间体的刚性大时，同样存在两种临界速度，一个是地基表面上的 Reyleigh（瑞利）波速，而另一个临界速度相对小一点。

Dinkel（丁克尔）对三维黏弹性半空间上梁与板进行了分析，确定了该黏弹性基础的复刚度和阻尼系数，用勒让德多项式近似表示梁和板与土体之间的应力分布。最后用该模型分析了梁和板的竖向敏感性，同时研究了轮、轨相互作用力和土体表面竖向速度。

在国内，郑小平等虽然没有计算出任何数值结果，但也导出了 Winkler 地基上无限长梁动力问题的挠度的积分解析解。孙璐研究了在匀速运动的线源荷载激励下无限长梁在 Winkler 地基上的动力响应，最终获得了线源脉冲响应函数，并得到了运动线源荷载作用下梁的动力解答，也得到了挠度的积分解析解。谢伟平推导了半无限地基和成层地基的响应函数与传递系数，将轨道-地基系统简化成半无限地基和层状地基上的文克尔梁模型，对梁-地基系统在高速移动荷载作用下的动响应进行了分析。刘维宁等应用动力互等定理，得到了半无限弹性空间体在移动荷载作用下任意点的动力响应一般表达式，然后在该表达式的基础上，将荷载沿钢轨的移动问题转化为拾振点以 L 为周期向反方向跳跃式移动，与荷载只在一个轨枕间距 L 内移动的组合移动问题，将一个从 $-\infty$ 到 $+\infty$ 的积分问题转化为了任意点频域周期解析的叠加问题，得到了轨道结构在移动荷载作用下动力响应的新的解析解形式。王常晶、陈云敏通过弹性地基上铁木辛柯梁在移动荷载作用下的动力解获得地基表面与路堤之间的反力，并以此作用力作用于地基表面，得到了列车速度小于地基中瑞利波速时列车荷载在地基中引起的应力稳态响应解。

1.3.2　数值分析

计算机仿真分析对大型复杂系统来说具有很大的优越性，被广泛应用于现代工程实践领域。数值仿真分析是进行轨道-路基动力特性研究的重要手段之一，要想获得贴近实际的轨道-路基动力仿真结果，必须从动荷载的模拟、参数的获取、模型的建立、边界的处理、本构模型的选择等方面去完善仿真模型。

目前已有学者建立了全面的车辆-轨道-路基耦合系统。北京交通大学、西南交通大学、中南大学等建立了包括列车、轨道、基床和地基在内的整体模型，考虑轨轮接触及碰撞等非线性环节，编制了相应的模拟程序。并通过编制 Dload 子程序将列车荷载单元与 Abaqus 程序嵌套，实现列车荷载的施加。

然而，复杂的大型程序的计算工作量也相当大，由于研究问题的侧重点不同，对模型的简化也是非常必要的。针对不同的分析目的采用不同的模型简化方法，可以满足一定的研究需要。

不同的分析目的有不同的荷载处理方法，在《铁路路基设计规范》及相关技术手册中，一直沿用的是换算荷载法，即将铁路中“活载”等价为换算土柱，并按 45°扩散角计算路基中的荷载，这种静态设计思想显然已不适用于重复荷载作用下路基土的疲劳失稳特性计算。

早在 1974 年，Jenkins（詹金斯）用一系列正弦函数叠加而成的激振振力函数模拟列车动荷载。随后，潘昌实、翟婉明、苏谦等均继续运用这一方法模拟列车动荷载。梁波将列车荷载设定为反映不平顺、附加动载和轨面波磨效应的高、中、低频激励力来模拟列车竖向动荷载，研究了不平顺条件下路基的动态响应，并探讨了路基不同部位刚度变化对基面变形、动应力及加速度的影响规律。竖向动荷载表达式为 $p(t)=p_0+p_1\sin\omega_1 t+p_2\sin\omega_2 t+p_3\sin\omega_3 t$，式中：$p_0$ 为车轮静载；p_1、p_2、p_3 为高、中、低频相应的振动荷载幅值；ω_1、ω_2、ω_3 为各自振动荷载幅值所对应的圆频率。李栋、苏谦等用一个与不平顺管理标准相适应的激振力模拟列车竖向动荷载，通过非线性数值分析，探讨了路基在不平顺条件下的动力响应，结果表明，增加基床表层刚度能明显降低道床振动加速度、路基面弹性变形，但基床表面动应力增加不显著。邱延峻将车体和轮对视为刚体，假设在行驶过程中车辆轮对始终与轨面保持密贴，将车辆简化成一系弹簧悬挂装置，用一激振力模拟列车荷载，其表达式为 $p(t)=p_0+p_1\sin \omega t$，式中：$p_0$ 为单边静轮载；p_1 为对应于动力附加荷载的振动荷载幅值；ω 为振动波长圆频率；t 为相应时间。Chu 把列车轮对简化为两自由度的振动体系，并将轨道不平顺假设为正弦函数，最终得出了附加动应力的表达式为 $p_{\mathrm{d}}(t)=k_1 Z\sin(\omega t+\theta)$。

Yoshihiko(义彦)认为轨道结构的强迫振动是由轮、轨间的不规则接触所引起的，因此将荷载模拟为静轮载和附加动载之和，而这与轮重、轨道支承状态、轨枕间距及列车速度等因素有关。翟婉明直接将列车简化为多自由刚体，以轨面不平顺为外部激励进行动力计算。然而荷载简化的恰当与否将很大程度上影响路基动力学的理论计算结果。随后，翟婉明继续以轨道不平顺为激励源，考虑了机车车辆、轨道线路、轮轨界面三个方面对激励力的影响，研究了轨道结构的动力响应特性。该研究将轨道结构动力学的研究提高到了一个新层次。李定清讨论了轨下结构对轨道刚度、轨面不平顺以及动轮载的作用，建立了轮、轨半静力模型，分析了动轮载对轨下结构变形的影响。谢世波、罗雁云等通过引入轨道不平顺谱，结合随机振动基本理论，建立了轮轨相互作用模型。假设轮、轨间为线性接触刚度，建立轮、轨间运动方程，采用 Fourier 变换得出簧下质量振动引起的动荷载均方差；以半车体为研究对象，建立车体振动运动方程。应用线性叠加方法，并采用 Fourier 变换，得出簧上质量振动引起的动荷载均方差。

雷晓燕等将列车荷载表达式简化为一个振动幅值和频率的指数函数的和的形式，将列车荷载简化成一个包含振幅和频率的指数形式，均通过 Fourier 级数来反映不同轮组在不同时刻、不同位置处的情形。他们考虑列车全部的轮载，并考虑了轴重、轴距、列车速度等因素对轨下基础动力特性的影响，根据有限元法分析了高速列车作用下铁路路基的动力特性，但未考虑路基轨道-车辆的耦合特性。

雷晓燕等首先根据有限元动力仿真模型求得轨枕作用在道床顶面的荷载谱，然后以此作为道床动力分析的荷载输入，研究了在高速列车荷载作用下不同道砟厚度时系统的动力响应，研究表明，要想减小道砟振动加速度与动位移，增加其厚度是有效的方法之一。

杨英豪、王杰贤通过均匀的、无限线分布的竖向扰力来模拟列车动载，得到了路基中竖向和水平振动位移的衰减公式，该公式较好地反映了土中振动波在列车运行时的传递规律。

刘维宁、夏禾根据 Hertzian(赫兹)接触理论,提出了轮、轨相互作用力表达式为 $p(t)=k_{\mathrm{H}}[Z_{\omega}(t)-v(x,t)-\delta(x)]^{15}$。式中:$p(t)$为轮、轨相互作用力;$Z_{\omega}(t)$为轮的位移;$v(x,t)$为钢轨在轮轨接触点的变形;$\delta(x)$为轮或轨道的形状改变;$k_{\mathrm{H}}$ 为 Hertzian 接触常数。李子春利用现场试验测试结果,对轨道结构的垂向荷载和路基附加动应力进行了研究,提出列车荷载模拟应该考虑速度和轴重两个参量,且该方法能反映各因素对荷载大小的影响,是可信且可行的。其提出列车荷载的表达式为:$p=p_0(1+\alpha v)$。谢伟平等考虑了轨道刚度、枕木间距、道砟和道床厚度及各结构相互作用等综合因素,采用的列车荷载形式为 $p(x)=\dfrac{p_0}{\sqrt{2}L}\mathrm{e}^{-\left|\frac{x}{L}\right|}\sin\left(\left|\dfrac{x}{L}\right|+\dfrac{\pi}{4}\right)\mathrm{e}^{\mathrm{i}\omega t}$。韩自力等对秦沈既有线提速区段路基进行调研和试验,认为动应力应与轴重、速度及线路平顺性等因素有关,并推出列车荷载的经验表达式:$p=2.6p_0(1+\alpha v)$。式中:p_0 为轴重;α 为速度系数;v 为速度。张玉娥等过现场试验得到了轨道的加速度时程曲线,根据频谱分析,得出了轨道振动加速度的数学表达式,然后再对车辆系统振动模型进行简化,建立了竖向模拟车辆系统的运动平衡方程,最终得到了列车竖向振动荷载的数定表达式:$p(t)=p_0+p(t)=(m_1+m_2)g+m_1\ddot{y}_0+(m_2 y\ddot{y}_{\mathrm{t}}+\ddot{y}_0)$。

雷晓燕等在对轨道路基动力分析、数值分析时,选取轨道结构部分作为研究重点,用各轨枕上的荷载谱作为荷载输入,建立了钢轨、轨枕、弹性垫层、道床和路基为一体的轨道结构分析模型,该模型考虑了路基-轨道-车辆系统空间特性,但是未能考虑到系统的耦合和时变特性。毛利军、雷晓燕借用美国 AAR(北美铁道协会)标准的 6 级线路轨道谱作为激扰输入,将轨道高低不平顺视为平稳各态历经的随机过程,对车辆-轨道系统垂向随机振动进行数值计算,并对系统响应做了时域和频域分析。

梁波、韩自力结合京秦线提速改造工程进行了列车-路基动力仿真计算。在不同速度条件下,通过对路-涵过渡段加固前后机车车辆运行安全舒适性指标、轨道及路基主要动力性能指标的分析计算,对京秦既有线路-涵过渡段提速到 200 km/h的适应性及加固方案的可行性提出了相应评价意见与建议,并与随后的实车试验进行了对比。试验测试结果验证了仿真分析的可靠性。

苏谦、蔡英将轨面不平顺、路基刚度局部不平顺作为系统激励,车体单元系统与轨道子系统之间的耦合作用,在垂向平面内通过轮轨赫兹接触弹簧实现。将扣件和弹性垫板处理成弹簧单元,钢轨梁单元节点与轨枕单质量单元之间通过该弹簧单元进行连接,只考虑弹簧轴向压缩与伸长,忽略弯扭剪切影响,忽略弹簧单元的质量和阻尼,建立了路基-车辆-轨道空间系统模型,并通过该模型分析了路基-轨道-车辆的振动。

有学者将钢轨离散为一维梁单元，将轨枕、道床和路基离散为20节点块体单元，并通过16节点面单元连接，从而建立了轨道路基三维线弹性有限元模型，并分析了各因素包括基床模量、道床厚度和轨枕间距等对轨道路基动力响应的影响。

蔡振奇建立了车辆-轨道动力响应分析模型。该模型考虑了系统的自振频率、轨道系统在频域内的响应和轨道在静止冲击力下的响应，用文克勒地基上的欧拉-伯努利梁和铁木辛柯梁分别模拟无限长钢轨，将轨枕视为不连续刚体质量块，用阻尼-弹簧模拟钢轨与轨枕的连接。引入了4自由度集中质量弹簧轮对模型，由牛顿定律得到轨道系统运动方程，通过梁振动理论求出轨道结构自由振动特性，根据模态分析理论得到轨道系统运动方程的通解，应用傅立叶变换和龙格-库塔数值方法进行频域和时域内的求解。还通过该模型分析了移动轮轨作用力下和静止冲击荷载下，轨道结构动位移、动加速度、道床动应力、路基动应力和应变等。

此外，有学者不仅考虑了轮轨接触的非线性，还考虑了钢轨与轨枕的分离和轨枕与道砟的分离，用集中质量块模拟车辆，用离散的垫块-轨枕-道砟支承的铁木辛柯梁来模拟钢轨，将轨枕当作刚体，用弹簧-阻尼单元模拟垫块和道砟，建立了较为全面的车辆-轨道有限元模型。该模型利用多点轮轨接触分析了轨道不平顺引起的纵向和垂向轮轨力。该模型计算结果与英国铁路公司和加拿大太平洋铁路公司实测结果十分吻合。计算结果表明：车辆的冲击力主要受轨道等效刚度、车辆轴重和列车速度等的影响，而车辆-轨道系统共振频率主要与簧上质量、轨枕间距、道砟阻尼与轨道刚度有关。

娄平等利用有限元法建立了板式轨道动力模型，并分析了移动荷载作用下板式轨道的动力响应。模型中用离散黏弹性支点支承的长梁模拟钢轨，用连续黏弹性基础支承的短梁模拟轨道板。将移动荷载和板式轨道分别当作一个系统，运用弹性系统动力学总势能不变值原理及形成矩阵的“对号入座”法则建立了该系统的振动方程组。最后研究了不同因素，包括移动荷载速度、钢轨支点弹性系数和钢轨类型等对系统动力响应的影响。

Halls(霍尔)通过Abaqus建立了轨道路基在列车荷载作用下的三维计算模型。用梁单元模拟钢轨，用8节点块体单元模拟路基，利用阻尼单元模拟无限边界，用移动点荷载模拟列车荷载，选用线弹性本构模型和瑞利阻尼模型。他将该模型计算结果与Ledsgaard(莱兹加德)线测试结果对比，表明该模型所得的计算结果与实测结果十分吻合。

在计算轨道-路基结构动力问题时，必须从无限介质中划分出一个有限的计算区域，而在这一有限区域的边界上则需要设立边界条件来模拟能量向无穷远的辐射。正确有效地模拟无限地基的能量辐射作用，是更精确模拟路基动力反应的关键技术之一。

近几十年来，由于边界元法的基本解能自动满足无穷远处的辐射条件，而且通过对边界进行离散，可以使得维数降低一维，从而使它成为处理边界问题的有效方法。Torbjorn(托尔比约恩)等用边界元法分析了高速列车作用下波在路基中的传播特性，建立的地基振动三维模型有效模拟了轨道结构各部件，同时考虑了路基无限边界，提出了以位移为基础将传统有限元法和边界元法相结合的杂交方法。Takemiya(竹宫)对轨道利用有限元，对土体使用边界元，将两种方法结合得到了轨道路基动力响应分析二维模型，研究了不同轨道基础形式下，均布带状荷载作用产生的瞬态和稳态响应。

实际工程中的地基可用一个半无限体来模拟，而在用有限元法进行分析时，只是将感兴趣的部分人为地切割出来进行离散化，而不可能将计算范围取得很大，切割面即称为人工边界，人工边界实际上在原连续介质中并不存在，因此，设置的人工边界要反映波动能量在原连续介质中的辐射现象，必须保证波动从切割区内部穿过人工边界时不会产生反射效应。

刘晶波通过引入一个假定外传波，提出一种人工边界以模拟地基对散射波的辐射性质。其基本思想是在人工边界上设置阻尼器和弹簧，以模拟无限地基。

Maffeis(马菲斯)将列车与轨道分离，建立二维与三维轨道路基结构模型，利用谱元素对地基进行离散，对X-2000型列车在Ledsgaard线上引起的路基振动进行数值分析。二维与三维模型所得钢轨变形与实测结果吻合得很好，三维模型更准确地反映了路基振动随距离的衰减趋势。

在边界处理方面，对连续介质用有限单元离散后会造成两种后果。一是从物理本质上看，会使波的传播性质发生变异；二是从数学角度看，离散会造成计算误差。这里着重讨论物理意义上的变化。从物理意义上说，连续介质离散化后将引起两种不利效应——低通效应和频散效应，它们都将使波传播性质发生变化。如果元尺寸取得足够小，则不会对分析结果带来影响，但考虑到计算效率和计算误差的限制，单元尺寸不能任意取小。

也有人通过扩大模型结构尺寸的方法来减少能量辐射对计算结果的影响，然而即使是在计算机技术已经高度发达的今天，对于分析列车引起的地面振动这样的大型三维问题，计算速度依然是一个主要的制约因素。如果单元尺寸划分太小，则会导致因为计算周期太长而行不通。所以单元的划分尺寸直接影响到本书计算模型的准确性和可行性，选择合适大小的单元，即建立离散化准则，对本书研究具有重大现实意义。

国内外不少学者在这方面已经做过不少工作，从不同的角度提出离散化准则,但对于车辆-轨道-地基结构、车辆-轨道-隧道-地基结构或列车-轨道-桥梁-地基结构这样的大系统动力学问题,如果对地基用有限元方法来分析波在地基中的传播,有限元网格尺寸究竟取多大合适,这方面的专门研究还比较少。

有关确定仿真模型长度的问题,多年来众说纷纭。翟婉明指出轮-轨作用点距钢轨两端最小距离不应小于 30 m。陈果认为在某种脉冲激扰源作用下,振动可影响 10 跨轨枕左右的范围。而李成辉经过仿真试算,认为要想减小边界的影响,应保证车辆最外端车轮距边界 12 m 以上。李定清认为如果以一个转向架为研究对象,则轨道长取 10 m 就能保证结果足够精确了。魏伟指出,若频率在 10～5 000 Hz 间,模型长度取 7.2 m 就能够满足各阶共振与反共振特性的计算要求。马学宁认为当模型长度选取到一适当值以后,模型长度对计算结果的影响较小,可以选用 21 倍轨枕间距长轨道模型来进行计算,即轮、轨接触点离与之最近的轨道端点的距离不小于 10 倍轨枕间距长。张协崇在模型中采用位移固定边界约束,并通过对不同模型长度下的动力分析,总结出结论:当模型边界从 0.6 m 延长至 3 m 时,动响应偏移量较大幅度地减小;而当模型边界从 3 m 延长至 6 m 时,动响应偏移量减小的程度就小多了;随着模型边界的继续增长,动响应渐趋于稳定。因此,模型的边界加长长度可以取 3～6 m,最终考虑到模型计算速度,选择模型加长 3 m 进行分析。

1.3.3 现场测试

理论与数值分析的研究成果终需经过试验验证。国内外不少专家对此进行了研究。Gutowski(古托夫斯基)与 Dym(迪姆)考虑了材料衰减和几何衰减,通过分析研究现场测试数据,最终给出了地面振动预测的简化模型。英国的 Dawn(道恩)和 Stanworth(斯坦沃斯)对铁路路基进行了动力响应测试,研究了行车速度、轨道参数和激振频率的相关关系,并分析了共振现象。Melke(梅尔克)和 Kraemer(克雷默)也分析了现场测试数据,研究发现频域内存在着两个峰值,其中一个峰值对应隧道/土的自振频率,另一个峰值为轨枕频率,当列车速度达到某个值,就会使得这两个频率相等,从而导致振动加剧。在日本,铁道技术研究所对于新干线上高速列车进行了现场测试,分析了高速列车对环境振动的影响,并研究了车辆、轨道、桥梁等不同部位的振动特性。结果表明,当车速超过一定数值后,车速对路基应力影响变小,动应力随频率增大而小幅度地增加,但当频率达到一定值后,影响变得很小。Jakobsen(雅各布森)针对铁路交通引起的地面振动进行了实测,得出了路基附近的地面振动水平与交通运输量及轨道参数之间的关系。为了研究列车在高速运行情况下路基动应力的变化规律,日本曾对路基动应力与下沉进行了试验。有学者对日本 8 条普通线路中 79 个工点进行了现场测试,对测试数据进行了回归分析,并研究了轨道结构形式、距轨道的距离、列车类型、行车速度、列车长度和地基自振特性等因素对铁路振动的影响，结果表明，距轨道的距离对铁路振动的影响最大，与路基土有关的路基自振特性次之。Heckl（赫克尔）分析了列车振动机理，认为除了轨枕频率外，轮对通过频率也是列车振动产生的主要频率之一，此外，还对轮对准静态荷载在轨道上产生的频率、轮轨不平顺、钢轨接头等进行了研究。Takemiya 在列车平均速度为 240 km/h 的新干线上进行了测试与分析，通过分析证明轮对间距与高速列车对路基产生短时间的脉冲振动是相对应的，并认为路基振动特性可以根据已给定的轮对间距与列车所牵引的车辆数目来进行较好的预测。

挪威土工研究所对挪威第一条高速铁路进行了动力测试，并将测试结果建立了一个数据库，该数据库包括测试的数据结果、测试工点概况和振源的描述。他们利用这些数据建立并更新列车作用下的路基振动模型。通过研究发现，列车产生的振动谱有两个明显峰值，一个在 5～10 Hz 之间，另一个在 30～50 Hz 之间。路基刚度越小，低频峰值越大。有学者针对连接挪威和瑞典的高速铁路，进行了动力测试，并通过对测试数据的分析与研究，提出了路基低频振动半经验模型，该模型包括列车类型、列车速度、轨道纵向距离和轨道状态等 5 个独立影响因子。针对软弱场地，Kaynia（卡尼亚）等对高速列车作用下相应的动力响应进行了测试，通过分析研究认为，当列车运行速度接近某临界值时，系统将会出现较大的动力响应。在 Gothenburg（哥德堡）与 Malmo（马尔默）之间的高速铁路线上，瑞士国家铁路管理局与 Strockholm（斯德哥尔摩）皇家技术学院埋设了位移计、加速度计等元器件，对路基的动力响应进行测试，测试过程中采用 X-2000 型列车，列车运行速度为 70～200 km/h。随后，Kaynia，Takemiya 等运用这些数据对列车作用下系统的振动特性进行分析。

近年来我国也多次进行了路基动力响应测试。铁道科学研究院早在 20 世纪 60 年代就在我国运营线上进行了路基动应力和振动测试，杨灿文在文献中列出了一部分实测资料。分析认为，路基动应力受线路不平顺的影响很大，路基动应力会随着行车速度增大而增加（当时所测速度还不足 70 km/s），路基动应力和振动加速度在深度方向上呈指数衰减规律。茅玉泉等人在京广线和陇海线进行了一系列实测试验，共测绘了 109 列火车的地面振动衰减曲线，并采用数理统计方法，得到与振动传播能量扩散和能量衰减原理相一致的地面垂直和水平振动衰减经验公式，然后由这些公式外推得相应防振距离。曾树谷等在其《铁路轨道动力测试技术》一书中对轨道路基动力测试的原理、方法进行了详细阐述。潘昌实对北京地铁区间隧道进行了列车荷载数定分析，通过对轨道加速度测试数据分析和对车辆体系振动的分析，提出用一种人工激振力来模拟列车竖向动荷载的方法，最后得到了列车荷载的数定模拟表达式。1993 年西南交通大学在大秦线上进行轮、轨相互作用试验，测量了车辆对轨道的作用，得到了轮轨冲击力，轨道结构部件包括钢轨、轨枕和道床等振动加速度响应等。蔡英等对大秦线实测结果进行了分析，并认为，列车运行速度在 70 km/h 以下时对动应力没有影响，对于车速 $v \leqslant 80$ km/h 的铁路而言，基床面动应力在 60～120 kPa 范围内，基面以下 0.6～0.7 m 范围内动应力衰减最高可达 60%，基面以下 1.4～1.5 m 范围内动应力变化较为稳定，基面 3.0 m 处动应力只有基面动应力的 10%左右，路基动应力沿深度分布规律可用双对数坐标及指数关系来模拟。另外，蔡英等还在大秦线、成昆线和宝成线分别进行了现场路基动态试验。铁道科学研究院对秦沈试验线和广深线进行了动应力响应测试，周神根根据测试结果分析认为：路基面动应力随列车速度增加而增加，当车速小于 164 km/h 时，基面动应力与车速关系可表达为 $\sigma_v = 52(1 + 0.003\,5v)$。王炳龙对沪宁线客货车产生的路基动应力进行了测试，分析结果表明：路基动应力随着列车速度的提高略有增加，当车速从 20～40 km/h 提高到 100～120 km/h 时，轨下路基面动应力增加 10 kPa 左右，枕木端头下和道心下的路基面动应力分别增加 6 kPa 左右和 5～10 kPa。2000 年年底，铁道部科教司基础处组织安排了京秦线时速 200 km/h 提速改造工程第一次实车运行试验，对路基表面应力和路基加速度进行了测试，为提速改造方案提供技术决策依据和参考。西南交通大学于 2003 年 7 月 22—26 日在大秦线及北同蒲线进行了万吨列车试验，研究了万吨列车运行速度对轨道路基动力响应的影响。

中南大学王永和及其课题组成员对我国第一条时速 160 km 以上的运营线——秦沈客运专线动力分散型机车在某路-桥过渡段高速行车条件下的动响应规律进行了测试和研究。测试仪器采用 DH5932 型数据采集记录分析仪，并与 DH3840 型应变放大器配合，所用传感器为双油腔结构形式的 BY-1 型动静态土压力传感器和加速度传感器。分析认为，当沿铁路线纵向动应力随车速增大时，动土压力呈现不同幅度的增加，并且都大于车速 5 km/h 下的准静止土压力值；当车速超过 176 km/h 时，路基动土压力增加幅度很小，甚至略有降低。列车的行驶方向对基床表面位移和土压力有一定的影响，但影响不大。动土压力随路基深度的增加衰减很快，距基床表层 2.5 m 深处土压力值只是距基床表层 0.6 m 深处土压力值的 0.34～0.44 倍，并且随着深度的增加，动土压力值和静土压力值越来越接近。

夏禾、张楠也对我国秦沈客运专线狗河大桥进行了高速列车作用下的动力试验。试验桥梁由跨度 24 m 的多跨预应力混凝土简支箱梁构成，试验荷载为我国自行制造的中华之星和先锋号列车，其最高试验速度分别达到 321.5 km/h 和 290 km/h。通过现场试验和实验结果分析，得到了桥梁的频率、阻尼等自振特性，梁的动挠度和横向位移，梁体振动加速度、墩顶横向位移等动力响应，以及车辆的脱轨系数、轮重减载率、轮轨力、车体振动加速度等动力特性。试验结果表明，客运专线 24 m 预应力混凝土箱梁在高速列车作用下的各项动力学指标良好，中华之星和先锋号高速列车具有良好的行车安全性和平稳性。

室内模型试验是研究路基动态特性的有效方法。我国在路基动力响应模型试验上也做了大量工作。曹新文等进行了 1∶1 的模型试验，试验测试了 5 个不同深度共 15 个点的土压力及相应深度的加速度和位移。他们认为，路基动应力与轴重成正比；随列车运行速度增加，列车荷载的频率也提高，路基动应力增大，累计永久变形的速度加快，也提高了路基的振动加速度，从而加剧了列车与线路的振动。

钟辉虹、汤康民等对往复列车荷载作用下压实黏土路基上的受力行为进行了研究，同时进行了循环三轴试验。结果表明：路基填土在列车轮对荷载重复作用下所产生的累积塑性变形大小与路基土的饱和度有着密切的关系，动强度随着饱和度增加而显著降低，累积塑性变形随着饱和度增加迅速增长并产生塑性流动。蔡英、苏谦进行了路基动态大型模型试验，研究了不同厚度级配碎石基床表层结构的动态特性，结果表明：填土表面动应力和基床表面弹性变形随级配碎石厚度的减小呈指数增加。

1.4 过渡段动力响应研究现状

国外许多国家对于路-桥过渡段存在的沉降差和刚度差等问题都十分重视，并对过渡段的处理措施做过专门的研究。联邦德国在 1982 年颁布施行《160 km/h 以上高速铁路桥梁(DS89915)》和《铁路桥梁和其他结构物(DV804)》等规程，对路-桥过渡段的设计施工提出了严格的要求，在实际工程中采取了特别加固、台尾设置滑板等措施；在 20 世纪 90 年代初，德国 Gobel(戈贝尔)和 Weisemann(维斯曼)等在室内模拟时速 160 km/h 的列车作用下，由土工格栅加固路堤后承载力的增加和沉降量的减小。霍婉明指出路-桥过渡段刚度纵向不均匀变化对轨道变形和破坏有较大影响，在轨道刚度纵向不均匀和轨道几何不平顺同时作用下，将严重影响到列车运行品质。美国、日本等国采用路基加筋的办法来减小路堤的沉降。意大利国家铁路公司曾用双向土工格栅来加固铁路路堤，在不同的横断面上安设测试元件，以确定不同类型车辆经过时产生的动应力场。

我国铁道科学研究院、西南交通大学、上海铁道大学等的有关学者也先后模拟试验了列车重复荷载作用下路基基床的动力特性，但这些试验和研究一般都是针对路基而言的，而非针对过渡段。秦沈客运专线针对过渡段的处理问题采用了一些有效的措施，如采用加筋土、粉喷桩、碎石桩等加固软弱地基，并在台尾一定长度范围内设置斜拖板的综合措施来处理过渡段问题，取得了明显的成效和经验数据。我国在公路、铁路路-桥过渡段方面，从过渡段的设计、施工到处理、动响应分析等方面都做了有益的探讨。

为了评价提速线路路-桥过渡段对于轨道结构动力响应的改善程度，刘林芽、雷晓燕对京九线过渡段的设计及轨道动力响应测试进行了研究，主要仪器有加速度传感器、加速度采集仪、动态应变仪、电荷放大器、16 通道信号采集仪 CRAS 和 IBM 笔记本电脑，相应的信号采集和数据处理软件为 CRAS V6.2 软件包。从高刚度到低刚度情况下，共测试有效次数为 6 次，其中客车 3 次，货车 3 次。过渡段采用 20 m 的级配碎石填筑，轨道动力响应测试参数为钢轨垂直力、钢轨振动加速度、轨枕加速度。测试表明，当路-桥连接处设了轨道过渡段时，列车从低刚度轨道到高刚度轨道时，钢轨垂直力、钢轨振动加速度、轨枕振动加速度是由小逐渐增大的，没有突变；当列车从高刚度轨道到低刚度轨道时，钢轨垂直力、钢轨振动加速度、轨枕振动加速度由大逐渐减小，没有突变；当路-桥连接处没有设置轨道过渡段时，列车从高刚度轨道到低刚度轨道运行时，其动力响应突然减小，有突变。从而认为采用级配碎石填筑过渡段，对减小过渡段轨道动力响应非常有利。

李献民、王永和对秦沈客运专线动力分散型机车在某路-桥过渡段高速行车条件下的动响应（动应力、动应变）规律进行了研究，认为动响应沿线路基床水平方向曲线呈“V”形变化，动响应增量曲线呈不规则“N”形变化，而动响应随深度的增加呈衰减趋势，并且在基床面浅处衰减幅度较大；随着车速的提高，动响应有减小的趋势，并且其减小幅度与车速高低紧密相关。同时，提出了预测过渡段路基动响应变化趋势的列车轴重变化系数计算公式，以及以“超高”填筑路基减小过渡段沉降差值和动响应的设计思路。律文田、王永和对秦沈铁路客运专线路-桥过渡段路基在高速列车作用下的动应力进行了原位测试，分析了沿秦沈铁路客运专线路-桥过渡段线路纵向的动应力分布规律、列车速度和动应力的关系，以及动应力沿路基深度方向的变化规律等。分析结果认为：沿铁路线纵向动应力随车速的增大，动土压力呈现不同幅度的增加；当车速超过 176 km/h 时，路基动土压力值增加幅度很小，甚至略有降低。动土压力随路基深度的增加衰减很快，并且随着深度的增加，动土压力值和静土压力值越来越接近。陈雪华、律文田、王永和通过现场实测，对秦沈客运专线动力分散型机车在某路-桥过渡段高速行车条件下的动响应规律进行了研究，分析了沿路-桥过渡段线路纵向的动应力分布规律、列车速度和动应力的关系，以及动应力沿路基深度方向的变化规律等。分析表明：动应力受行车速度影响显著，沿铁路线纵向随车速的增大，动应力有不同程度的增加，但动应力的增加存在一个临界速度，超过临界速度后，基床动应力不再继续增加，甚至有所减小；动应力随路基深度的增加衰减很快，并且随着深度的增加，动应力值和静态应力值越来越接近；过渡段路基速度动力系数小于0.3。

黄晚清对秦沈客运专线某路-涵过渡段进行了动应力测试，结果表明：动土压力随列车速度提高而增大，当列车速度超过220 km/h时，动土压力基本趋于稳定，但始终大于准静态土压力；随深度增大，动土压力迅速衰减，趋于准静态土压力。此外，动土压力还受路基结构的影响，涵洞顶路基的动土压力明显大于一般路基的动土压力。

李佳等通过对遂渝铁路无砟轨道综合试验段路-隧过渡段路基动力学响应的现场实车测试，分析在CRHZ动车组和C80重载货物列车作用下的路基与隧道刚性渐变混凝土过渡段的路基面动应力响应特性。

王永和、聂志红等在秦沈客运专线某工点路-桥过渡段进行了原位试验，在路基中分层埋设了土压力盒和加速度传感器，利用动态测试仪器进行测试分析。

马伟斌等对某高速铁路试验段进行现场动载试验，加载平板为两块，模拟一个轮对动载作用下路基的动力响应，模拟路基面动应力的等效应力，形式为矩形。铁路路基承受的列车荷载是单向脉冲应力波，用10～20 Hz频率进行模拟。加载过程中每10万次采集一次数据。选择5个断面分别埋设动土压力盒、沉降板及加速度计等元器件进行测试。测试结果表明：级配碎石基床表层对过渡段路基动应力的衰减效果明显；各断面弹塑性变形主要集中在基床表层；路基综合动刚度与基床表层、底层、路堤本体的刚度有关。过渡段路基在动应力传递规律、弹塑性变形、路基综合动刚度等方面起到了过渡作用。

王其昌等借助于车辆-轨道耦合动力学理论与方法就存在有轨道折角的路-桥过渡段的动力学性能进行了仿真与综合评价，给出了高速铁路路-桥过渡段轨道折角的容许值，并指出在路-桥过渡段，轨道折角效应显著，列车的速度效应也很明显。

罗强、蔡英运用车辆-轨道-路基大系统相互作用的动力学理论，对高速列车通过路-桥过渡段的动力学性能进行了分析。分析结果表明，路-桥间轨道基础刚度的变化对行车的安全和舒适性的影响甚微，而由不均匀沉降引起的轨面弯折变形对行车影响剧烈，并对过渡段的变形限值与过渡段长度的确定方法做了一些研究。罗强、蔡英等从车辆与线路相互作用的理论分析到提出高速铁路路-桥过渡段结构设计与技术条件(标准)的建议，从室内大比例模型试验到现场动静态工程测试，都做了大量的工作。运用车辆-轨道-路基大系统相互作用的动力学理论，全面分析了路-桥过渡段的轨面弯折变形、轨道基础刚度的变化、不同的行车速度、车辆进出过渡段等情况对车辆垂向振动加速度和轮轨垂向力等动力学性能指标的影响规律，并指出由路桥结构的工后沉降差所引起的过渡段轨面弯折变形是影响行车安全与舒适性的主要因素，而路桥间的刚度差、列车的行车方向对行车的动力学性能指标影响不显著。同时认为线路下部的路基土工结构是引起轨面弯折变形的主要因素。通过对轨道结构进行合理设计，并对路基基床进行强化处理，可以保证轨面的平顺。关于路-桥过渡段的变形控制，需重点考虑改变不均匀沉降的形态，控制不均匀沉降的数值(斜率)，并对过渡段的变形限值与过渡段长度的确定方法做了一些研究。

王于、翟婉明等运用车辆-轨道耦合动力学理论，以有砟和无砟轨道的过渡段为例，进行了车辆-轨道垂向动态相互作用的仿真研究，指出了在确定轨道过渡段长度时，应考虑动力学性能评价指标，并提出了确定轨道过渡段长度的“临界长度法”。

毛利军等建立了车辆-轨道耦合动力有限元模型，对轨道过渡段进行仿真分析，分析结果表明，动力系数并不随过渡段轨道底部刚度的突变而增大，而一旦存在不平顺折角，轮轨之间的动力系数将急剧增大，因此列车速度的提高受制于轨道不平顺折角。

蔡成标等建立了列车与路-桥过渡段动力特性分析模型，确定了一套过渡段动力特性评价指标，分析了基础沉降差引起的钢轨初始变形、行车方向和行车速度等因素对轮轨系统动力特性的影响，认为车体加速度和路基基床表面应力在确定路-桥过渡段长度中起控制作用，而最高行车速度、基础沉降差等也是必不可少的动力学评判指标。

曹新文等借助于车辆-轨道耦合动力学理论和方法，针对存在轨道折角的路-桥过渡段进行了动力学性能的仿真与综合分析，给出了高速铁路路-桥过渡段轨道折角的容许值。

李献民、王永和等建立了车辆-轨道耦合有限元模型，对过渡段进行动力仿真分析，认为过渡段轨道底部刚度的突变并不直接影响动力系数的变化，而过渡段的不平顺折角将导致轮轨之间的动力系数急剧增大。李献民、陈雪华对动力作用下过渡段动响应进行了数值模拟，建立了路-桥过渡段的车辆-轨道耦合动力三维分析模型，进行了在高速列车移动荷载作用下的时空矢量场分布特征以及车辆系统和轨道系统的动力性能等方面的研究，分析了过渡段的动力特性在列车速度、运行方向、路基加筋与否、钢轨是否平顺等因素影响下的趋势和规律。

刘林芽等利用有限元法，通过建立车辆-轨道耦合系统竖向振动分析模型，对列车经过路-桥过渡段时轨道结构的动力学性能进行评价。

针对路-桥过渡段中桥台和引道间容许差异沉降，张洪亮、胡长顺认为车辆通过路-桥过渡段的振动为自由振动，给出了车辆的振动方程和初始条件，采用两自由度体系模拟车辆，用不设搭板的台阶模拟路-桥过渡段，以下桥向为行进方向，采用 Matlab 语言，分别用拉普拉斯变换法和振型叠加法对车路动力进行了分析，并求得了路面对车辆的作用力和人的竖向振动加速度。两种方法的计算结果非常吻合。

雷晓燕建立了过渡段基础刚度突变的轨道振动微分方程，推导了单轮作用下轨道变形的解析式，并结合叠加原理，研究了轨道振动随轨道刚度突变的变化规律。

邱延峻等结合层状体系理论，在模型中将列车荷载模拟为激振力，建立以普通 A 型板式轨道为原型的无砟轨道路基层状有限元模型。模型中，道床板与基床表层间采用库仑摩擦接触形式，切向接触摩擦力用罚函数来表示，而摩擦系数取值为 0.2；路基不同结构层间采用连续接触模型；模型两横断面采用纵向位移约束，地基底面采用全约束。

杨果林、魏丽敏等利用 FLAC 建立了轨道路基动力模型，对某客运专线路-桥过渡段进行了动力仿真分析，并将计算结果与实测数据比较，证明了模型的正确性。研究表明，相比级配碎石路-桥过渡，加筋土路-桥过渡段更能阻止动应力与振动加速度等动响应在路基中的传播，从而使得路基受到更小的动荷载影响。

卿启湘、刘建湖等运用 D′Alembert（达朗贝尔）原理的能量弱变分和整体 Lagrange 格式，充分考虑了整个系统的时变、空间和耦合特性，建立了高速铁路板式轨道过渡段路基系统的半无限三维空间动力计算模型，列车荷载用激振力来模拟，该激振力与不平顺管理标准相对应。

1.5 研究现状总结

纵观国内外的研究历史可以发现，从 20 世纪 50 年代中期至 70 年代，铁路轨道的动力特性曾是国外的研究焦点，而在其后的相当长一段时间内（20 年左右），国外对该问题的研究几乎停止；到了 20 世纪 90 年代，由于高速交通体系特别是高速铁路的迅速发展，高速铁路动力特性研究再次成为国外的研究焦点。国内对该问题的研究却是近年来才出现的，而对于高速铁路过渡段的研究随着列车运行速度的不断提高才逐渐引起重视。纵观国内外的研究现状，当前的研究中存在以下几个问题：

（1）由文献综述可知，目前研究分析大多数只针对单个路-桥（涵）过渡段进行，然而，对于路-桥、路-涵、路-隧和路堤与路堑等不同类型的过渡段的差异性，高密度相邻过渡段之间的相互影响，以及不同类型填料过渡段的对比性试验和数值模拟研究等还很少。

（2）目前的研究要么侧重于轮、轨关系，主要着眼于列车车辆的特性而把路基仍按古典理论过分简化为弹性地基或将路基简化为弹簧-阻尼-集中质量系统，要么将列车动荷载简化为恒载、简谐力或各种激励载荷，主要着眼于路基部分不同层次的特性进行分析。既考虑到列车车辆特性，又考虑到路基部分不同层次填料的特性，或者在明确研究对象后，用更贴合实际的简化方法来处理荷载或路基，绝对不是一件轻松的工作。

（3）静态不平顺和动态不平顺同时存在于过渡段，目前很多文献仅仅考虑静态不平顺问题，或者将静态不平顺与动态不平顺一起讨论，难以分清各种因素的影响和了解线路过渡段动力问题的实质。

（4）对于高速铁路路-桥过渡段动力分析，由于其结构的复杂性和非线性，想要得到解析解是非常困难甚至是无法完成的；考虑到现场试验和模型试验的造价问题，有些分析是通过现场试验和模型试验难以完成的——数值解法成为必不可缺的方法之一。然而要想得到准确的数值结果，也面临着诸多困难。从以上文献总结发现：① 列车荷载的模拟从简单的移动荷载到激振力、数定应力，甚至考虑列车的 1/2、1/4、整车模型与轨道的耦合，由于研究对象的多样性，如果不能找到一种有针对性的方法来处理这些问题，那么要对这些结构和荷载一一地加以研究将是非常困难的。只有对荷载进行简化才能使其最准确，计算速度最高。② 不少人通过增大模型的方法来减少能量辐射对计算结果的影响，然而其工作量也大得惊人；也有人采用边界元和无限元来模拟无限地基，然而怎样的方法才能既模拟出波动辐射与折射的过程，又能缩小模型尺寸，并且提高计算速度与运算结果的精确度，尚不明确。③ 在轨道-路基系统模拟过程中，对于各层次的单元模拟，前人各有选择，然而没有对比过到底什么样的单元模拟什么样的结构部分是最符合分析要求的。④ 关于模型参数、本构关系的选取等也是值得研究的。

(5) 理论研究终究需要试验的验证。从已有文献得知，我国20世纪50～80年代曾多次进行路基现场动力测试，得到了一些规律，但受条件限制，所测车速都不高，不能全面反映高速列车作用下轨道路基的动力特性。从90年代开始对准高速路基动力响应进行现场测试，为路基的设计、评价以及理论分析提供或积累了基础资料。然而随着我国铁路大范围提速和新建高速铁路，已有测试运行速度渐渐不能满足高速要求。因此，我国急需列车高速运行下路基动力测试数据，为高速铁路路基动力分析提供资料。

(6) 车辆-轨道-过渡段路(地)基是一个十分复杂的系统，其动力学性能的影响因素十分复杂。一方面，系统不同结构在列车作用下动响应的变化规律和敏感程度直接影响过渡段结构设计的侧重点；另一方面，不同的列车速度、不同的过渡段设计、不同的轨道设计参数和路基参数的变化都会对系统的振动响应产生很大的影响，必须弄清哪些因素才是过渡段设计的控制条件。这些因素对系统动力学性能的影响还有待系统的研究和探讨。

1.6 本书研究内容及方法

在20世纪40年代之前的研究中，各国学者采用了两类侧重点不同的研究方法：一类是以试验为主要手段，另一类则侧重于理论分析。

就试验方法而言，由于小比例模型试验难以模拟复杂的轮-轨相互作用关系，车桥系统的振动试验往往采用原型试验或现场实测的方法，这样得到的结果能客观而综合地反映桥梁在列车动载作用下的实际工作状况。但如果仅停留在试验阶段，而不去进一步揭露其内在规律，结果往往是为了确定新的动态参数而不得不随着桥梁结构类型、跨度及车辆性能等的不断变化而进行大量的重复试验，这样不仅耗资巨大，而且周期较长。因此，单纯的试验方法往往受到许多限制。

另一方面，单纯利用理论分析来解决这一问题也是很困难的。这是因为，车辆荷载作用下的过渡段振动是一个十分复杂的课题，要想通过理论分析得到符合实际的结果，必须考虑很多因素，包括车体和转向架的质量，阻尼器和弹簧的作用，行车速度，梁跨和墩台的质量、刚度和阻尼，桥上轨道结构的形式，轨道的动力特性，车轮和轨道、轨道和梁之间的动力相互作用关系等，此外还有车轮的不平顺、轨道的不平顺和动力不平顺以及轮对的蛇形运动等诸多随机因素的影响，对于连接不同结构物的过渡段，由于其材料沿线路方向和深度方向均不同，而使得体系的力学模型更为复杂。因此，列车与轨道的动力相互作用问题通常采用理论分析与试验相结合的方法进行研究：用试验结果验证理论模型的正确性，用验证过的、正确的理论模型进行振动仿真分析，研究结构各参数对振动的影响，分析各种运营条件下列车、桥梁的安全性。

通过调研比选及现场考察，我们选择有代表性的路-桥过渡段路基类型进行动力特性研究，研究方法及内容如下：

(1) 深入了解研究高速铁路无砟轨道过渡段路基的动力特性的目的和意义，总结国内外对高速铁路无砟轨道动力特性的理论分析、数值分析、现场试验研究现状和过渡段动力特性研究现状。

(2) 对于具体路-桥过渡段计算工点进行路基的材料参数和路基刚度的试验，以了解各动力学参数沿路基横断面横向、竖向以及线路纵向的分布规律，并对比不同试验方法的优缺点。

(3) 基于列车运行条件下过渡段轨道加速度实测结果，通过数定获得过渡段轨道动应力时程曲线，作为轨道-路基动力模型的荷载输入。

(4) 基于大型通用软件 ANSYS，建立高速铁路无砟轨道过渡段轨道-路基空间模型，进行动力学理论研究和计算机仿真分析，研究过渡段路基的变形控制技术，尤其是结构物间短路基过渡段的设计参数及变形控制参数。

(5) 结合有限元理论和模态叠加技术，运用 FORTRAN 语言编程，建立高速铁路无砟轨道过渡段车辆-轨道-路基竖向动力分析模型，进行动力学理论研究，并将各类动力学参数计算值与列车试运行的一些实测结果进行对比分析，以验证理论计算模型正确与否，并据此进行修正，使其与实际情况相一致，指导今后的工程设计与实践。

(6) 在新建武广高速铁路综合试验段进行两种车型 120 趟高速行车条件下的动力学测试，并结合小波分析理论、牛顿-柯特斯积分法、五点三次平滑法，通过 Matlab 软件编程，获取更真实的动态时程响应曲线，进一步对时程曲线进行随机数据信号的均方值、均值和方差的统计分析，并通过 K 检验法进行正态分布的假设检验，从而研究各动响应沿路基横断面横向、竖向和线路纵向的分布规律，以及各因素对动响应的影响。

(7) 据国内外车辆轨道路基动力学特性的评价指标，以武广高速铁路轨道和路基设计参数为基础，对影响系统动力响应的一些参数进行分析，主要分析过渡段的长度、轨面弯折、差异沉降、过渡段刚度、过渡段形式以及过渡段密集度对动响应的影响。

本书研究的技术路线可用图 1-6 来示意。

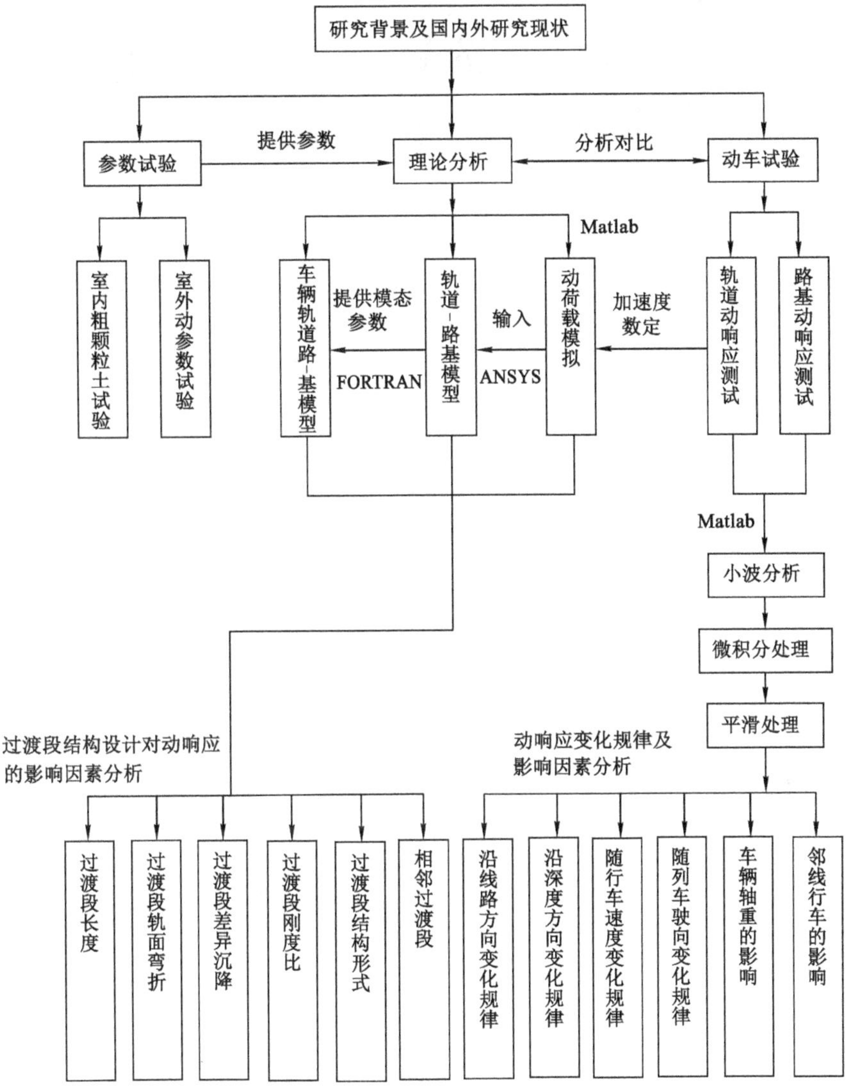

图 1-6　本书研究的技术路线

第2章　无砟轨道路-桥过渡段路基参数获取试验研究

静态不平顺和动态不平顺同时存在于过渡段。列车通过过渡段时，轮轨静态不平顺和线路过渡段动态不平顺是引起振动的原因。在非线路过渡段，无论线路轨下基础刚度高低，只要几何误差在允许值内，列车运行的平稳性与舒适性和轮轨的动力性能都满足要求。但在过渡段，即使线路静态平顺，轨下基础刚度差异产生的动态不平顺也会引起车辆-线路系统振动，甚至产生相当大的轮轨作用力。因此，线路过渡段的动态不平顺反映其主要动力特性。

将静态不平顺与动态不平顺一起讨论，难以分清各种因素的影响和了解线路过渡段动力问题的实质。线路过渡段与非线路过渡段动力问题的根本区别是线路过渡段存在动态不平顺，而不是静态不平顺，因为非线路过渡段也存在静态不平顺。因此，动态不平顺反映了线路过渡段的基本特征，由动态不平顺所引起的过渡段路基动力稳定性已成为国际学术界和工程技术人员十分关心的课题。

要了解无砟轨道过渡段动态不平顺特征，也就是要了解过渡段刚度设置是否合理或刚度过渡是否满足设计要求。由于无砟轨道路-桥过渡段基床表层以上结构基本相同，因此直接考虑基床及以下结构等效刚度的变化就可以达到目的。路基刚度分为静刚度与动刚度，只有测试到基床面上不同位置处的动刚度值，才能真正了解过渡段轮轨面的动态不平顺，并通过它初步验证与评估现场测试路段刚度设计的合理性。同时，过渡段路基参数测试还可以为仿真计算提供计算参数。

2.1　引言

路基的动刚度反映行车时路基抵抗动态变形的能力，其大小对轨道-路基系统的稳定和行车的舒适度有着重要的影响。因此对于线路刚度有突变的区域——过渡段的刚度研究显得尤为重要。

对于铁路轨道-路基结构来说，刚性方案通常被认为比柔性方案好，但也并不是意味着结构越“刚”越好。在轨道与路基结构中，提高轨道的抗压刚度可以减少整个结构的竖向位移。但大的结构刚度需要较大的与机车循环荷载相对应的抗力。另外，考虑到结构刚度的提高是以提高工程造价为代价的，因此，合理的地基刚度以及阻尼比等地基刚度系数的确定尤为重要。

为了详细了解轨下结构的动态响应，验证、优化武广高速铁路无砟轨道过渡段路基的设计理论与工程措施，要建立高速铁路无砟轨道过渡段轨下结构的有限元模型。除了在无砟轨道过渡段现场测试轨下结构各结构层的刚度和阻尼之外，轨下结构各结构层的材料参数获取，也是必不可少的。现场获取参数包括路基各层土体的动弹性模量、动剪变模量、动泊松比、竖向阻尼比、竖向刚度等多种，是通过各种波速测试和激振法试验测定的。

土的动力学参数测试方法包括现场测试和实验室测试，两者相互补充，各有所长，有时可以相互验证。

从 20 世纪 60 年代开始，随着试验仪器设备的改进，研究人员有了对土的动力特性展开广泛而深入研究的可能。Thiers(蒂尔斯)对旧金山湾土进行了单剪试验，着重研究了应变和加载次数等因素对双线性模型参数的影响；Hardin(哈丁)等在大量试验的基础上，对影响土动力特性的因素进行了研究，并给出了估算上述两个参数值的经验公式，为土动力学的试验研究做出了贡献；Anderson(安德森)、谢君斐、顾尧章、何昌荣、包承纲等针对取自不同地方的土样进行了试验研究并且都进行了分析概括。Vucetic(武塞蒂奇)指出，对于正常固结土或者超固结土，塑性指数(I_p)是影响动弹性模量和阻尼的主要因素，并系统绘制了塑性指数对归一化后的动弹性模量和阻尼比随应变变化的影响曲线。陈国兴系统地总结了国内外有关的资料。袁晓铭用共振柱对 6 种常见土的动弹性模量和阻尼比进行了试验研究并给出了它们的推荐值。Wang(王)通过一系列动三轴试验研究了应变对黏质砂土动剪模量和阻尼的影响。Fahey(法希)研究了无黏性土的剪切模量随应力和应变变化的规律。Al-Hunaidi(胡奈迪)通过共振柱试验研究了冻黏土和解冻土的动剪模量和阻尼比，试验发现低应变时冻土的阻尼比是解冻土的两倍，而冻土的动剪模量是解冻土的 30～50 倍。曾树谷在文献中对于道砟、级配碎石这类散体类材料的性质做了详细阐述。雷晓燕借助于散粒体分析方法，建立了铁路碎石道床非线性弹性关系。胡仁伟通过动三轴试验研究，得到了道床累积变形和变形率的变化规律，估计了道床最终稳定时的弹性模量。何兆益通过动三轴试验提出了级配碎石弹性模量随应力状态改变而变化的非线性模型以及常应力状态下级配碎石弹性模量建议值。

很多学者研究了现场测试和分析剪切波速的方法。在国外，Nazarian(纳扎里安)和 Stokoe(斯托科)研究了由表面波的谱分析来决定现场剪切波速，它快速、经济、非破坏以及不需要钻孔，但是从理论上讲这种方法不能测得深层土的波速，对不均匀土层测试结果也可能误差很大。Bodare(博达雷)等研究了采用冲击激振、稳态正弦波激振和随机激振三种不同类型的激振来产生剪切波，利用交叉孔法测定剪切波速，结果表明，采用稳态正弦波和随机激振所测得的剪切波速可以很好地吻合。Pitilakis(皮蒂拉克)对希腊的天然沉积土进行了现场和实验室试验，测定剪切波速、剪切模量和阻尼比，测试结果表明，现场测试的剪切波速和标准贯入值相当吻合，但实验室测定的剪切波速值总是比现场要低。

一些学者采用井下台阵记录，利用反演分析方法来研究土层的动力参数。Toshikazu(骥一)等借助于井下台阵记录，运用遗传算法提出了一种反演方法，反演的结果和实际接近。但对复杂的情况，方法是否有效，还有待进一步讨论。Boore(布尔)等比较了由台阵测量脉动和从孔下剪切波速剖面计算的相速度，认为结果吻合较好，如果能从脉动记录中直接反演出土层剖面结构和波速，这将成为一种非常有利用价值的方法。Satoh(佐藤)等采用日本三个钻孔测得的弱震和强震记录来反演与应变有关的土的非线性，反演出黏土和砾石与剪应变相关的剪切模量比，与试验室所测得的经验关系一致，但与应变相关的阻尼因素并不像剪切模量比反演的结果那样好。

我国一些学者也有利用反演分析方法来研究土层的动力参数。崔建文利用面波资料提出了反演波速剖面的全局优化方法，测试结果显示该方法较之已有的其他算法在计算效率和应用简便性上有一定的优点；郭明珠研究了地脉动波场分析及其在场地动力特性测试中的应用，指出利用地脉动测定场地动力特性的 Nakamura(中村)方法中存在的问题，并提出了合理的解决方法；师黎静等利用地脉动观测反演工程场地剪切波速度结构，指出利用地脉动台阵观测数据推算瑞利波频散曲线，进而反演浅层速度结构的技术途径是可行的；郭迅等利用地脉动来估计场地的阻尼比，利用回归分析方法开展研究，表明在 Nakamura 谱上应用半功率点法得到的阻尼比和用共振柱方法测得的阻尼比之间有很强的相关性。

土的动力学参数测试方法是随动剪应变幅值变化的，现场测试主要适用于小应变的情况，这样有可能得到比实验室更可靠的结果，原因是现场的工况更真实，现场的测试技术如下孔法、跨孔法也已很成熟。而对于非线性的情况，特别是大应变下土的参数，主要仍由实验室测定，因为相对来说，实验室测定的理论性更强，技术也已达到要求，某些参数，如阻尼比，更容易在实验室测定。现场测试技术仍需要大力发展，但无论怎样，其代替实验室工作也是不可能的。因为从研究工作的角度来看，实验室可设定和控制实验条件，进行参数分析，使理论得到发展。现场测试结果也需要实验室结果进行解释和对比，但是，实验室的结果和现场结果对比时，应该考虑与现场条件的差异，对实验室的理论进行修正。同时，对某些现场的工况条件，有些实验室还不能模拟，实验室的仪器功能也还需要大力发展。

基于上述几点考虑，本书主要通过室内试验、现场波速测试和激振试验，弄清楚刚度与阻尼值的变化规律，并为轨道结构的动力仿真计算提供可靠的计算参数。从理论上和通过现场试验对过渡段进行全面而系统的研究，以便得出一个全面可靠的结论和提出建设性意见，为高速铁路建设提供技术支持和理论依据。

2.2　试验工点概况

2.2.1　地质地貌概况

该工点取自武广高速铁路 DK1252＋840～＋888.27 填方路-桥过渡段，全长 48.27 m，路基填高约 3.5 m，见图 2-1。垄岗低缓，自然坡度约 10°，相对高差 8～10 m，分为岗丘和岗间谷地。岗丘分布着民房；谷地地势较为平坦，辟为水田、旱地。地层岩性及地质构造：岗丘覆盖层为 Q_4^{el+dl} 黏土，局部夹碎砾石，褐黄色、棕红色，硬塑，含铁锰结核，厚 3～8 m；谷地表层为粉质黏土，褐黄色，硬塑，厚度 0～4 m。下伏 J_s 泥质粉砂岩夹粉砂岩，局部夹砾岩，紫红色，全～弱风化。水文地质条件：垄岗地下水不发育，埋深一般 3.5～6 m，谷地地表水稍发育，地下水局部发育，埋深一般 0.1～1.6 m，主要为少量孔隙潜水，补给来源为大气降水。地表水对混凝土有硫酸型弱侵蚀、溶出型中等侵蚀；地下水对混凝土有硫酸型弱侵蚀、溶出型弱侵蚀。

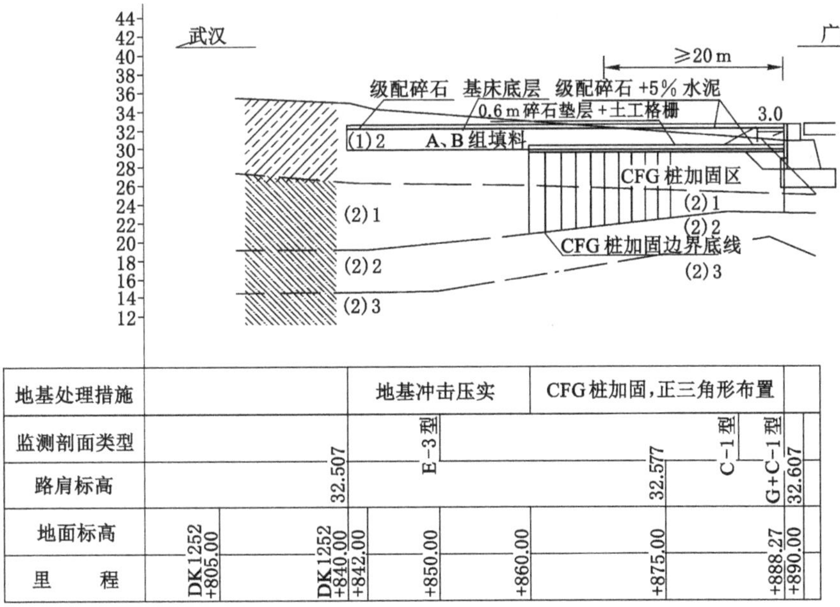

图 2-1　武广高速铁路 DK1252＋840～＋888.27 试验工点纵断面图(单位：m)

2.2.2 路-桥过渡段设计

地基采用 CFG 桩加固，桩径 0.5 m，按正三角形布置，桩顶均铺设 0.6 m 厚的碎石垫层，内铺一层极限抗拉强度不小于 80 kN/m 的土工格栅。

设计措施如下：

① 基床表层 0.4 m 采用级配碎石填筑；路基基床底层填筑 A、B 组填料，半填半挖地段基床底层厚不小于 2.3 m，挖除后换填 A、B 组填料，换填底部设 4% 的排水坡；路堑地段基床底层换填为 2.3 m 的 A、B 组填料。

② DK1252＋860～888.27 左侧路堤、DK1252＋880～888.27 右侧路堤边坡设干砌片石护坡，厚 0.3 m，下设 0.15 m 厚无纺透水土工布包裹的砂夹卵石反滤层。路堤边坡坡率 1∶1.5。

③ 路堑边坡坡率 1∶1.5，边坡设立体植被网，网内喷播植草护坡。

④ DK1252＋840～860 路堑换填底部铺设一层复合土工膜，土工膜上下各铺设 0.1 m 厚中粗砂，换填两侧设透水管。

⑤ 路堤地段清除表层种植土，厚 0.5 m，并回填碎石土。

⑥ DK1252＋860～888.27 段地基采用 CFG 桩加固，桩径 0.5 m，桩间距 1.5～2.0 m，正三角形布置。桩加固至强风化岩层顶面，桩顶铺 0.6 m 厚的碎石垫层，内铺一层双向土工格栅，极限抗拉强度不小于 80 kN/m。

2.3 路基填料物理力学性质

对于基床填料，首先需要了解其击实性能和击实后的物理力学性质是否满足要求。根据《铁路路基设计规范》(TB 10001—2016)，级配碎石和 A、B 组填料最大颗粒粒径不超过 60 mm，属于粗颗粒土。为了研究其工程性质，对其进行颗粒分析、粗颗粒击实、粗颗粒三轴试验，以获取所需参数。

室内粗颗粒击实试验使用 DJ3-05 型电动击实仪，见图 2-2。室内粗颗粒三轴试验使用 SZ304 型大型三轴剪切试验机，见图 2-3。

2.3.1 击实特性

为了研究级配碎石和 A、B 组填料的压实特性，按《铁路路基设计规范》中粗颗粒击实方法压实试件，根据三次曲线拟合，其干密度-含水率(ρ_d-ω)的关系曲线见图 2-4。根据 ρ_d-ω 关系曲线图可以计算得出级配碎石的最大干密度为2.32 g/cm^3，最优含水率为 6.67%；而 A、B 组填料的最大干密度为 2.28 g/cm^3，最优含水率为 5.42%。从而计算出，在填料拥有最大干密度情况下，级配碎石的密度为 2.47 g/cm^3，A、B 组填料的密度为 2.40 g/cm^3。

图 2-2　DJ3-05 型电动击实仪

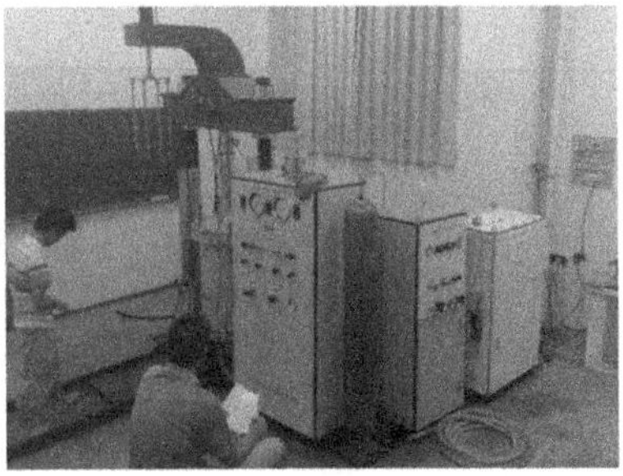

图 2-3　SZ304 型大型三轴剪切试验机

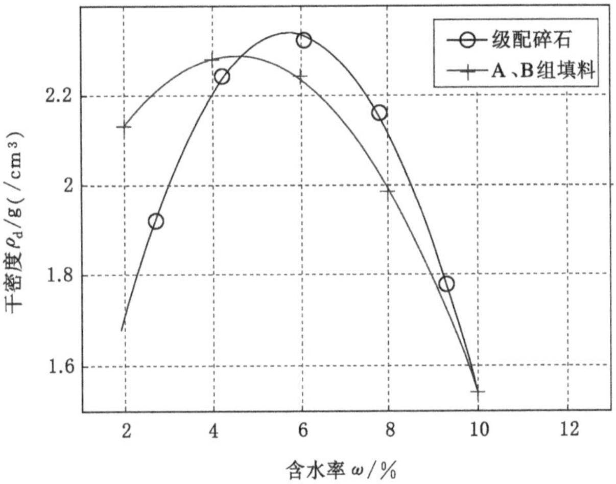

图 2-4　两种填料 ρ_d-ω 关系曲线图

2.3.2　颗粒级配

图 2-5 为级配碎石和 A、B 组填料的粒径分布曲线，可以求得级配碎石的不均匀系数 $C_u=d_{60}/d_{10}=1.44$，曲率系数 $C_C=d_{30}^2/(d_{10}\cdot d_{60})=16.2$，其中，$d_{60}$ 代表小于某粒径的土粒质量累积百分数为 60% 的粒径，d_{30} 代表小于某粒径的土粒质量累积百分数为 30% 的粒径，d_{10} 代表小于某粒径的土粒质量累积百分数为 10% 的粒径。而 A、B 组填料的相应级配参数为不均匀系数 $C_u=2.67$，曲

率系数 $C_C=26$。可见，所选级配碎石和 A、B 组填料两种路基填料的粒径分布不均且级配良好，是非常合适的路基填料。

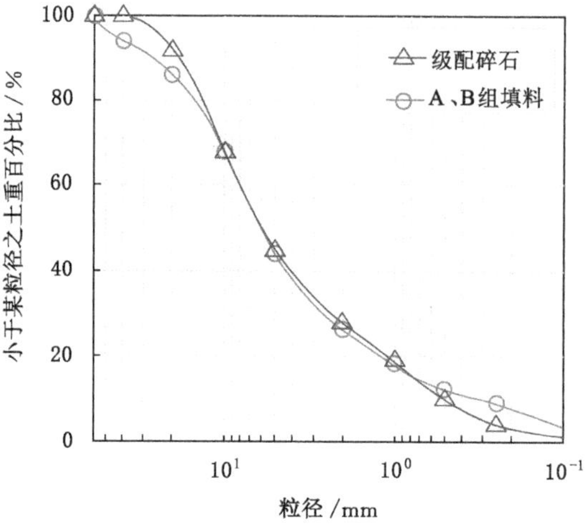

图 2-5　粒径分布曲线

2.3.3　静三轴试验

静三轴试验能同时模拟三向受压及垂直荷载作用下岩土的应力-应变关系，进而得到级配碎石材料和 A、B 组填料的力学参数。

两种填料的主应力差-轴向应变曲线见图 2-6、图 2-7。此次粗粒土三轴压缩试验进行不固结不排水剪，每组选择 100 kPa、200 kPa、300 kPa、400 kPa 四个不同的围压进行剪切试验。试验以试样轴向应变每分钟 0.5%的速率施加轴向压力，并以试样的轴向应变每 1.67%测记轴向压力和轴向位移一次。在轴向应变达到 15%时终止试验。

取 15%轴向应变时的主应力差作为破坏点，以剪应力为纵坐标，垂直应力为横坐标，以破坏时的$\frac{\sigma_{1f}+\sigma_{3f}}{2}$为圆心，$\frac{\sigma_{1f}-\sigma_{3f}}{2}$为半径，在 τ-σ 应力平面上绘制破损应力圆，并作出不同围压下破损应力圆包线。该包线的倾角即为内摩擦角 φ，包线在纵轴上的截距即为黏聚力 C。

两种填料的强度包线见图 2-8 、图 2-9。

根据强度包线图可以求出级配碎石的黏聚力为 160 kPa，内摩擦角为 39.5°；而 A、B 组填料的黏聚力为 200 kPa，内摩擦角为 41.8°。

两种填料的强度指标均较一般土体或路基填料为高，说明作为高速铁路的

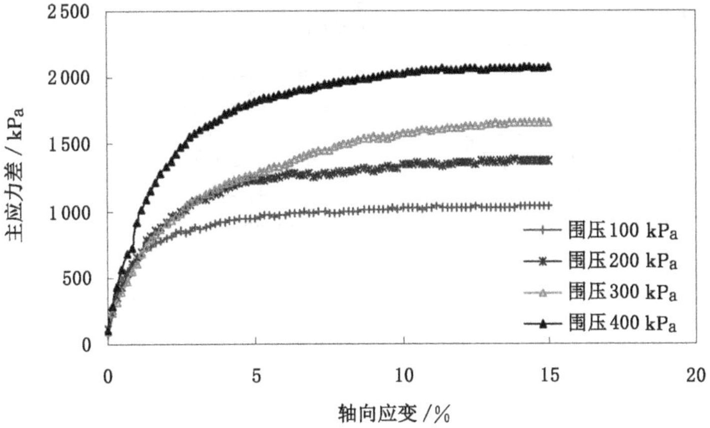

图 2-6　级配碎石主应力差-轴向应变关系曲线图

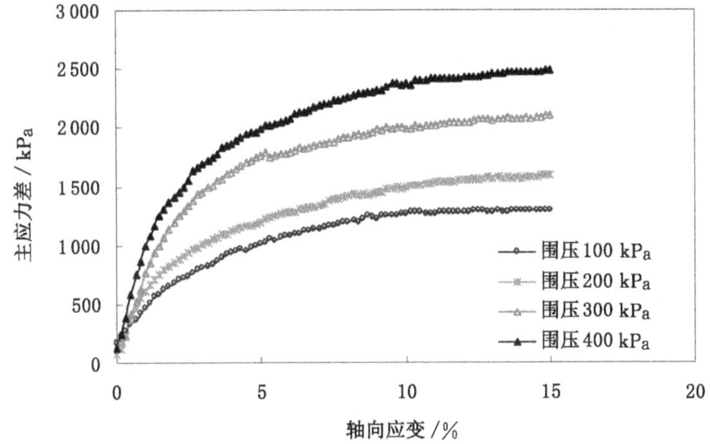

图 2-7　A、B 组填料主应力差-轴向应变关系曲线图

路基填料，级配碎石和 A、B 组填料在级配良好的状况下能够达到很高的强度，这对高速铁路路基的稳定性十分有利。

两种填料的内摩擦角都在 40°左右，这与天然砂砾石的内摩擦角基本一致。

此次试样中级配碎石为未掺加水泥的状态（实际工程中掺加了 5% 的水泥），故其实际抗剪强度应该较试验结果更高。

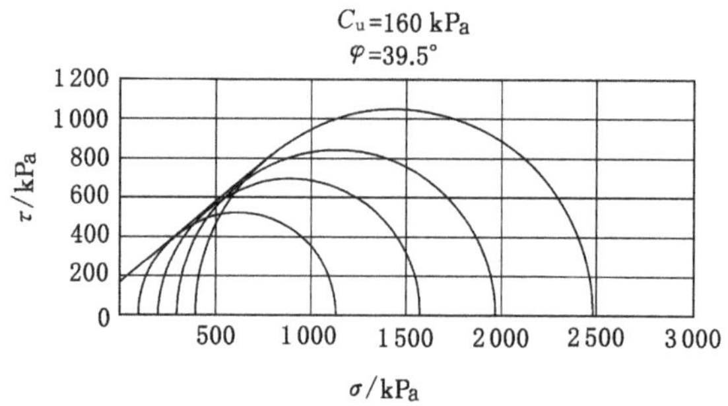

图 2-8　级配碎石三轴试验强度包线图

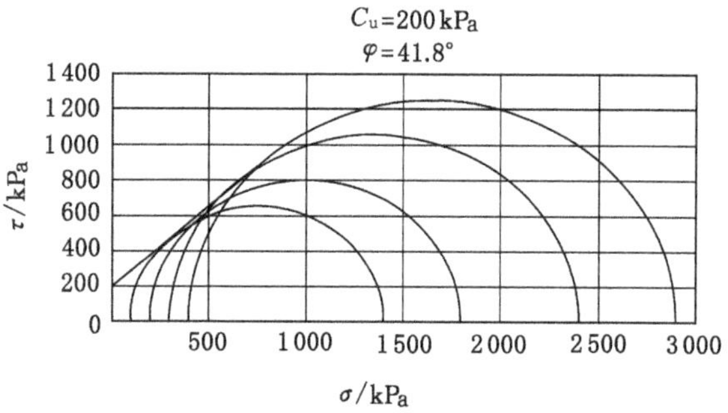

图 2-9　A、B组填料三轴试验强度包线图

2.4　路基填料参数测试

进行现场获取参数试验是为了获取武广高速铁路无砟轨道过渡段结构的路基本体各层填土的动力特性参数，并为动力仿真分析提供依据，以便验证、优化武广高速铁路无砟轨道过渡段路基的设计理论与工程措施，了解过渡段施工控制技术的工后状态。现场获取参数试验通过各种波速测试和激振试验测定路基各层土体的动弹性模量、动剪变模量、动泊松比、竖向阻尼比、竖向刚度等多种参数。

2.4.1　试验原理与方法

跨孔法、下孔法和面波法是岩土工程中波动勘测较常见的测试方法。跨孔法试验和下孔法试验主要由钻孔、激振、检波和记录波信号等环节组成，所需试验仪器设备一般包括振源、检波器、放大器、记录器、触发器和套管等。稳态振源一般采用机械式激振设备。对于跨孔法，振源和检波器在不同钻孔中的同一高程位置，相应波速可根据孔的水平间距和波的传播时间求出。该方法原理简单，结果可靠，在国际上得到了广泛的应用。对于下孔法，振源布置在孔口附近的地面上，而检波器安放于孔内。检测波传播一定时间后改变检波器在孔内的位置，通过重复上述步骤，便可得到一条波历时与深度的实测关系曲线，深度 Z 处的波速就是该曲线的斜率。由于该方法只需在地层中钻一个孔，因此在工程中也较受欢迎。至于面波法，无须在地层中钻孔，振源和检波器均布置在地表面上。稳态振动法是面波法的一种，是在地面上用一稳态简谐振动器激振，地表上的一组检波器用来测定相应频率的波长，由此求出瑞利波波速。其测试示意图分别见图 2-10 和图 2-11 。

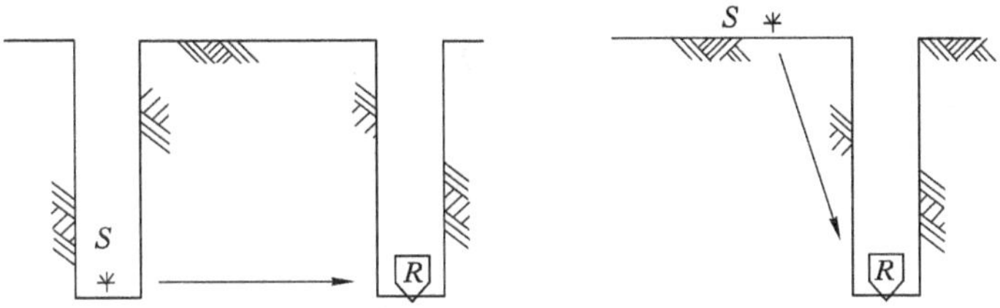

(a) 跨孔法　　(b) 下孔法

图 2-10　钻孔法波速测试示意图

图 2-11　稳态振动法波速测试示意图

武广高速铁路 DK1252＋840～＋888 路-桥过渡段的路基本体，主要由 A、B 组填料与掺加 5％水泥的级配碎石施工而成。分别在路-桥过渡段 DK1252＋853、DK1252＋880 和 DK1252＋887 三个横断面位置，共布置了三组跨孔和下孔试验。每组的孔位布置如图 2-12 所示。考虑到测试仪器的尺寸及 PVC 管径的规格，钻孔孔径采用 127 mm，孔深根据不同测点的路基高度分别采用 6 m 和 9 m，不涉及测斜问题。套管周围空隙采用水泥砂浆填充。该试验的所有跨孔法试验与下孔法试验都采用一次成孔法。面波法试验则在 DK1252＋727 处进行。

2.4.2　试验结果分析

试验数据处理方法见《地基动力特性测试规范》。当所计算出的振源到第一

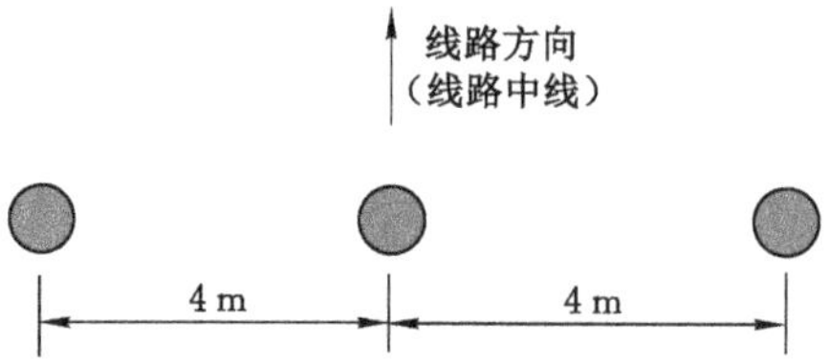

图 2-12　每组钻孔布置示意图

个孔、振源到第二个孔、振源在两孔之间传播的波速相差大于 5%时，应分析原因。首先应查核钻孔垂直度和波初至时间是否有误，然后顺次分析记录仪扫描速率或时间分辨能力是否合适、触发器延迟是否太大、地层是否局部严重不均匀以及测点位置是否布置不当等。

然而，波速测试的前提是假设波沿直线传播，但对于体波而言，实际情况并非如此，它是以半球形在介质中进行传播的，也就是说测试的波速实际上只是一个等效的波速，我们一般称之为视速度。根据最小时间原理，在同一种介质中，初至波的传播路径是一段圆弧，而我们在计算过程中是将其等效为一段直线，这是测试误差必然存在的一个主要原因，也是跨孔法测试波速本身的一大缺陷。有文献表明，波传播路径的弯曲，使得波速的试验值高于真实值，而这种现象在浅层体现得尤为明显。不过还有分析表明，在岩石中或者压缩性较大的土体中，初至波的弯曲程度将大大降低，且随着深度的增加，初至波传播路径的影响将减小。

(1) 跨孔法

利用跨孔法所测路-桥过渡段沿线各断面不同深度的压缩波速 v_p、剪切波速 v_s、弹性模量 E_d、剪切模量 G_d、泊松比 μ 见表 2-1。

表 2-1　路-桥过渡段波速试验结果(跨孔法)

断面	材料说明	深度/m	v_p /(m/s)	v_s /(m/s)	μ	E_d/MPa	G_d/MPa
DK1252+853	级配碎石+5%水泥	0.2	968.2	520.1	0.287	1 824.763	703.348
	级配碎石	1.2	659.4	320.3	0.296	677.972	252.377
		2.2	606.1	319.0	0.258	655.842	250.269
	A、B 组填料	3.2	620.6	322.6	0.295	574.726	218.549
		4.2	593.3	287.8	0.326	468.298	173.941
		5.2	591.8	265.6	0.354	407.058	148.141

表 2-1(续)

断面	材料说明	深度/m	v_p /(m/s)	v_s /(m/s)	μ	E_d/MPa	G_d/MPa
DK1252+880	级配碎石+5%水泥	0.2	944.0	526.4	0.264	1 837.759	720.452
	级配碎石	1.2	636.7	325.3	0.273	688.997	260.317
		2.2	663.2	342.4	0.268	760.403	288.405
	A、B组填料	3.2	620.0	307.5	0.317	530.925	198.568
		4.2	656.7	323.0	0.320	587.356	219.091
		5.2	630.4	316.3	0.312	559.601	210.096
DK1252+887	级配碎石+5%水泥	0.2	975.3	535.9	0.274	1 917.129	746.691
		1.2	1 004.7	545.6	0.281	1 998.195	773.966
		2.2	998.8	553.6	0.268	2 037.144	796.830

(2) 下孔法

利用下孔法所测路-桥过渡段沿线各断面不同深度的压缩波速 v_p、剪切波速 v_s、弹性模量 E_d、剪切模量 G_d、泊松比 μ 见表 2-2。

表 2-2　路-桥过渡段波速试验结果(下孔法)

工况	材料说明	深度/m	v_p/(m/s)	v_s/(m/s)	μ	E_d/MPa	G_d/MPa
DK1252+853	级配碎石+5%水泥	0.2	948.2	510.1	0.286	1 754.142	676.562
	级配碎石	1.2	633.0	305.0	0.299	617.332	228.842
		2.2	586.0	300.0	0.272	585.564	221.400
	A、B组填料	3.2	607.0	312.0	0.300	539.867	204.422
		4.2	580.5	282.7	0.325	451.314	167.831
		5.2	573.6	260.3	0.350	389.962	142.288
DK1252+880	级配碎石+5%水泥	0.2	929.3	519.2	0.263	1 784.579	700.878
	级配碎石	1.2	623.2	319.3	0.272	663.137	250.803
		2.2	654.6	338.5	0.267	742.732	281.872
	A、B组填料	3.2	605.5	300.8	0.316	507.771	190.009
		4.2	640.8	315.9	0.319	561.414	209.565
		5.2	618.7	311.9	0.310	543.266	204.291
DK1252+887	级配碎石+5%水泥	0.2	961.8	529.2	0.273	1 868.264	728.137
		1.2	991.9	539.5	0.280	1 952.343	756.757
		2.2	978.5	544.8	0.265	1 968.400	771.698

(3) 面波法

由面波法所得结果图虽然不是理想的弥散曲线图,但也在一定程度上反映了一些问题,并值得我们继续进行在这方面的研究。

由测点 DK1252+727 所得弥散曲线如图 2-13 所示,为多条放射状线,且中间有间断部分,并不是理想的弥散曲线图。多条放射状线产生的原因是记录中的直达波与折射波是非频散的,出现斜直线频散曲线的原因是直达波、反射波能量太强,造成此种类型的干扰;弥散曲线的间断,是因为试验仪器下方有空腔所造成的,见图 2-14。对该断面的 SASW 法(表面波谱法)试验结果还有待进一步的分析研究。

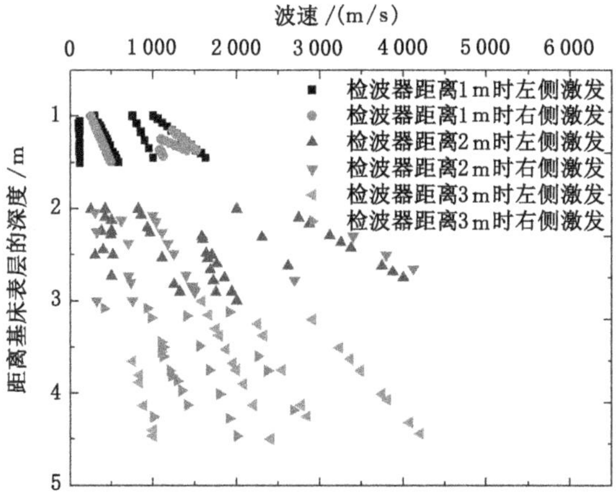

图 2-13　分析得出 DK1252+727 的问题弥散曲线(半波长法)

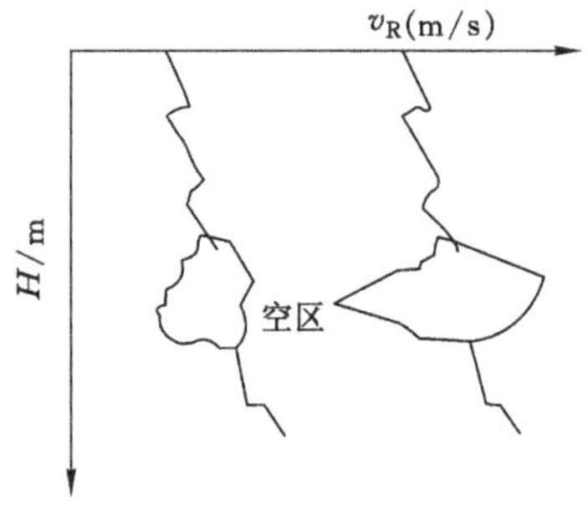

图 2-14　弥散曲线异常时可能的土层情况

(4) 路基参数沿深度分布

为了研究不同断面各参数随深度改变的变化规律，取下孔法测试结果进行对比研究。图 2-15 为不同断面上 E_d、G_d 随深度变化分布对比曲线，图 2-16 为不同断面泊松比随深度变化分布对比曲线。由图可知，在 DK1252＋887 剖面，动泊松比随着深度的增加先增加，再减小，而动剪变模量、动弹性模量随着深度的增加而增加；在 DK1252＋853、DK1252＋880 剖面，动剪变模量、动弹性模量随着深度的增加而减小，而动泊松比随着深度的增加而增加。

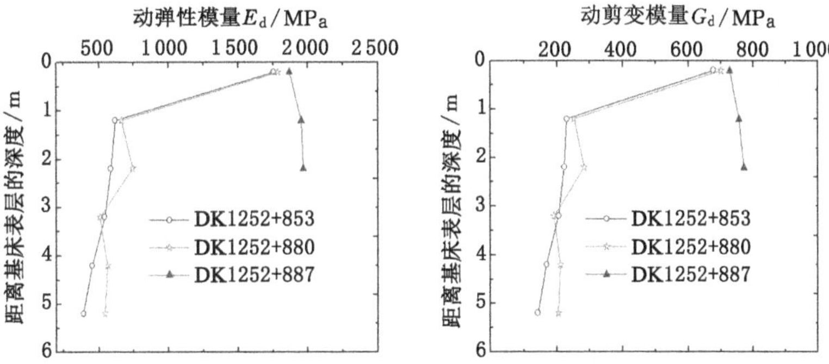

图 2-15　不同断面 E_d、G_d 随深度变化分布对比

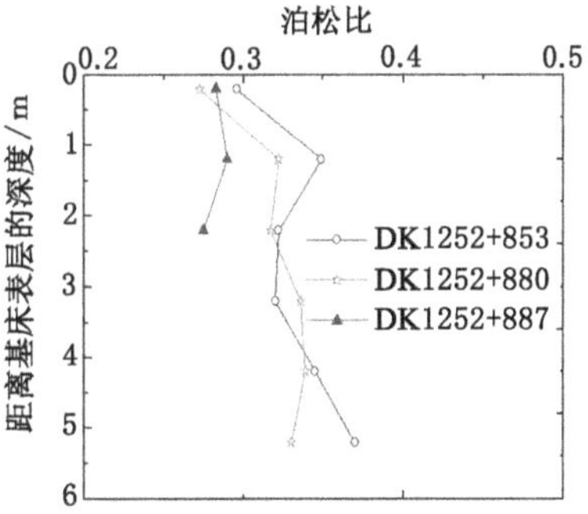

图 2-16　不同断面泊松比随深度变化分布对比

当然，这些物理量除了与深度、填料的本身性质有关外，还与填料的压实度、含水量有关。

而普通路基与过渡段路基相比，由于过渡段路基的刚度要大一些，所以其下降趋势没有普通路基快，而且变化幅度也比较小，这与过渡段向刚性桥台过渡的性质一致。

美中不足的是，对于 DK1252＋887 测试剖面，由于桥台路段的孔较浅，没有能够与过渡段以及普通路基的较深路基的截面模量和波速在分布上形成对比，但是其表层的波速分布与模量变化趋势都与前两个截面（DK1252＋853、DK1252＋880）相似，达到了试验的目的。

DK1252＋887 测试剖面靠近桥台台背处，由于级配碎石中掺加了 5％的水泥，所以泊松比比前面两个断面的小。但是随深度增加，波速的变化趋势是与前面两个断面相似的。

2.5 路基动刚度测试

2.5.1 试验原理与方法

激振法试验通过强迫振动或自由振动测试天然地基或人工地基的动力特性，为基础的振动和隔振设计提供动力参数。强迫振动是使用激振设备进行激振。竖向强迫振动试验中激振频率自 5 Hz 开始至 50 Hz 左右，每升高 1 Hz，记录 1 次测试数据。竖向压模法原理见图 2-17 。

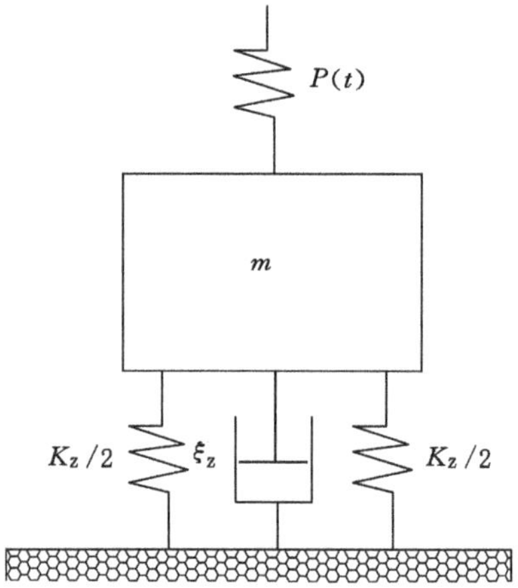

图 2-17　竖向强迫振动

(1) 竖向强迫振动阻尼比

计算地基竖向阻尼比 ξ_z 时，在 A_z-f（竖向振幅-激振力周频率）关系曲线（见图 2-18）上，选取共振峰点 f_m 和 $0.85f_m$ 以下不少于 3 点的频率 f_i 及相应

的振幅 A_i，按下式计算

$$\xi_z = \frac{\sum_{i=1}^{n} \xi_{zi}}{n} \tag{2-1}$$

式中

$$\xi_{zi} = \left[\frac{1}{2}\left(1 - \sqrt{\frac{\beta_i^2 - 1}{\alpha_i^4 - 2\alpha_i^2 + \beta_i^2}}\right)\right]^{\frac{1}{2}}, \quad \alpha = \frac{f_m}{f_i}, \quad \beta_i = \frac{A_m}{A_i} \tag{2-2}$$

式中，ξ_z 为地基竖向阻尼比；ξ_{zi} 为由第 i 点计算得到的竖向强迫振动阻尼比（无量纲）；f_m 为竖向强迫振动的共振频率，Hz；A_m 为竖向强迫振动的共振振幅，m；f_i 为在实测 A_z-f 关系曲线上选取的第 i 点频率，Hz；A_i 为在实测 A_z-f 关系曲线上选取的第 i 点频率 f_i 所对应的振幅，m；f_1，f_2，f_3 所对应的振幅分别为 A_1，A_2，A_3。

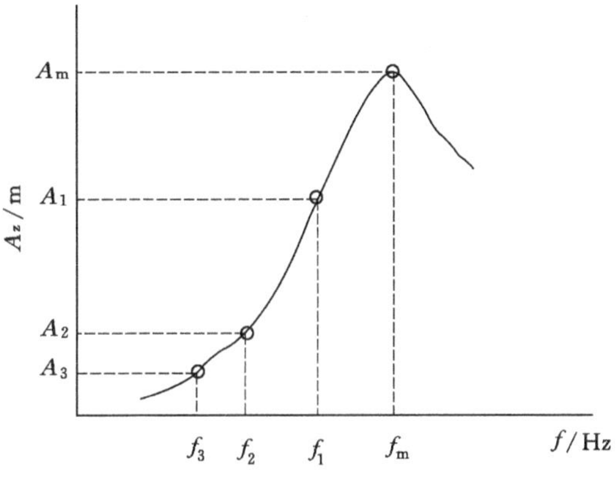

图 2-18　A_z-f 曲线

（2）竖向强迫振动参振总质量

竖向强迫振动参振总质量为

$$m_z = \frac{m_0 e_0}{A_m} \frac{1}{2\xi_z \sqrt{1 - \xi_z^2}} \tag{2-3}$$

式中，m_z 为基础竖向振动的参振总质量，t，包括基础、激振设备和地基参加振动的质量，当 m_z 大于基础质量的 2 倍时，应取 m_z 等于基础质量的 2 倍；m_0 为激振器旋转部分质量，t；e_0 为激振器旋转部分质量的偏心距，m。

（3）基础、地基的抗压刚度、抗压刚度系数

基础、地基的抗压刚度、抗压刚度系数分别为

$$K_z = m_z(2\pi f_{nz})^2 \tag{2-4}$$

$$C_z = \frac{K_z}{A_0} \tag{2-5}$$

$$f_{nz} = f_m \sqrt{1 - \xi_z^2} \tag{2-6}$$

式中，C_z 为基础、地基的抗压刚度系数；K_z 为基础、地基的抗压刚度，kN/m；A_0 为模型基础的底面积，m^2；f_{nz}为竖向振动无阻尼固有频率，Hz。

因此，试验中，通过对激振频率 f 的改变，可得到振幅随 f 的变化曲线，据此可得到其谐振频率 f_m，然后利用上述原理及有关公式计算出动刚度、变形模量与阻尼比等参数。

本次试验预制了两块标号为 C30 的混凝土模型块体，其四角预设吊环，在块体中心位置预埋 4 根直径 20 mm、长 400 mm 的螺栓用来固定激振电动机，以保证工作时激振机的扰力作用线通过块体重心和底面形心。采用智能型变频器调节激振电动机竖向振动频率，采用不同频率对过渡段结构层进行强迫振动，并记录该频率强迫振动下体系的振动频率和幅值。其试验示意图如图 2-19 所示。

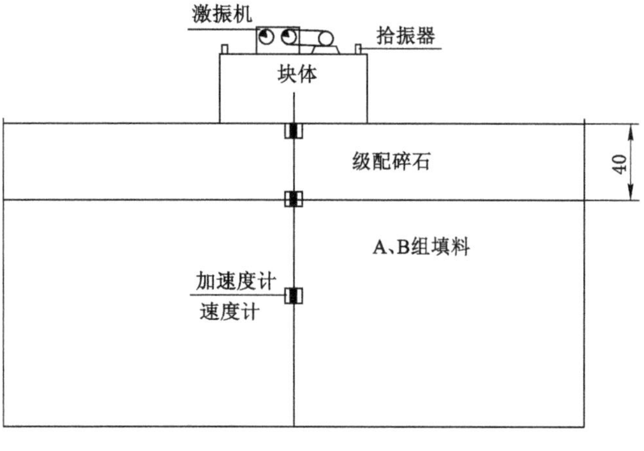

图 2-19　激振试验布置示意图

试验采用 941 型拾振器拾取振动信号，通过信号放大器和 INV306 型动态信号采集仪将信号放大并转化为数字信号，转存至计算机中。通过对采集数据进行自谱分析可以得到该体系的自振频率 f 和振幅 A，进而获得体系的阻尼比和刚度等动态参数。试验时分别在 DK1252＋853(C—C 断面)、DK1252＋866(D—D 断面)、DK1252＋880(B—B 断面)和 DK1252＋887(A—A 断面)四个横断面位置,共布置了四组激振试验设备,见图 2-20。

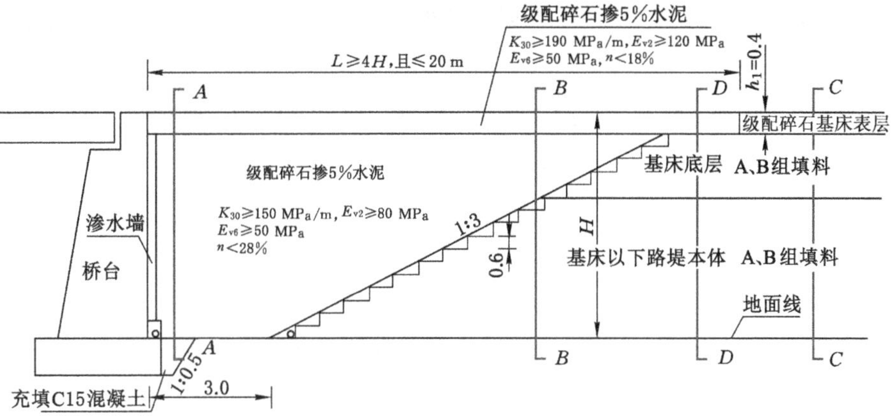

图 2-20　路基刚度实测剖面图(单位:mm)

2.5.2　刚度测试结果分析

利用激振法得到其沿线路方向竖向振幅随频率变化的曲线如图 2-21 所示。稳态激振下测得过渡段各响应断面路基的抗压刚度值见表 2-3。

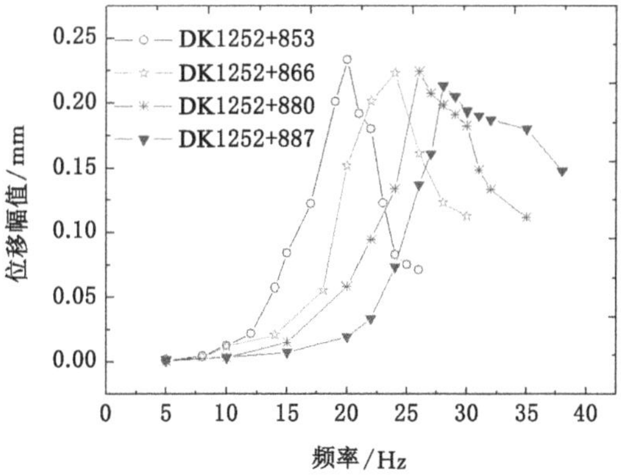

图 2-21　路-桥过渡段四个典型断面幅频响应曲线

表 2-3　DK1252＋853～DK1252＋887 路-桥过渡段沿线路方向路基抗压刚度及阻尼

位置	*A*—*A* 断面 (DK1252＋887)	*B*—*B* 断面 (DK1252＋880)	*D*—*D* 断面 (DK1252＋866)	*C*—*C* 断面 (DK1252＋853)
填筑材料	均有级配碎石掺5%水泥	基床表层与底层为级配碎石掺5%水泥，基床以下为A、B组填料	基床表层为级配碎石掺5%水泥，以下为A、B组填料	基床表层为级配碎石，以下为A、B组填料
K_x/(kN/mm)	152.5	123.8	113.5	100.5
阻尼比	0.057	0.066	0.085	0.092

激振法所测的路-桥过渡段路基竖向抗压刚度、阻尼比沿线路变化趋势见图2-22。

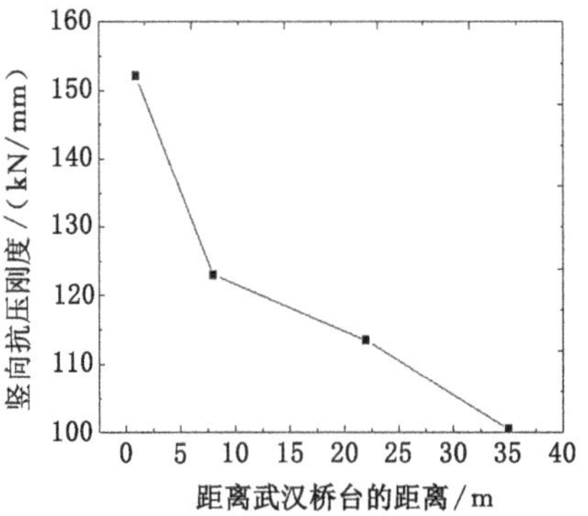

(a) 竖向抗压刚度

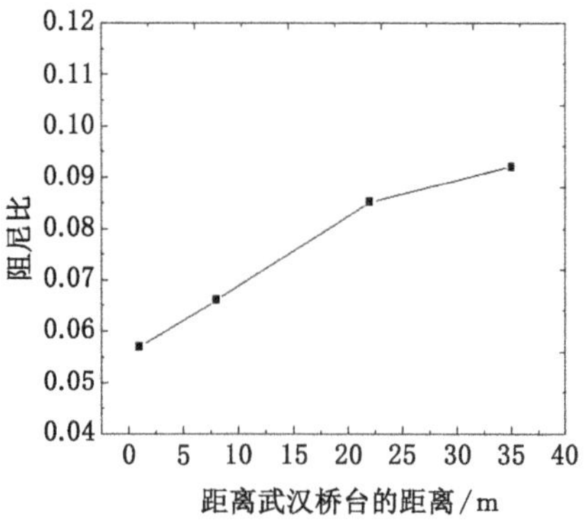

(b) 阻尼比

图 2-22　路-桥过渡段路基竖向抗压刚度、阻尼比沿线路变化趋势

2.6 路基变形综合模量

2.6.1 综合模量算法

在利用弹性地基梁法计算结构内力时，对复合地基和多层地基的变形模量，需要取其综合变形模量进行计算；为了获得过渡段的刚度变化规律，需要求得过

渡段横断面的整体模量。许多学者对复合地基变形模量的计算方法进行了研究，但都是以现场试验资料为基础的。

(1) 现场试验法

各种地基的变形模量值可以根据现场试验资料用均质弹性半无限体理论按下式计算：

$$E_0 = (1-\mu^2)\frac{P}{sd} \tag{2-7}$$

式中，E_0 为综合地基变形模量，kN/m^2；P 为作用于载荷板上的总荷重，kN；d 为方形载荷板的当量直径，m；s 为与荷载 P 相对应的沉降量，m；μ 为泊松比，可通过土的侧压力系数 K_0 确定，一般在 0.3～0.4 之间。

(2) 沿轨道走向综合模量的计算

地基处理的材料、配比、土的特性等多种因素影响使得有关研究还不甚透彻。在设计阶段，如何根据地质条件、地基处理方法、置换率等简单估算或确定地基的变形模量很关键。本方法采用考虑地基处理方法、材料特性因素的双向权重系数法进行计算，具体方法如下：首先是确定地基处理材料的弹性模量和土体的变形模量，然后根据地基处理的方法、材料，以及各材料在土中的面积比或置换率进行加权，得出地基处理层的综合变形模量 E_{0c}。

$$E_{0c} = \sum_{i=1}^{n}\alpha_i E_i \Big/ \sum_{i=1}^{n}\alpha_i \tag{2-8}$$

式中，E_{0c}为地基处理层综合变形模量；E_i 为地基处理材料和土体的变形模量；α_i 为不同材料的面积权重系数或置换率。

(3) 沿深度方向综合模量的计算

要想确定多层地基的综合变形模量，首先需要求出各层土体的变形模量，然后按土层的厚度进行加权，即

$$E_{0m} = \sum_{i=1}^{k}h_i E_i \Big/ \sum_{i=1}^{k}h_i \tag{2-9}$$

式中，E_{0m}为多层地基综合变形模量；E_i 为各层土体的变形模量；h_i 为土层厚度。

2.6.2 试验过渡段综合模量的计算与对比

为了求得过渡段整体刚度分布情况，按照上述沿深度方向求得路-桥过渡段不同横断面路基综合模量见表 2-4。

表 2-4　路-桥过渡段典型断面的动弹性模量及综合模量对比分析

深度/m	不同路段动弹性模量/MPa		
	断面 1(路基)(DK1252+853)	断面 2(过渡段)(DK1252+880)	断面 3(桥台附近)(DK1252+887)
0.2	1 824.763	1 837.759	1 917.129
1.2	677.972	688.997	1 998.195
2.2	655.842	760.403	2 037.144
3.2	574.726	530.925	
4.2	468.298	587.356	
5.2	407.058	559.601	
综合模量	605.55	672.08	2 001.16

由表 2-4 可知，对于可压缩层内包含多层不同性质土层的平均综合模量，取综合模量 $E_{综}=\sum_{i=1}^{k}h_iE_i/\sum_{i=1}^{k}h$，其中，$h_i$ 为第 i 层土的厚度，E_i 为第 i 层土的弹性模量，$E_{综}$ 为平均综合模量。根据实际的结构尺寸计算可得，桥台台尾路基和一般路基的综合模量分别为 2 001.16 MPa 和 605.55 MPa，仅相差约 3.3 倍，由桥台经过过渡段到路基的综合弹性模量变化率约为 41.0 MPa/m。

2.7　路基参数对比分析

过渡段刚度存在着较大的不均匀性，在极端情况下轨道整体刚度最大值有可能为最小值的 5～10 倍。因此列车经过过渡段时将引起较大的动态不平顺，必须在区间无砟轨道与刚性无砟轨道之间设置合理的过渡段。

2.7.1　不同波速测试成果的相关性分析与评价

为了对比跨孔法和下孔法波速测试结果，取横断面 DK1252+853 测试结果进行对比，其波速及 E_d、G_d 对比结果见表 2-5～表 2-8 和图 2-23、图 2-24。

表 2-5　DK1252+853 断面中跨孔试验与下孔试验压缩波波速对比表

深度/m		0.2	1.2	2.2	3.2	4.2	5.2
材料		级配碎石+5%水泥	级配碎石	级配碎石	A、B 组填料	A、B 组填料	A、B 组填料
波速/(m/s)	跨孔法	968.2	659.4	606.1	620.6	593.3	591.8
	下孔法	948.2	633.0	586.0	607.0	580.5	573.6

表 2-5(续)

深度/m	0.2	1.2	2.2	3.2	4.2	5.2
差值|Δ|/(m/s)	20	26.4	20.1	13.6	12.8	18.2
百分差 /%	2.11	4.17	3.43	2.24	2.20	3.17

表 2-6　DK1252＋853 断面中跨孔试验与下孔试验剪切波波速对比表

深度/m		0.2	1.2	2.2	3.2	4.2	5.2
材料		级配碎石 ＋5%水泥	级配碎石	级配碎石	A、B 组填料	A、B 组填料	A、B 组填料
波速 /(m/s)	跨孔法	520.1	320.3	319.0	322.6	287.8	265.6
	下孔法	510.1	305.0	300.0	312.0	282.7	260.3
差值|Δ|/(m/s)		10.0	15.3	19.0	10.6	5.1	5.3
百分差 /%		1.96	5.02	6.32	3.40	1.80	2.04

表 2-7　DK1252＋853 断面中跨孔试验与下孔试验动弹性模量对比表

深度/m		0.2	1.2	2.2	3.2	4.2	5.2
材料		级配碎石 ＋5%水泥	级配碎石	级配碎石	A、B 组填料	A、B 组填料	A、B 组填料
动弹性模量 /MPa	跨孔法	1824.763	677.972	655.842	574.726	468.298	407.058
	下孔法	1754.142	617.332	585.564	539.867	451.314	389.962
差值|Δ|/MPa		70.621	60.64	70.278	34.859	16.984	17.096
百分差 /%		4.03	9.82	12.00	6.46	3.76	4.38

表 2-8　DK1252＋853 断面中跨孔试验与下孔试验动剪切模量对比表

深度/m		0.2	1.2	2.2	3.2	4.2	5.2
材料		级配碎石 ＋5%水泥	级配碎石	级配碎石	A、B 组填料	A、B 组填料	A、B 组填料
动剪切模量 /MPa	跨孔法	703.348	252.377	250.269	218.549	173.941	148.141
	下孔法	676.562	228.842	221.4	204.422	167.831	142.288
差值|Δ|/MPa		26.786	23.535	28.869	14.127	6.11	5.853
百分差/%		3.96	10.28	13.04	6.91	3.64	4.11

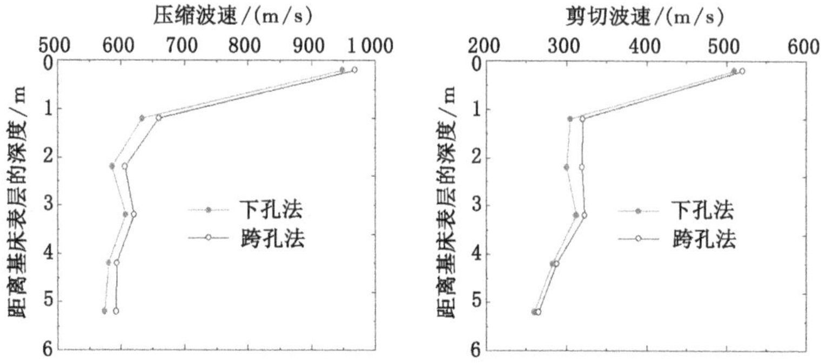

(a) 压缩波速　　(b) 剪切波速

图 2-23　DK1252＋853 断面中跨孔试验与单孔试验波速分布对比

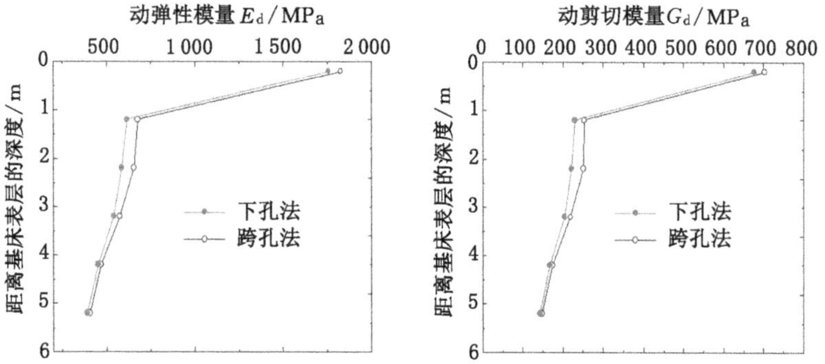

(a) 动弹性模量　　(b) 动剪切模量

图 2-24　DK1252＋853 断面中跨孔试验与下孔试验 E_d、G_d 分布对比

跨孔法、下孔法测试压缩 P 波、剪切 S 波试验结果基本一致。波速与填料的性质也有关，波速与填料的关系依次为，级配碎石＋5％水泥最大，级配碎石次之，A、B 组填料最少。

在同一剖面同一填料层内，随着深度的增加，动剪切模量、动弹性模量随之增加，动泊松比随之减少。这些物理量与填料的性质也有关，动剪切模量、动弹性模量与填料的关系依次为，级配碎石＋5％水泥最大，级配碎石次之，A、B 组填料最少；动泊松比与此刚好相反。当然，这些物理量除了与深度、填料的本身性质有关外，还与填料的压实度、含水量有关。

在跨孔法试验中，级配碎石＋5％水泥，级配碎石，A、B 组填料的 E_d(平均)分别为 1 923.0 MPa，695.80 MPa，521.33 MPa；G_d(平均)分别为 748.26 MPa，

262.84 MPa，194.73 MPa；μ（平均）分别为 0.27，0.27，0.32。

在下孔法试验中，级配碎石＋5%水泥，级配碎石，A、B 组填料的 E_d（平均）分别为 1 856.55 MPa，652.18 MPa，498.93 MPa；G_d（平均）分别为 726.81 MPa，245.73 MPa，186.40 MPa，μ（平均）分别为 0.27，0.28，0.32。

由此还可以看到，下孔法测试结果略小于跨孔法，但差距极小，说明在本例中，两种方法的结果十分接近，这种差距在总体意义上无重大工程意义。之所以结果如此接近，主要原因在于该剖面上的结构面特征及跨孔法测试时的测试剖面方向的组合关系。

为探求面波法测试结果与下孔法测试结果的差异性，将二者的测试结果进行了分析对比，其结果如图 2-25 所示。

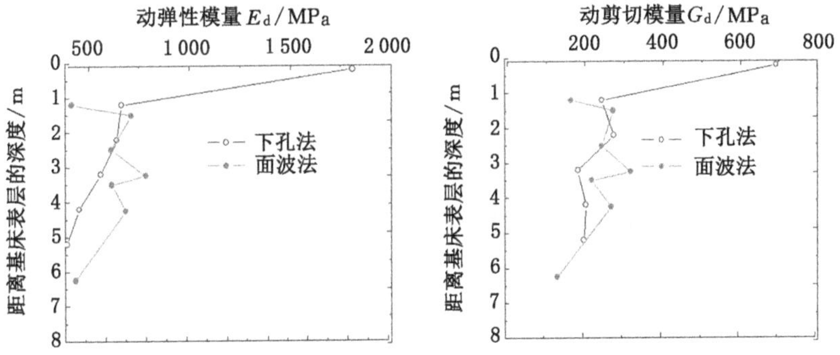

(a) 动弹性模量　　(b) 动剪切模量

图 2-25　DK1252＋727 断面面波法与下孔法测试路基动弹性、剪切模量对比图

由图 2-25 可知，面波法和下孔法测试的路基动弹性模量和动剪切模量在路基 1～2 m 范围内存在显著差别，下孔法测试结果明显较面波法为大，而在 2 m 以下的范围内，两种测试方法测试的路基动弹性模量和动剪切模量幅值和变化趋势趋同。

就工程适用性而言，下孔法由于每个测点需要两个以上的钻孔，两个测量孔的距离又不能太大，且震源较复杂，另外钻孔间的平行度难以保证，所以在实际使用过程中较少。对比下孔法，面波法无须预先钻孔和埋套管，现场测试的效率较高，但面波法要求测试的场地较大，在使用时其资料处理中相关系数的选取存在不确定性，其可靠性还需进一步研究，且其属间接测量法，深层测试结果不是很理想，况且由于在实际工程中，理想成层的地层并不存在，有些地层存在软弱夹层或者较硬夹层，一般路基也同样由于分层压实而存在压实不均的现象，在这种情况下，面波法测试的剪切波速度的精度较跨孔法或者下孔法测试结果的精度就有明显不足，所以对路基参数获取试验仍推荐采用下孔法，并可以面波法作为参考。

2.7.2 波速法与激振法对比分析

由激振法试验可以获得过渡段不同横断面的刚度值，通过波速测试，并运用综合刚度算法可以获得过渡段不同横断面的综合模量，从而得到过渡段桥台与普通路基的刚度比和综合模量比。为了获得路-桥过渡段刚度变化规律和综合模量变化规律，将波速法所测路基模量通过综合模量计算，得出路-桥过渡段综合模量变化率和由激振法所测刚度变化率进行对比。显然，通过激振试验可知，桥台和路基的刚度分别为 152.5 kN/mm 和 100.5 kN/mm，仅相差约 1.52 倍，由桥台经过过渡段到路基的刚度变化率约为 1.53(kN/mm)/m。通过波速试验，可以获得过渡段路基弹性模量随距桥台距离的变化特征。DK1252＋853～DK1252＋887 路-桥过渡段桥台和路基的综合模量分别为 2001.16 MPa 和 605.55 MPa，相差约 3.3 倍，由桥台经过过渡段到路基的综合弹性模量变化率约为 41.0 MPa/m。

另外，利用仿真模型，对列车荷载作用下的路-桥过渡段进行仿真分析，用钢轨轮轨力/钢轨表面动位移求得近似动刚度，得到桥台和路基的刚度分别为 150 kN/mm 和 95 kN/mm，仅相差约 1.58 倍，由桥台经过过渡段到路基的刚度变化率为 1.18(kN/mm)/m。图 2-26 为实验所得刚度和仿真计算所得刚度的对比图。

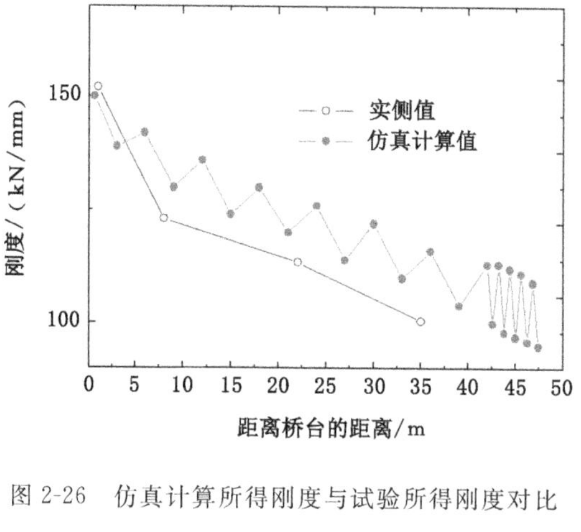

图 2-26　仿真计算所得刚度与试验所得刚度对比

不难发现，激振试验结果与仿真计算结果较为吻合，轨道综合刚度随离桥台距离的变化趋势与试验结果基本吻合，仿真计算值略大于实测值。这证明了仿真模型基本正确。这些结果基本上与设计要求一致(桥路刚度比一般不超过2)。这种差值基本上能消除结构突变的影响,使路基结构的刚度能较均匀过渡,轮载作用下路基的弯沉趋于一致,极大地改善了桥头路面的服务水平和行驶质量。然而波速试验结果偏大,且过渡段综合模量比为 3.3,虽然也在过渡段极限设计值之内,但其计算结果的准确性还有待商榷。

2.8　本章小结

本章首先通过大型粗颗粒物理力学试验获得路-桥过渡段基床填料的参数,然后介绍了跨孔法、下孔法、面波法和激振试验的测试原理和方法,对不同试验结果进行对比分析,提出适合本项目的试验方法;最后,通过对不同横断面路基综合刚度的计算,获取过渡段的刚度比。具体得到的结论如下:

(1) 通过室内粗颗粒物理力学试验得出级配碎石和 A、B 组填料的物理力学参数,结果证明所选级配碎石和 A、B 组填料两种路基填料的粒径分布不均且级配良好,是非常合适的路基填料。两种填料的强度指标均较一般土体或路基填料更高,说明作为高速铁路的路基填料,级配碎石和 A、B 组填料在级配良好的状况下能够达到很高的强度,这对高速铁路路基的稳定性十分有利。

(2) 对于并非理想成层的地层和深层测试,面波法测试的剪切波速度的精度较跨孔法或者下孔法测试结果的精度有明显不足,而跨孔法由于每个测点需要两个以上的钻孔,钻孔间的平行度难以保证,所以对路基参数获取试验仍推荐采用下孔法,并可以面波法作为参考。

(3) 跨孔法、下孔法测试压缩 P 波、剪切 S 波试验结果基本一致,在同一剖面同一填料层内,随着深度的增加,动剪切模量、动弹性模量随之增加,动泊松比随之减少。这些物理量与填料的性质也有关,动剪切模量、动弹性模量与填料的关系依次为,级配碎石+5%水泥最大,级配碎石次之,A、B 组填料最少;动泊松比与此刚好相反。当然,这些物理量除了与深度、填料的本身性质有关外,还与填料的压实度、含水量有关。

(4) 通过激振法和跨孔法试验,根据实际的结构尺寸计算可得,桥台和路基的综合模量分别为 2 001.16 MPa 和 605.55 MPa,相差约 3.3 倍,由桥台经过过渡段到路基的综合弹性模量变化率约为 41.0 MPa/m;桥台和路基的刚度分别为 152.5 kN/mm 和 100.5 kN/mm,仅相差约 1.52 倍,由桥台经过过渡段到路基的刚度变化率约为 1.53(kN/mm)/m。通过仿真分析,用钢轨轮轨力/

钢轨表面动位移求得近似动刚度，得到桥台和路基的刚度分别为 150 kN/mm 和 95 kN/mm，仅相差约 1.58 倍，由桥台经过过渡段到路基的刚度变化率约为 1.18(kN/mm)/m。这些结果基本上与设计要求一致(桥路刚度比一般不超过 2)。这种差值基本上能消除结构突变的影响，使路基结构的刚度能较均匀过渡。

第3章　列车动荷载模拟

3.1　引言

高速铁路的出现对铁路的设计、施工和养护维修都提出了新的挑战，在现代铁路技术研究中，无论是机车车辆、轨道结构，还是路基，都应当把单个问题放在整个系统中去考察，所采用的设计参数应当使系统的各个部分相互间合理匹配。由此看来，对路基的分析仅仅停留在静力分析上是远远不够的，动力特性分析需要更多考虑，而通过确定动荷载来研究路基的动力特性是动力分析的一种方法。

综合当前动力荷载模拟研究现状，不难发现，当前对于列车荷载的模拟要么过于复杂，要么偏于简化；有的过于理论化，且涵盖的因素不够全面，有的考虑实际轴载，却未考虑动力因素，从而不够精确。因此，本章从分析振动荷载的产生机理（车辆因素、轨下基础因素等）出发，进而分析了速度、线路不平顺、矢高、轮重等一系列因素，最后，结合现场实测数据，研究了适合本书研究要求的列车荷载模拟方法。

3.2　振动荷载产生机理

列车荷载包括列车静荷载和动荷载两部分，静荷载由列车自重引起，是不变部分。而动荷载由列车的振动引起，受到多方面因素的影响，主要包括车辆和轨道两方面的因素。其中，影响动荷载的车辆方面的因素大体包括车轮擦伤、车轮踏面几何不平顺及车轮偏心等；影响动荷载的轨道方面的因素主要包括轨道几何不平顺（如高低、水平、垂向等不平顺以及轨面波浪或波纹磨耗等）、钢轨接头状态不良（如低接头、错牙接头等）和轨道基础缺陷（如轨枕悬空吊板、道床板结等）三方面。根据英国铁路技术中心多年来的理论研究和试验工作，除了上述各个影响因素，各种不平顺和轮轴的局部扁疤也是产生列车动荷载的主要原因之一。

3.2.1 车轮因素

车轮因素包括车轮扁疤和车轮偏心。

(1) 车轮扁疤

车轮扁疤指车轮踏面在列车运行过程中，由于制动或空转等各种原因所造成的局部擦伤与剥离等车轮损伤现象。在车轮滚动过程中，车轮扁疤会随着列车行驶速度不同而产生不同的特殊动力学效应。

当列车低速行驶时，如图 3-1 所示，车轮滚至扁疤起始点 A 时，随着列车向前运行，车轮将绕 A 点旋转直到整个扁疤表面撞击到轨面，随后车轮又迅速围绕着 B 点旋转，从而进一步给轨道施加了动力作用，直到过 B 点后恢复正常滚动状态。

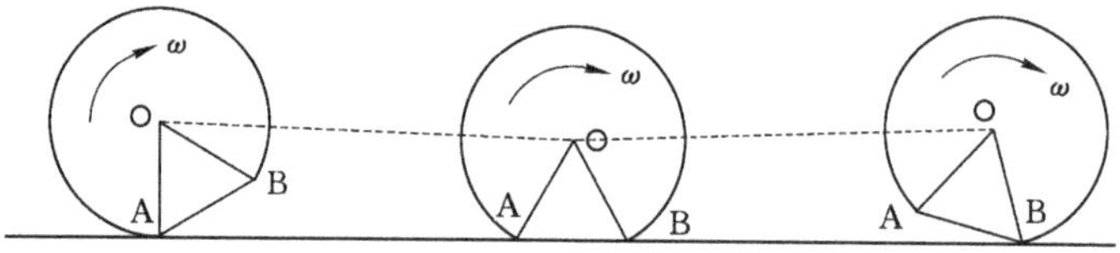

图 3-1 低速情形下扁疤车轮运动示意图

而当列车高速运行时，如图 3-2 所示，车轮滚至扁疤起始点 A 点后，由于列车速度较快，会导致车轮脱离钢轨表面，从而一边在空中旋转，一边向前做惯性运动，随后车轮向下跌落，最终扁疤终点 B 点接触到轨面，给轨道一定的冲击作用。

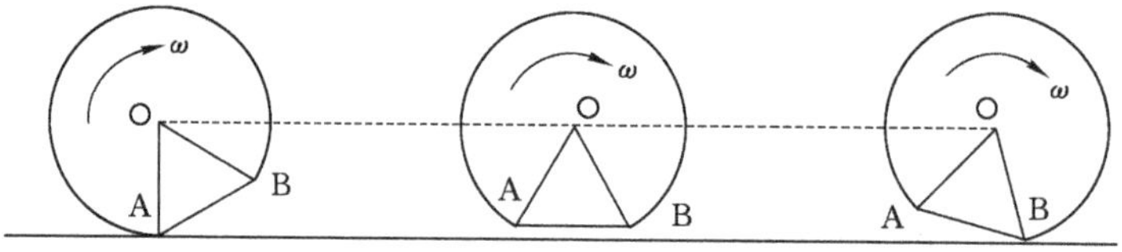

图 3-2 高速情形下扁疤车轮运动示意图

(2) 车轮偏心

如图 3-3 所示，倘若列车车轮质心与几何中心不重合，而是存在一定微小的偏心距，那么在列车运行过程中，将会存在一个大小恒定、由圆心指向圆外的未平衡惯性力：

$$F = M\omega^2 r_0 = M\left(\frac{v}{R}\right)^2 r_0 \tag{3-1}$$

式中 M——车轮质量；

ω——车轮转动角速度；

v——列车行进速度；

R——车轮半径。

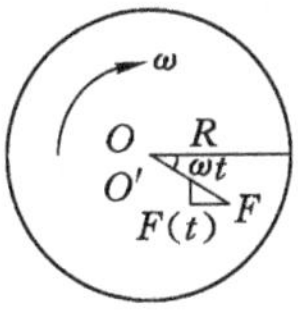

图 3-3　偏心轮示意图

偏心轮所产生的周期性振动荷载即为惯性力 F 的垂直分量。

$$F_v(t)=M(\frac{v}{R})^2 r_0 \sin(\frac{v}{R}t) \tag{3-2}$$

式中　t——运动的某时刻。

3.2.2　轨道不平顺

轨道不平顺的发生和发展与轮、轨之间的作用力及其变化密切相关，钢轨焊接处产生的不平顺和钢轨波浪形磨耗等不平顺都是轨道不平顺的形式。藤吉彦、范俊杰在他们关于轨道力学的著作中认为，当焊缝区短波波长小于 0.2 m 时，该不平顺将对车辆振动荷载产生较严重的的影响。如果将高速铁路长钢轨焊接不平顺控制在 1 m 内，将凸凹矢度控制在 0.3 mm 范围内，该不平顺对车辆振动荷载产生的影响将明显降低，可以忽略不计。根据关于日本新干线的调查统计，在长钢轨焊接区，普遍存在两种不平顺，即波长 1 m 的余弦波和波长为 0.1～0.2 m 的短波，这两种不平顺会叠加在一起。中国铁道科学研究院在对焊缝不平顺的观测中也发现上述现象。而这种形式的焊接区不平顺在列车高速运行情况下，由短波不平顺（图 3-4）所激发，可以导致很大的轮轨冲击力，并产生较大的钢轨振动加速度。这种冲击作用不仅可以使得车轮瞬时减载，而且可产生相当于静轮载数倍的冲击力，最终对焊缝的可靠性构成威胁。倘若短波波深（$\delta=\delta_1+\delta_2$）大于 0.2 mm，则由此而产生的动力作用将显著加大，并可出现轮轨瞬时脱离这一不利于行车安全的现象。

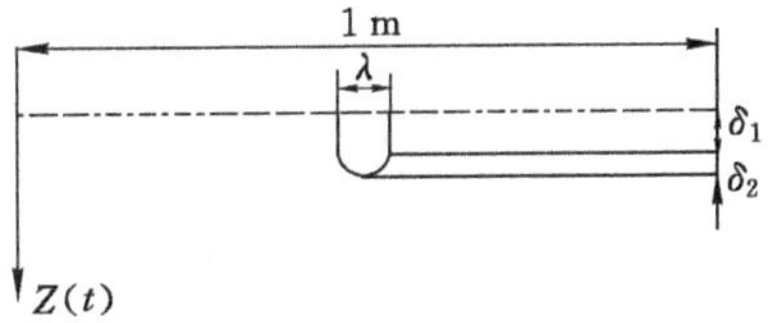

图 3-4　钢轨焊接区短波不平顺

车轮通过不平顺轨道时，在不平顺范围内产生强迫振动，在不平顺范围外产生自由振动，引起钢轨的附加沉陷与作用于车轮上的附加动压力，轮、轨间将产生持续变化的附加动作用力。当列车通过一段完全平顺的轨道时，钢轨有一个均匀下沉量 y_0，此时，钢轨既无附加沉陷，车轮也无附加动压力。但当列车通过不平顺轨道时，出现了新的动力平衡条件，如图 3-5 所示。车轮进入不平顺轨道前，车轮重心保持与原轨面平行，而在进入不平顺轨道后，车轮重心猝然下降相当于不平顺的深度 y_0，使车轮连同部分轨道产生强迫振动，结果使钢轨产生附加沉陷 y_d，车轮产生附加动压力。这个强迫振动，一直延续到不平顺终点 B 为止。当车轮到达 B 点时，还有一定的竖直振动速度及位移，因此，将在不平顺范围外继续产生自由振动，直至某一点 C，不平顺的影响方完全消失，钢轨沉陷恢复到原来的 y_0，车轮上也不再有任何附加动压力。而如果有短波长波浪形磨耗或波纹磨耗，会出现轮、轨瞬时脱离（轮轨力为零）现象，导致间歇性的高频轮、轨冲击与振动，产生较大的轮、轨冲击力。一旦出现轮、轨脱离，便会导致轮、轨冲击。当互相脱离的轮、轨再次接触时，不仅产生很大的轮、轨冲击力，而且伴随着有很大的钢轨冲击加速度，从而对钢轨造成严重损伤威胁。

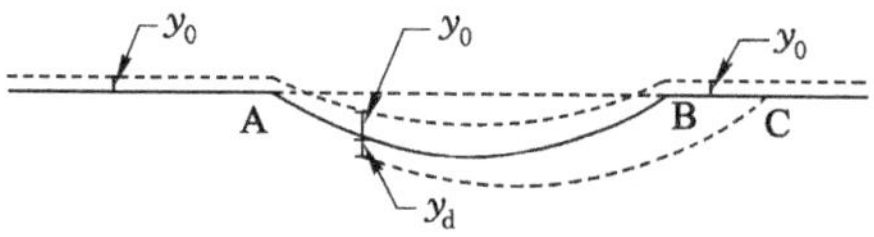

图 3-5　轨道不平顺示意图

3.2.3　轨下结构影响因素

通过上述分析可知车轮因素和轨道不平顺因素是引起列车振动荷载的主要因素，然而车辆-轨道-路（地）基系统是一个综合而复杂的系统，系统内的每一部分都相互影响着，列车荷载模拟涉及列车系统、轨道系统以及道床结构等多方面因素，是一个复杂的系统动力学问题。对于路-桥过渡段来说，列车进（出）桥梁的过程中，由于轨下基础支承刚度的纵向变化及轨面沉降差，客观上形成了一种特有的动力变化过程，从而对列车振动荷载产生影响。当列车进入路-桥过渡段时轮载迅速减小并反复波动，而车轮减载不利于行车安全；当列车快要驶下桥梁时轮载缓慢增加，到达连接段末端折角处时车轮又瞬时增载，对轨道结构形成较强的冲击作用。所以路-桥过渡段对列车振动荷载的影响是不可忽视的。

路基是整个系统的基础，路基的性质必将影响到列车在线路上运行时产生的荷载形式。以往的研究显示，增加道床密度可有效地降低道床加速度，与此同时，轮轨力增加很少。可见，选用重质量道砟比采用轻质量道砟更为有利。另一方面，增加道床厚度又能增加轨道基础弹性，从而起到减振效果。所以说，路基的刚度、基床表层厚度等因素也是模拟列车振动荷载时必须考虑的因素。

总之，较为完善的列车荷载模拟方法应包括：① 车辆本身的影响因素，包括车身轴重、非悬挂质量；② 轨道不平顺的影响，包括前述分析的各种因素，诸如轨道的几何不平顺、路基构成状态造成的随机不平顺等，并将其作为引起车辆动荷载的主要因素进行考虑；③ 车辆行驶速度的影响；④ 车辆荷载的周期性和振动特性；⑤ 考虑了列车荷载的移动组合及钢轨、轨枕对荷载的传递分散作用；⑥ 铁路路-桥过渡段刚度和沉降差异，包括铁路路基、列车、轨道、道床及地基在内的整体系统模型，再考虑轮、轨接触及碰撞等非线性环节。可见，要想准确模拟列车荷载并不是件容易的事情。然而，随着动力测试技术的发展，我们已可以测得许多车辆-轨道-路基系统所需要的动力响应参数。如果能测得钢轨在列车荷载作用下的应力状态，或者通过测试钢轨振动加速度及其他参数在列车荷载作用下的变化状态，从而转化为钢轨受力状态，这将一方面避免如此复杂的振动荷载模拟，另一方面通过实测数据经数定而来的荷载使得模型更具有说服力。

3.3　动荷载模拟

列车振动荷载的计算是分析列车移动荷载作用下地基动力响应的关键。现有研究中已有不少对轮-轨关系的定性描述，而对振动荷载的定量描述却相对较少。对于列车荷载的定量模拟问题至今没有达成共识。如何将列车荷载定量化，并真实而又简便地反映实际情况，以便从中找出其分布传递规律，是当今动力响应分析中首要解决的问题。

在动力模型中，列车荷载最初被看作单个或两个集中荷载或正弦激振荷载直接作用于道床表面。目前已有学者建立了全面的车辆-轨道-路基耦合系统，大多为了分析轨道结构的受力，或者把车辆及转向架视为刚体，这种模型计算工作量相当大，而对动力响应计算结果影响不大。

目前，动应力计算理论方面主要侧重于对列车荷载的定量化及其分布传播规律的研究，可应用弹性理论或有限元理论来研究路基中的应力及分布。不同的分析目的有不同的荷载处理，在《铁路路基设计规范》及相关技术手册中，一直沿用的是换算荷载法，即将铁路中“活载”等价为换算土柱并按45°扩散角计算路基中的荷载，这种静态设计思想显然已不适用于重复荷载作用下路基土的疲劳失稳特性研究。

在结构动力学中讨论的强迫振动问题，一般是以结构在位置固定的周期性激励载荷作用下的强迫振动问题为对象。当外载荷的作用频率与系统的固有频率相等时则发生共振。研究高速铁路路基在移动车辆荷载下的强迫振动,也要分析其共振条件,所不同的是由于载荷为移动的,且车辆载荷本身也是一个带有质量的振动体系,而使路基-轨道-车辆耦合系统的动力特征随载荷位置的移动而不断变化。

3.3.1 轨道加速度数定

列车动荷载一直是难以处理的问题。如何将列车动荷载定量化或找出其分布传递规律是动力响应分析中首先需要解决的问题。列车在轨道上行驶时,机车车辆的垂直轮载不作用在钢轨中心线上,横向力也不作用在钢轨截面的剪力中心上,则钢轨上作用有扭矩,即车的轮载可分为三种力:竖直轮载力、横向力以及扭矩。车辆正常运行情况下,钢轨的垂向、横向位移和转角相互之间无影响,可以线性叠加,所以三种情况可以分开考虑如图 3-6 所示。此处简化列车动荷载时,将对路基动响应影响较小的横向力以及扭矩略去,只考虑其竖向轮载力的作用。

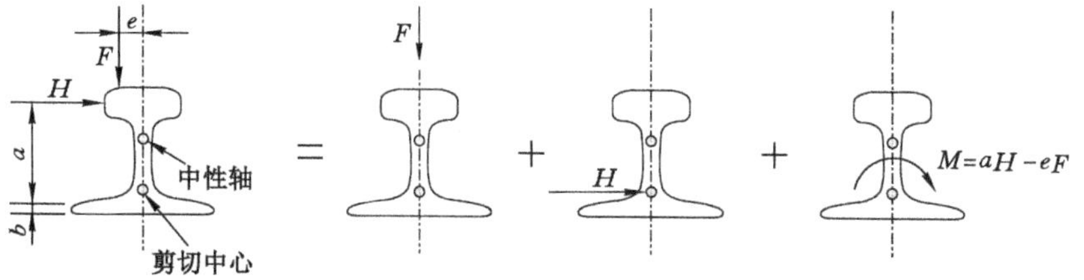

图 3-6 钢轨受力的组成

目前,在列车动荷载的模拟和定量化方面,主要侧重于对列车荷载的定量化及其分布传播规律的研究,不同的分析目的有不同的荷载处理方法。

上述列车动荷载简化方法以轨道不平顺作为输入,通过模型分析来进行列车荷载模拟。除此以外,还有一类方法是利用轨道振动加速度的实测数据,通过数据变换来进行列车动荷载模拟。该荷载模拟方法有一定的可靠性。其应用与线路的实测是配合进行的。

研究表明,造成车体、轨道和路基(或桥梁、隧道等)振动的主要是列车竖向荷载,而列车侧滚及横向振动荷载往往是忽略不计的。因此本书对于过渡段动力分析只考虑钢轨的垂向力。

仅考虑列车系统的竖向动力响应,并假定列车与轨道之间是绑定的,忽略碰撞及接触等非线性因素,可以将列车计算模型简化为半个转向架。

列车运行所引起的振动是随机的,但可以认为是一个具有零均值的历经各态的平稳高斯过程。这样，现场实验得到的轨道振动加速度波形可以分解成许多不同频率的正弦波与余弦波之和，即用 Fourier 级数表示为

$$X(t)=A_0+\sum_{n=1}^{\infty}(A_n\cos n\omega t+B_n\sin n\omega t)=\sum_{n=0}^{\infty}(A_n\cos n\omega t+B_n\sin n\omega t) \tag{3-3}$$

其中

$$A_n=\frac{2}{T}\int_0^T X(t)\cos n\omega t\,\mathrm{d}t\quad (n=0,1,2,\cdots) \tag{3-4}$$

$$B_n=\frac{2}{T}\int_0^T X(t)\sin n\omega t\,\mathrm{d}t\quad (n=0,1,2,\cdots) \tag{3-5}$$

其中 T 为记录时间或截断时间。

将加速度波形离散化为 N 个点后：

$$X(t)=\sum_{n=0}^{\frac{N}{2}-1}(A_n\cos n\omega t+B_n\sin n\omega t) \tag{3-6}$$

式中：

$$A_n=\frac{2}{N}\sum_{k=0}^{N-1}X_k\cos\frac{2\pi kn}{N}\quad \left(n=0,1,2,\cdots,\frac{N}{2}-1\right) \tag{3-7}$$

$$B_n=\frac{2}{N}\sum_{k=0}^{N-1}X_k\sin\frac{2\pi kn}{N}\quad \left(n=0,1,2,\cdots,\frac{N}{2}-1\right) \tag{3-8}$$

$$X_k=X(t_\mathrm{k})\quad (t_k\text{ 为时站 }k\text{ 对应的时间}) \tag{3-9}$$

$$\text{采样频率 }\omega_k=k\omega=\frac{2\pi k}{N\Delta t}\quad (\Delta t\text{ 为采样时间间隔}) \tag{3-10}$$

$$\text{基频 }\omega=\frac{2\pi}{T}=\frac{2\pi}{N\Delta t} \tag{3-11}$$

对加速度波形的 N 个离散值进行傅立叶正变换，即：

$$C_n=\frac{1}{N}\sum_{k=0}^{N-1}X_k e^{-j\frac{2\pi kn}{N}}=\frac{1}{N}\sum_{k=0}^{N-1}X_k\left(\cos\frac{2\pi kn}{N}-j\sin\frac{2\pi kn}{N}\right)=\frac{1}{2}(A_n-jB_n) \tag{3-12}$$

故有：

$$A_n=C_n+\overline{C}_n,\quad B_n=J(C_n-\overline{C}_n)\quad \left(n=0,1,2,\cdots,\frac{N}{2}-1\right) \tag{3-13}$$

式中，C_n 为 $\overline{C}_n$ 的共轭复数。

于是轨道加速度波形的数定表达式可写成：

$$X(t)=\sum_{n=0}^{\frac{N}{2}-1}(A_n\cos n\omega t+B_n\sin n\omega t) \tag{3-14}$$

应用快速傅立叶变换(FFT)对轨道竖向振动加速度波形的离散采样值$\{X_n\}$进行傅立叶变换,从而得到$C_n(n=0,1,2,\cdots,\frac{N}{2}-1)$值。根据式(3-13)确定有限离散傅立叶变换系数$A_n$、$B_n(n=0,1,2,\cdots,\frac{N}{2}-1)$,因此式(3-14)是数定的。

3.3.2 荷载的模型

铁路车辆是一个多自由度系统,它由车体、转向架等组成,转向架由构架、轮对等基本部件组成,各基本部件之间有弹性约束或刚性约束,以限制车辆结构中各零部件之间的相对运动。车辆计算模型一般将其考虑为具有多自由度的多刚体动力系统,包括轮对模型、多轮对模型、半车模型(或称转向架模型)和整车模型四种[64]。

由于列车竖向振动荷载对轨道-路基结构的影响是主要的,因而不考虑列车的侧滚振动与横向振动。通常车辆车体重心在纵向与横向都是对称的,可以只分析一个转向架的一侧。为便于分析,假设车辆为单轮对模型,将车辆行走部分简化为一个轮对,车体和前后两个转向架的质量由四个(针对车辆)或六个轮对(针对机车)来分担。轮对在垂直方向产生的运动由一系悬挂装置(转向架与轮对之间的连接装置,简化为弹簧和阻尼)传至钢轨,其频率和振幅的变化规律由簧上质量和轨道动力不平顺以及车辆运行速度决定。其竖向振动简化模拟轮系可以表示为图3-7所示的单自由度模型。

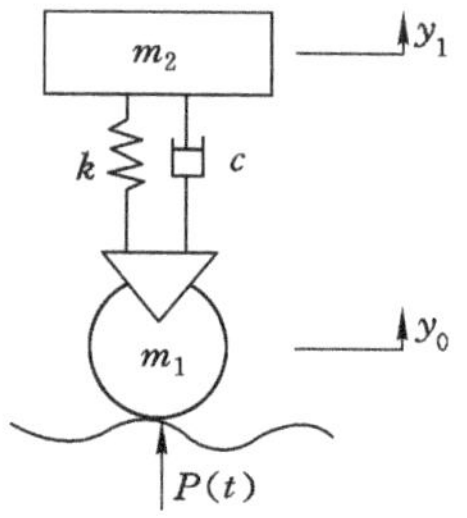

图3-7 列车竖向振动模型

这个轮系以速度v在不平顺的轨道上行驶,轮、轨间相互作用力为$P(t)$,模型中的各参数根据IEC3车型参数选取,其值如下:

$m_1=16\ 000$ kg;

$m_2=48\ 000$ kg;

$c=30\ \text{kN}\cdot\text{s}^2/\text{m}$；

$k=400\ \text{kN/m}$。

其中，m_1 为簧上质量，m_2 为簧下质量，c 为弹簧阻尼系数，k 为弹簧刚度系数。

图 3-7 所示车辆模型的运动平衡方程为：

$$m_2\ddot{y}_1+c(\dot{y}_1-\dot{y}_0)+k(y_1-y_0)=0 \tag{3-15}$$

设绝对位移为 $y_r=y_1-y_0$，则上式变为：

$$m_2\ddot{y}_r+c\dot{y}_r+ky_r=-m_2\ddot{y}_0 \tag{3-16}$$

由式(3-14)知轨道竖向振动加速度为：

$$\ddot{y}_0=\sum_{n=0}^{\frac{N}{2}-1}(A_n\cos n\omega t+B_n\sin n\omega t) \tag{3-17}$$

设微分方程(3-16)的一个特解为：

$$\ddot{y}_r=\sum_{n=0}^{\frac{N}{2}-1}(P_n\cos n\omega t+Q_n\sin n\omega t) \tag{3-18a}$$

则有：

$$\dot{y}_r=\sum_{n=0}^{\frac{N}{2}-1}(-n\omega P_n\cos n\omega t+n\omega Q_n\sin n\omega t) \tag{3-18b}$$

$$\ddot{y}_r=\sum_{n=0}^{\frac{N}{2}-1}(-n^2\omega^2P_n\cos n\omega t-n^2\omega^2Q_n\sin n\omega t) \tag{3-18c}$$

将式(3-18a)～(3-18c)代入微分方程(3-16)，根据同类项系数相等化简得：

$$\begin{cases}(k-n^2\omega^2m_2)P_n+n\omega cQ_n=-m_2A_n\\-n\omega cP_n+(k-n^2\omega^2m_2)Q_n=-m_2B_n\end{cases} \tag{3-19}$$

解方程组(3-19)得：

$$\begin{cases}P_n=\dfrac{-m_2}{(k-n^2\omega^2m_2)^2+n^2\omega^2c^2}[(k-n^2\omega^2m_2)A_n-n\omega cB_n]\\[2ex]Q_n=\dfrac{-m_2}{(k-n^2\omega^2m_2)^2+n^2\omega^2c^2}[n\omega cA_n+(k-n^2\omega^2m_2)B_n]\end{cases} \tag{3-20}$$

而齐次方程 $m_2\ddot{y}_r+c\dot{y}_r+ky_r=0$ 的通解为：

$$y_r=e^{-\xi\omega_r t}(a\cos\omega_d t+b\sin\omega_d t) \tag{3-21}$$

其中，$n=\dfrac{c}{2m_2}=0.31$，$\omega_r=\sqrt{\dfrac{k}{m_2}}=2.89$，$\omega_d=\sqrt{\omega_r^2-n^2}=2.87$，$\xi=\dfrac{n}{\omega_r}=0.108$，$a$、$b$是与初始条件有关的常数。

则方程(3-16)的通解为

$$y_r = e^{-\xi\omega_r t}(a\cos\omega_d t + b\sin\omega_d t) + \sum_{n=0}^{\frac{N}{2}-1}(P_n\cos n\omega t + Q_n\sin n\omega t) \tag{3-22}$$

上式右边第一项是将在很短时间内衰减而消失的瞬态振动,第二项则是稳态振动。根据 D'Alembert 原理并略去瞬态项,可得轮轨间的相互作用力:

$$\begin{aligned} P(t) &= m_1\ddot{y}_0 + m_2\ddot{y}_1 + (m_1+m_2)g = m_1\ddot{y}_0 + m_2(\ddot{y}_r + \ddot{y}) + (m_1+m_2)g \\ &= (m_1+m_2)\ddot{y}_0 + m_2\ddot{y}_r + (m_1+m_2)g \\ &= (m_1+m_2)g + \sum_{n=0}^{\frac{N}{2}-1}\{[(m_1+m_2)A_n - n^2\omega^2 m_2 P_n]\cos n\omega t\} + \\ &\quad \sum_{n=0}^{\frac{N}{2}-1}\{[(m_1+m_2)B_n - n^2\omega^2 m_2 Q_n]\sin n\omega t\} \end{aligned} \tag{3-23}$$

3.4 动荷载计算

如图 3-8 所示,在路-桥过渡段横断面 DK1252+885 和 DK1252+863 钢轨轨腰上贴了加速度计,加速度计采用 CA-YD-117 型压电式加速度计传感器,传感器的纵向灵敏度为 500 pC/g,频响范围为 0.3～3 000 Hz。数据采集系统采用东方振动和噪声技术研究所生产的 16 通道 INV306 数据采集仪及配套的 DASP 数据大容量自动采集与处理系统,它可以直接显示并记录各动响应的时程曲线,并可分析出所需的响应特征值。在轨道竖向振动加速度波形的离散采样中,取 $N=1\ 023$,在列车速度为 330 km/h 情况下实测的动加速度时程曲线经过滤波后见图 3-9和图 3-10。

图 3-8　轨腰加速度计粘贴图

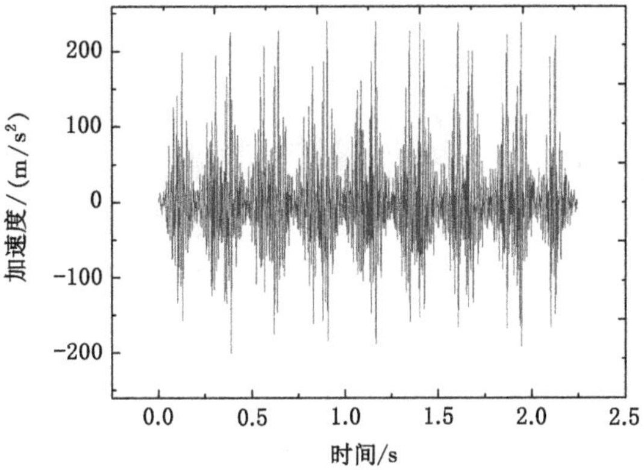

图 3-9 DK1252+885 动加速度时程曲线

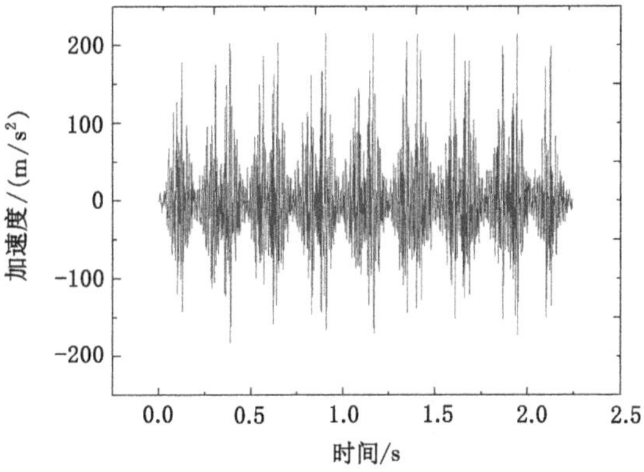

图 3-10 DK1252+863 动加速度时程曲线

数定后的轮轨相互作用力时程曲线见图 3-11 和图 3-12。

由图 3-11 和图 3-12 可知，在列车速度为 330 km/h 时，横断面 DK1252+885 轮轨作用力在 30 kN 上下波动，最大幅值可达 63 kN，最小为 7 kN；横断面 DK1252+863 轮轨作用力在 27 kN 上下波动，最大幅值可达 57 kN，最小为 6 kN。

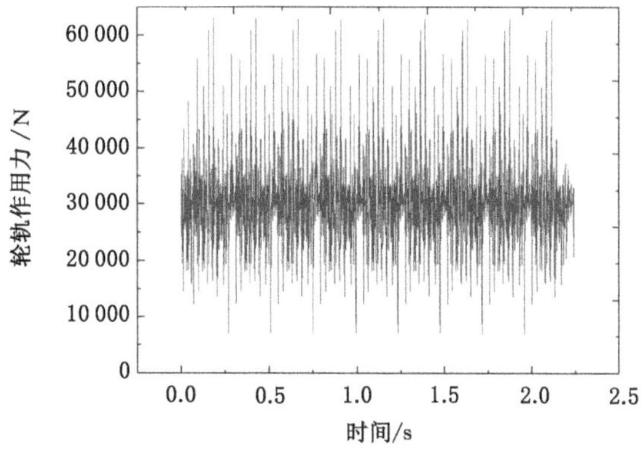

图 3-11　DK1252＋885 轮轨作用力时程曲线

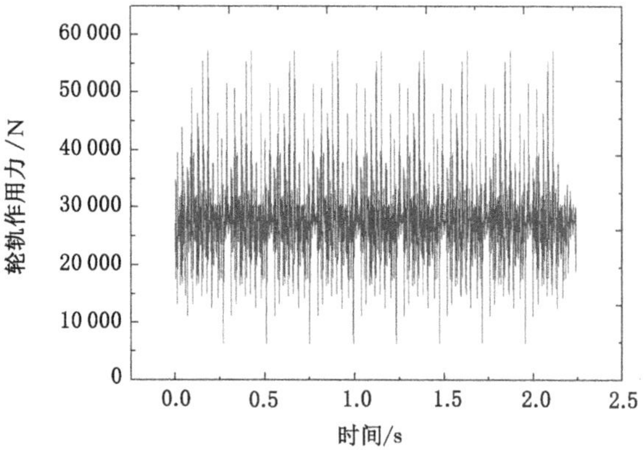

图 3-12　DK1252＋863 轮轨作用力时程曲线

3.5　动荷载对比分析

为了进一步验证列车动荷载模拟的可靠性，笔者将铁道科学研究院提供的Rheda2000 型无砟轨道路-桥过渡段实测结果与本章计算结果做了对比，对比数据均是在列车速度 330 km/h 情况下的结果，铁道科学研究院测试了左轨垂直力和右轨垂直力，本章取其平均值，结果见表 3-1。

表 3-1　动荷载的数定值与实测值对比

位置	过渡段	普通路基
数定法/kN	63	57
铁道科学研究院测试结果/kN	65.5	63.3(曲线路基)
相差百分数/%	3.8%	10%

由表 3-1 可知，在同样车速下，过渡段处的数定动荷载与铁道科学研究院实测垂直轮轨力非常接近，仅差 3.8%，而在普通路基处相差 10%，这与两种结果所选测试位置不同有关，铁道科学研究院测试位置处于曲线路基，而本书加速度计埋设位置处于直线普通路基，这样的差别必然导致轮载力对比结果的差别，但总的来说，表 3-1 证明了本章动荷载模拟的正确性。

3.6　本章小结

本章首先分析列车振动荷载产生的机理，然后总结了当今列车振动荷载模拟的方法，最后通过现场实测轨道加速度，对轨道加速度进行数定，获取轨道动应力时程曲线，再假定整个路-桥过渡段分为过渡段区域与普通路基区域动荷载两种，从而获取路-桥过渡段的动荷载时程曲线，完成对列车振动荷载的模拟。

第4章　无砟轨道过渡段轨道-路基系统模型的建立及求解

4.1　引言

高速铁路路基的动态响应是高速铁路路基设计和运营中最关心的问题。对于高速铁路无砟轨道或有砟轨道路基的研究，仍有许多重要理论问题没有得到解决，包括已建成高速铁路的日、德、法等国在内，他们一方面是以高标准的结构形式和高昂的造价为代价；另一方面，进行了大量室内外各种大小比例的模型试验，特别是以原型比例的试验作为技术保证。事实上，这掩盖了理论研究的不足。目前，由于缺乏较为合适的路基-轨道系统的动力计算模型，路基的设计方法仍以静态或准静态为主，不能满足高速铁路路基结构设计的需要。

目前的动力特性研究中大多侧重于轮轨关系，主要着眼于机车车辆的特性，而路基仍按古典理论简化为弹性地基或将路基简化为弹簧-阻尼-集中质量系统。这样一来，路基系统便被简化成了一个点，并且是一个不明确的点，而高速铁路路基的设计不仅要知道某个点，也要知道一定厚度范围内动力响应的分布、传播及其衰减规律。因此，高速铁路无砟轨道路基设计，包括整体预应力钢筋混凝土道床设计，特别是路基结构的设计，应该根据高速铁路路基的实际工况，充分考虑路基的空间特性，对轨道-路基结构进行动力分析，以确定路基结构的合理设计参数，例如基床的合理厚度、路基合理刚度(模量)等。而这些已远远超出了理论理解的范畴，必须借助于电子计算机进行数值仿真。对于大型复杂系统来说，计算机仿真研究具有很大的优越性，被广泛应用于现代工程实践领域。首先，数值仿真可以用较少的投资获取复杂问题的详细数值解答，而不只是有限的试验数据，这就有效地减少了对大量昂贵试验的依赖。对车辆-轨道耦合动力学研究而言，其意义更为重大，因为线路现场动车响应试验不仅规模大，而且影响铁路正常运营，所需费用极高，一旦出现翻车、脱轨等重大事故，其经济损失更为惨重。而仿真研究方便易行，还可对诸如高速、超轴载以及线路严重破损变形等极端情形进行模拟，不冒风险。其次，利用数值仿真能够迅速地进行系统参数研究或灵敏度分析，易于实现新型低动力作用轮-轨系统的最优参数设计。因此，一旦计算机仿真分析系统得到试验校核的支持，将具有强大的功能和广阔的应用前景，从而在很大程度上减少甚至取代许多中间试验，节约巨额研究开支，缩短工程设计时间。

ANSYS 软件是一个功能强大灵活的设计、分析软件包。ANSYS 不仅具有可靠的结构数值模拟分析功能，其提供的 APDL（ANSYS Parametric Design Language）语言能够灵活控制计算流程、获得内部计算数据及方便数据的输入输出等。另外，还可以利用 FORTRAN 语言或 C 语言编写程序模块链接入 ANSYS 来生成订制的 ANSYS 软件包以丰富其功能。APDL 语言是 ANSYS 参数化设计语言的简称，也是对 ANSYS 进行订制及二次开发的基础。

鉴于 ANSYS 卓越的结构动力分析功能以及极其方便的参数化设计，本书以 ANSYS 为计算与开发平台，利用 APDL 语言，实现了车辆作用下系统动力响应的数值计算与分析。

模型参数准确与否，直接影响到数值仿真计算结果的精度与可靠性。德国著名的高速铁路专家 Birmann（比尔曼）认为，合理的模型才能提供合理的结果。Grassie（格拉西）等也都认为，充分考虑路基和结构物振动的有效动力分析模型是今后的主要研究问题之一。路基的动力分析应该从大系统的观点出发，充分考虑路基系统的物理、几何特性，选择和保留影响所研究问题的主要因素，建立一个能充分考虑路基-轨道系统空间、耦合、时变特点的路基-轨道系统动力分析模型。

本章基于 D′Alembert 原理的 Lagrangian（拉格朗日函数）弱形式有限元方法，模拟无砟轨道路-桥过渡段轨下系统动力特性和变形特征，以期对过渡段动力响应特征及其对过渡段设计参数敏感性有更深入的了解和发现。

4.2　动力本构模型

动力作用下土体内部产生的应力、应变与时间的关系被称为土的动力本构关系。与静力本构模型不同的是，周期性荷载作用下土的动应力-应变关系具有循环效应。土的动力本构关系反映了土在动力荷载作用下的基本特性，无论对土的动力反应分析或研究土的动强度、动变形以及土与结构物的动力相互作用都十分重要。动力本构模型主要有双线性模型、等效线性模型、Iwan（伊万）模型、Martin-Finn-seed（马丁-芬恩-西德）模型和内时模型等。轨下结构中的路基填料和地基本构特性各异，在重复荷载作用下，路基土体产生强度疲劳特性和变形疲劳特性。路基土体的动强度和动变形特性关系到高速铁路路基及其过渡段在列车重复动载作用下功能的保持及维修等，因此，不能采用车辆与线路相互作用动力学理论中的简单模型去描述复杂土体的本构特性。

路基土在列车作用下的变形常常包括弹性变形和塑性变形两部分，动荷载较小时，主要为弹性变形，当土在小应变幅(一般为纵向应变不大于 10^{-4} 或剪应变小于 10^{-4} 弧度)情况下工作时，土体将显示近似弹性体特征。小应变幅情况下的问题，主要是研究剪切模量和阻尼比的变化规律。关于路基土体在小应变下的本构模型，目前有许多种。慕尼黑和德比的研究工作表明：传统有砟轨道结构的力学行为近似于弹性阻尼材料，阻尼部分的产生是由于振动能量进入路基后的消散。根据国内外关于高速铁路实测资料及有关动态分析，基床表面的弹性变形一般在 1～4 mm，路基土体动应变量级为 10^{-4}。在这种应变量级情况下，普通合格压实填料之间的连接几乎没有遭到破坏，土骨架变形能够恢复，并且土颗粒之间相互移动所损耗能量也很少，土处于理想滞后弹性力学状态。因此本书采用由弹簧和黏壶并联组成的黏弹性模型。

Hardin 等研究表明：土的动模量 E_d(或 G_D)和阻尼比 D(见 Hardin 等的原文献)与动应变幅 ε_d(或 γ_d)、动荷载循环次数 N、平均有效应力 $\bar{\sigma}_0$ 以及土的孔隙比 e、饱和度 S_r 等因素有关，在周期荷载作用下，应力-应变关系与静荷载作用下的应力-应变关系曲线十分相似。所以，土在周期荷载作用下的应力-应变关系也可以用双曲线表示，如图 4-1(a)所示。

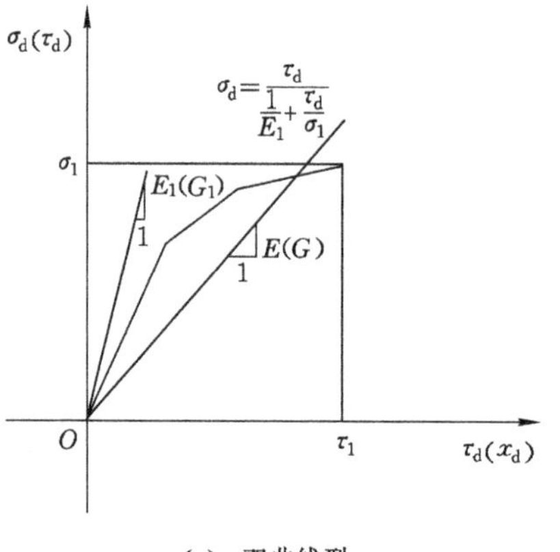

(a) 双曲线型

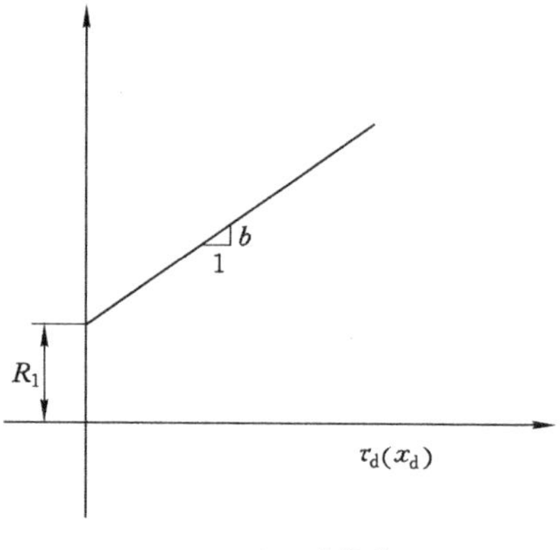

(b) 直线型

图 4-1 动应力-应变的数学模型

则应力-应变关系表达式为：

$$\left.\begin{aligned}\sigma_d &= \frac{\varepsilon_d}{a + b\varepsilon_d} \\ \tau_d &= \frac{\gamma_d}{a + b\gamma_d}\end{aligned}\right\} \tag{4-1}$$

式中　σ_d、ε_d——由动三轴试验测得的动应力、动应变；

τ_d、γ_d——由单剪试验测得的动应力、动应变。

式(4-1)也可以写成

$$\left.\begin{aligned}\frac{\varepsilon_d}{\sigma_d} &= a + b\varepsilon_d \\ \frac{\gamma_d}{\tau_d} &= a + b\gamma_d\end{aligned}\right\} \tag{4-1a}$$

式(4-1a)表示一直线，如图 4-1(b)所示。直线的截距 $a=1/E_0$ 或 $1/G_0$，斜率 $b=1/\sigma_{dmax}$ 或 $1/\tau_{dmax}$。代入式(4-1)，得：

$$\left.\begin{aligned}\sigma_d &= \frac{\varepsilon_d}{\dfrac{1}{E_0} + \dfrac{\varepsilon_d}{\sigma_{dmax}}} \\ \tau_d &= \frac{\gamma_d}{\dfrac{1}{G_0} + \dfrac{\gamma_d}{\tau_{dmax}}}\end{aligned}\right\} \tag{4-2}$$

为了方便土的性状分析，将上面式子做如下规一化处理。

引入参考应变 ε_r(或 γ_r)，即：

$$\left.\begin{aligned}\varepsilon_r &= \frac{\sigma_{dmax}}{E_0} = \frac{b}{a} \\ \gamma_r &= \frac{\tau_{dmax}}{G_0} = \frac{b}{a}\end{aligned}\right\}$$

于是式(4-2)可改写为：

$$\left.\begin{aligned}\frac{E_d}{E_0} &= \frac{1}{1 + \dfrac{\varepsilon_d}{\varepsilon_r}} \\ \frac{G_d}{G_0} &= \frac{1}{1 + \dfrac{\gamma_d}{\gamma_r}}\end{aligned}\right\} \tag{4-2a}$$

式(4-2a)是骨干曲线的表达式，应用比较广泛，只要确定了 σ_{max}(或 τ_{max})和 W_0(或 G_0)，就可得出 $E_d=E(\varepsilon_d)$或 $G_d=G(\gamma_d)$的函数关系。σ_{max}(或 τ_{max})是土体破坏时的最大正应力(或最大剪应力)，相关文献给出了计算的表达式。

Hardin 等根据应力-应变关系，给出了动剪切模量 G_d 和阻尼比 D 之间的简单关系：

$$D = D_{max}(1 - \frac{G_d}{G_0}) \tag{4-3}$$

将式(4-2a)代入式(4-3)得：

$$D = D_{max}\frac{\dfrac{\gamma_d}{\gamma_r}}{1 + \dfrac{\gamma_d}{\gamma_r}} \tag{4-4}$$

式中，D_{max}为最大阻尼比，与土的类别和振次有关，一般由试验确定。

对于最大动剪切模量和阻尼比的确定，Hardin 等提出了适用于各种土的最大动剪切模量 G_{max}经验公式，陈国兴总结了以往试验数据并建立了经验关系，Seed(西德)和 Idriss(伊德里斯)建立了砂土最大动剪切模量 G_{max}的经验公式，Seed 和 Idriss(1970)认为黏土中的 G_{max}可由固结不排水剪切强度换算，Su(苏)给出了黏土的 G_{max}经验公式。袁晓铭等收集了国内十多个不同地区的土样，包括黏土、粉质黏土、粉土、砂土、淤泥和淤泥质土，采用共振柱试验方法给出了上述常规土类的动剪切模量和阻尼比随动剪应变变化的平均曲线、推荐值和包线。

本书通过波速法确定 G_{max}，通过激振法确定阻尼比 λ。

4.3 阻尼模型

结构阻尼特性反映了体系在振动过程中能量的耗散性能，是研究动力反应问题的一个必不可少的重要方面。由于阻尼随结构形式、材料、几何尺寸、构造、荷载等多种因素变化，而致使阻尼值非常离散。因此如何找出其主要影响因素和统计规律，建立起工程上可用的较为合理的阻尼矩阵，一直是国内外科学研究中的难题之一。

通过 ANSYS 程序可以定义五种形式的阻尼，分别是：α 和 β 阻尼(即通常所说的 Rayleigh 阻尼)、与材料相关的阻尼(材料阻尼)、恒定阻尼比、振型阻尼和单元阻尼。α 阻尼在模型中引入任意大质量时会导致不理想的结果。β 阻尼和材料阻尼在非线性分析中会导致与实际不相符合的情况，这两种阻尼要和刚度矩阵相乘，而刚度矩阵在非线性分析中是不断变化的。随着非线性的发展，刚度下降导致 β 阻尼或材料阻尼减小，但结构的实际阻尼增大。和材料相关的阻尼被当作材料性质来定义，因此可以解决不同材料阻尼不同的问题。振型阻尼用于对不同的振动模态定义不同的阻尼比。单元阻尼用于有黏性阻尼特征的单元类型。可以在模型中定义多种形式的阻尼，程序按定义的阻尼之和形成阻尼矩阵[C]。阻尼矩阵[C]的通用形式为：

$$[C]=\alpha[M]+(\beta+\beta_c)[K]+\sum_{j=1}^{N_{MAT}}\beta_j[K_j]+\sum_{k=1}^{N_{EL}}[C_k]+[C_\zeta] \tag{4-5}$$

式中　α——质量矩阵常系数；

$[M]$——质量矩阵；

β——刚度矩阵常系数；

β_c——刚度矩阵变系数；

$[K]$——刚度矩阵；

N_{MAT}——按材料阻尼形式输入的材料数目；

β_j——第 j 种材料的刚度矩阵常系数；

$[K_j]$——第 j 种材料的刚度矩阵部分；

N_{EL}——定义单元阻尼的单元数目；

$[C_k]$——第 k 个单元的阻尼矩阵；

$[C_\zeta]$——基于频率的阻尼矩阵。

采用上述与材料相关阻尼的输入方法，分别输入不同土体材料的阻尼。常系数 α 和 β 与 Rayleigh 阻尼中 α 阻尼和 β 阻尼求法相同，可按下式确定。

$$\begin{cases}\alpha=\dfrac{2\omega_i\omega_j(\omega_iD_i-\omega_jD_j)}{\omega_i^2-\omega_j^2}\\[2ex]\beta=\dfrac{2(\omega_iD_i-\omega_jD_j)}{\omega_i^2-\omega_j^2}\end{cases} \tag{4-6}$$

式中，ω_i 和 ω_j 为计算体系的第 i 和 j 阶频率，D_i、D_j 是对应体系的第 i 和 j 阶频率的阻尼比。

4.4　人工边界

在结构动力有限元分析中，由于结构尺寸是有限的，波动能量由结构传到地基，边界会将波动限制在有限的离散域而来回反射，从而使域内力学状态失真、改变。如果将模型尺寸增大，又将使得有限元模型增大，对计算机要求增高，计算时间增长。因此，如果既要缩小计算模型，又要使得计算结果正确，需要对无限介质作适当的模拟。

人们为在有限元动力计算中模拟无限介质，多年来做了种种努力，创造了远置人工边界、黏滞人工边界、无限元与有限元耦合、边界元与有限元耦合、透射人工边界等方法。

常用的人工边界中，黏性边界、旁轴边界、透射边界属时域局部人工边界。

其中，旁轴边界和透射边界精度较高，但旁轴边界最适合于有限差分分析，透射边界由于直接模拟计算区内部向外部传播的波动，需要将散射问题转化为等效的波源问题，易于与有限元和有限差分方法结合。但在实际工程中，由于高阶公式很复杂，并存在着稳定性问题，因此这两种边界常常也仅用到一阶精度。黏性边界因其概念清楚、方法简单、易于程序实现而得到广泛应用。但黏性边界只有一阶精度，且仅考虑了对散射波能量的吸收，不能模拟半无限地基的弹性恢复性能，在低频作用下可能发生整体漂移，即存在低频稳定性问题。有鉴于此，Deeks(迪克斯)等采取与黏性边界推导过程相类似的方法，在假定二维散射波为柱面波形式的基础上提出了黏-弹性人工边界。刘晶波等应用弹性波动理论，发展了实现波动直接模拟的三维时域黏-弹性人工边界。首先基于三维波动方程推导了三维黏-弹性人工边界的法向与切向边界方程，然后研究了时域黏-弹性人工边界的数值模拟技术，最后通过典型的波动问题算例证明了给出的三维人工边界具有较高精度，可以方便地应用于三维波动问题的模拟分析。

本书在计算分析中采用了这种黏-弹性人工边界，并在 ANSYS 程序中予以实现。

球坐标系中球面膨胀波(P 波)的波动方程为

$$\frac{\partial^2(R\phi)}{\partial R^2}=\frac{1}{c_p^2}\frac{\partial^2(R\phi)}{\partial t^2} \tag{4-7}$$

其中，ϕ 为位移势函数，c_p 为介质的 P 波波速，R 为径向坐标。方程(4-7)的通解可表示为

$$\phi(R,t)=\frac{1}{R}f(R-c_pt)+\frac{1}{R}g(R+c_pt) \tag{4-8}$$

式中，$f(R-c_pt)$ 和 $g(R+c_pt)$ 为任意函数，分别表示外行扩散波和内行会聚波。

考虑外行扩散波，垂直于波阵面的位移可写为

$$u=\nabla\phi=\frac{\partial\phi}{\partial R}=\frac{1}{R}f'(R-c_pt)-\frac{1}{R^2}F(R-c_pt) \tag{4-9}$$

而法向应力由下式计算

$$\sigma=(\lambda+2\mu)\frac{\partial u}{\partial R}+2\lambda\frac{u}{R} \tag{4-10}$$

式中，λ、μ 为拉梅常数。由式(4-8)可得

$$\frac{\partial u}{\partial R}=\frac{1}{R}f''(R-c_pt)-\frac{2}{R^2}f'(R-c_pt)+\frac{2}{R^3}f(R-c_pt) \tag{4-11}$$

$$\frac{u}{R}=\frac{1}{R^2}f'(R-c_pt)-\frac{1}{R^3}f(R-c_pt) \tag{4-12}$$

将式(4-11)、式(4-12)代入式(4-10)可得波阵面上用函数 $f(R-c_{\mathrm{p}}t)$表示的法向应力为

$$\sigma=\frac{\lambda+2\mu}{R}f''(R-c_{\mathrm{p}}t)-\frac{4\mu}{R^2}f'(R-c_{\mathrm{p}}t)+\frac{4\mu}{R^3}f(R-c_{\mathrm{p}}t) \tag{4-13}$$

为建立法向应力 σ 与位移 u 之间的关系式，引入以下方程

$$\dot{u}=\frac{\partial u}{\partial t}=\frac{c_{\mathrm{p}}}{R}f''(R-c_{\mathrm{p}}t)+\frac{c_{\mathrm{p}}}{R^2}f'(R-c_{\mathrm{p}}t) \tag{4-14}$$

$$\ddot{u}=\frac{\partial^2 u}{\partial t^2}=\frac{c_{\mathrm{p}}^2}{R}f'''(R-c_{\mathrm{p}}t)+\frac{c_{\mathrm{p}}^2}{R^2}f''(R-c_{\mathrm{p}}t) \tag{4-15}$$

$$\frac{\partial\sigma}{\partial t}=-c_{\mathrm{p}}\frac{\lambda+2\mu}{R}f'''(R-c_{\mathrm{p}}t)+c_{\mathrm{p}}\frac{4\mu}{R^2}f''(R-c_{\mathrm{p}}t)-c_{\mathrm{p}}\frac{4\mu}{R^3}f'(R-c_{\mathrm{p}}t) \tag{4-16}$$

由式(4-10)、式(4-13)至式(4-16)可得在波阵面上法向应力和位移满足

$$\sigma+\frac{R}{c_{\mathrm{p}}}\dot{\sigma}=-\frac{4G}{R}\left(u+\frac{R}{c_{\mathrm{p}}}\dot{u}+\frac{\rho R^2}{4G}\ddot{u}\right) \tag{4-17}$$

方程(4-17)即为三维法向人工边界方程。该方程给出了波阵面上法向应力与位移的关系，式中 $G=\mu$ 为介质剪切模量，ρ 为介质密度。注意推导方程(4-17)时利用了关系式：

$$\lambda+2\mu=\rho c_{\mathrm{p}}^2 \tag{4-18}$$

式中，λ、μ 为拉梅常数，ρ 为介质密度。

当时间趋于无穷大时，三维法向人工边界方程(4-17)退化为

$$\sigma=-\frac{4G}{R}u \tag{4-19}$$

式(4-19)即为静力边界方程，该方程表示弹性体中球形空腔受均匀压力时，空腔附近位移与应力的关系。

为建立人工边界，将无限连续介质截断，在截断处，即人工边界上施加连续的弹簧-阻尼器-集中质量系统，如图 4-2 所示。

图 4-2 所示物理系统的运动方程为

$$Ku_{\mathrm{R}}+C(\dot{u}_{\mathrm{R}}-U_{\mathrm{M}})=\sigma \tag{4-20}$$

$$Mu_{\mathrm{M}}+C(\dot{u}_{\mathrm{M}}-U_{\mathrm{R}})=\sigma \tag{4-21}$$

式(4-20)与(4-21)中 u_{R}、u_{M} 分别表示人工边界节点与集中质量沿荷载作用方向位移。

由式(4-20)可得

$$\dot{u}_{\mathrm{M}}=\frac{1}{C}(Ku_{\mathrm{R}}+C\dot{u}_{\mathrm{R}}-\sigma) \tag{4-22}$$

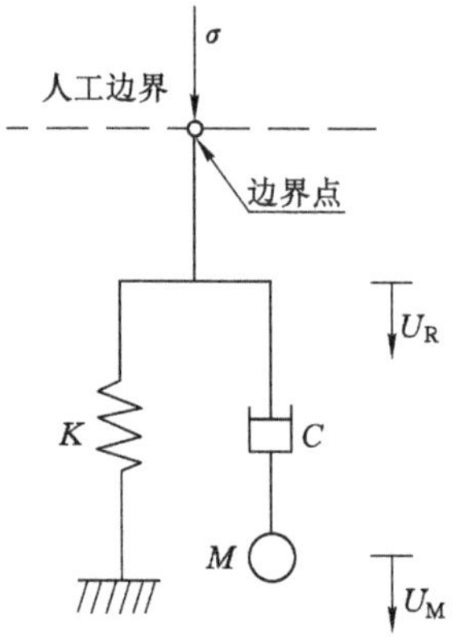

图 4-2 法向边界上施加的物理系统

$$\ddot{u}_M = \frac{1}{C}(Ku_R + C\dot{u}_R - \dot{\sigma}) \tag{4-23}$$

将式(4-22)、(4-23)代入式(4-21)，可得到关于施加物理系统的人工边界节点应力与位移满足的微分方程：

$$\sigma + \frac{M}{C}\frac{\partial \sigma}{\partial t} = K\left(u_R + \frac{M}{C}\frac{\partial u_R}{\partial t} + \frac{M}{K}\frac{\partial^2 u_R}{\partial t^2}\right) \tag{4-24}$$

将式(4-17)与式(4-24)进行对比，可以发现当物理元件参数为

$$K = \frac{4G}{R};\quad C = \rho c_p;\quad M = \rho R \tag{4-25}$$

时，人工边界上力和位移的条件与原连续介质的完全相同，即只需采用相应参数的弹簧、阻尼器和集中质量单元即可实现三维黏-弹性人工边界。应该说明，在实际的有限元实现过程中，连续分布的物理常数可采用一定规则进行离散化，例如，法向边界参数采用式(4-25)的量值与对应有限元节点所代表网格面积的乘积。

球坐标系中球面剪切波动(S 波)位移的近似解为

$$u(R,t) = \frac{1}{R}f(R - c_s t) + \frac{1}{R}g(R + c_s t) \tag{4-26}$$

其中，c_s 为介质剪切波(S 波)波速，等式右边第一和第二项分别表示外行扩散波和内行会聚波。

考虑扩散的球面剪切波，波阵面的切向位移为

$$u(R,t) = \frac{1}{R}f(R - c_s t) \tag{4-27}$$

由式(4-27)所确定的剪应变和剪应力分别为

$$\gamma(R,t)=\frac{\partial u}{\partial R}-\frac{u}{R}=-\frac{2}{R^2}f(R-c_s t)+\frac{1}{R}f'(R-c_s t) \tag{4-28}$$

$$\tau(R,t)=G\gamma=G(-\frac{2}{R^2})f(R-c_s t)+\frac{1}{R}f'(R-c_s t) \tag{4-29}$$

在坐标 R 处质点的运动速度为

$$\dot{u}=\frac{\partial u(R,t)}{\partial t}=-\frac{C_s}{R}f'(R-c_s t) \tag{4-30}$$

由式(4-28)、(4-29)、(4-30)可得在波阵面上：

$$\tau(R,t)=-\frac{2G}{R}u(R,t)-\rho c_s\dot{u}(R,t) \tag{4-31}$$

式(4-31)即为三维切向人工边界方程，该方程给出了波阵面上切向应力与位移的关系，式中 $G=\mu$ 为介质剪切模量，ρ 为介质密度。注意推导方程(4-31)时利用了关系式：$G=\rho c_s^2$。

对于如式(4-31)所示的三维切向边界方程，模拟了并联的弹簧-阻尼器系统，对应物理元件的参数为

$$K=\frac{2G}{R};\quad C=\rho c_s \tag{4-32}$$

同样，在实际的有限元实现过程中，切向边界物理元件参数的实际取值等于式(4-32)给出的量值与对应有限元节点所代表网格面积的乘积。

为了模拟实际连续介质条件，方程(4-25)、式(4-32)分别给出了人工边界法向和切向应施加的物理元件的参数，其中法向边界物理元件中的质量 M 与阻尼器相连(如图 4-2 所示)，显然这是一个不稳定的系统。为了克服实际处理和计算时可能引起的不便，我们将质量 M 忽略，并将与质量 M 相连的阻尼器的一端固定，从而形成黏性阻尼器＋弹簧的人工边界，与切向的人工边界一起，统称为黏(阻尼器)-弹(弹簧)性人工边界(viscous-spring boundary)，关于这一处理的有效性和精度将通过算例证明。应当注意，黏-弹性人工边界所模拟的是人工边界上的应力条件，因此，这是一种连续分布的人工边界条件。当采用有限元法或其他离散化方法将人工边界所包围的计算区离散化时，人工边界面也将随之离散化，此时，可以采用有限元法的形函数将连续分布的人工边界物理元件化为耦联的人工边界，可称为一致黏-弹性人工边界；也可以简单地采用集中处理方法，形成解耦的人工边界，称为集中黏-弹性人工边界。一般情况下，可以采用相对简单的集中黏-弹性人工边界条件，其具体实施方法如图 4-3 所示，图中坐标 X、Y 沿人工边界的切向，Z 为法向。图 4-3 中黏-弹性人工边界节点上物理元件的参数为：

$$\left.\begin{aligned} K_1 = K_2 &= \frac{2G}{R}\sum_{i=1}^{I} A_i \\ C_1 = C_2 &= \rho c_s \sum_{i=1}^{I} A_i \\ K_3 &= \frac{4G}{R}\sum_{i=1}^{I} A_i \\ C_3 &= \rho c_p \sum_{i=1}^{I} A_i \end{aligned}\right\} \tag{4-33}$$

其中，$\sum A_i$ 为人工边界上节点所代表的面积，对图 4-3 所示情况 $I=4$。

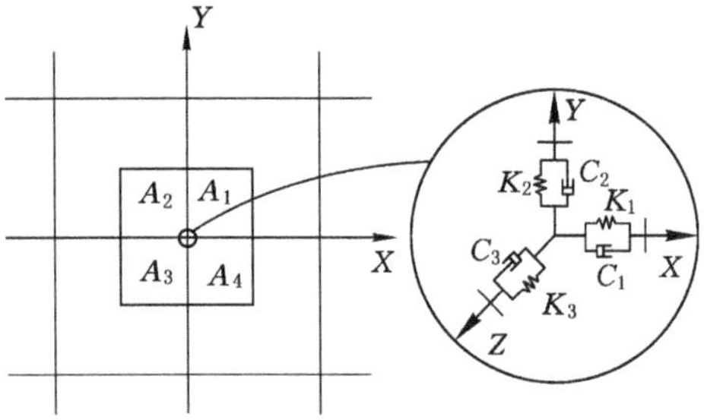

图 4-3　三维黏-弹性人工边界示意图

4.5　车辆荷载表述及实现

列车振动荷载采用第 3 章根据现场测试所模拟的动荷载，如图 4-4 所示。设单元纵向长度为 l，列车速度为 v。起初，列车位于断面 1 处，列车动载 $p_1(t)$ 作用在节点 1 处。那么，经过时间 l/v 后，列车到达断面 2，即节点 2 开始作用荷载 $p_2(t)$；经过时间 $2l/v$ 后，列车到达断面 3，即节点 3 开始作用动载 $p_3(t)$……设列车经过时间 t_0 完全通过断面 1，即经过 t_0 后节点 1 上不再作用动载，那么经过时间 t_0+l/v 后，列车完全通过断面 2，节点 2 不再作用动载；经过时间 t_0+2l/v 后，列车完全通过断面 3，节点 3 不再作用动载……因此在施加动载时，应该考虑时间上的滞后效应。而用有限元计算时，单元荷载的施加，最终都是作用在单元节点上，因此本章在动力计算前，先人为地将分布荷载转化为集中荷载，然后施加在单元节点上。

应该说明的是，上述列车动载施加的方式是十分简化与近似的。实际上，对于路-桥过渡段来说，由于其刚度沿纵向是不断变化的，因此钢轨垂向力沿纵向

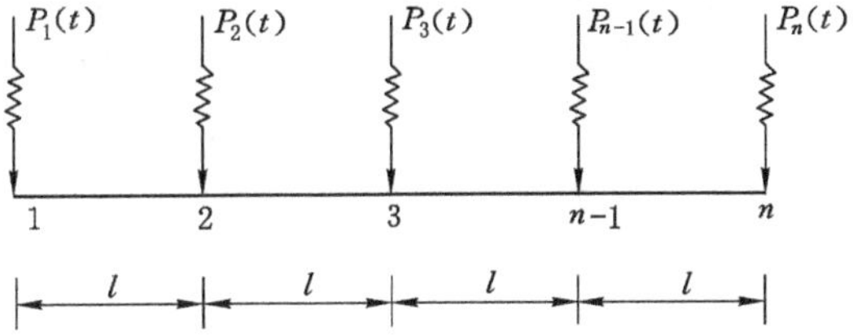

图 4-4　动载施加示意图

也是不断变化的，也就是说，钢轨上每个节点的荷载时程曲线都是不同的，然而，由于埋设元件有限，本书中对于荷载的模拟不得不进行一些简化和假设。实际计算中，过渡段荷载采用横断面 DK1252＋885 所测数据模拟，普通路基荷载采用横断面 DK1252＋863 所测数据模拟。

还应该指出，采用上述的动载施加方式，会有一个瞬时加载与卸载的问题。瞬时加载会产生较大的瞬时加速度，并会引起应力突然增加，而瞬时卸载会产生较大的瞬时反向振动加速度，并会引起应力的突降，后续计算结果也反映出此特点。但是实际上列车振动荷载是连续施加的，由此引起的振动加速度应该比瞬时加载引起的小，并且不会在列车通过后引起较大的反向振动加速度，而结构中的应力水平也不会陡升或突降。因此，在后续应力分析时，应对突然变化的应力值予以忽略。

4.6　过渡段模型的建立

4.6.1　模型的建立

所取工点为填方桥-路过渡段，路基填高 3.5 m，过渡段按正三角形布置。计算时，整个计算长度为 46.2 m。考虑到高速铁路双线结构的对称性，这里只取过渡段路基结构的一半进行计算，对称面加水平固定约束，其他面加人工边界约束。路基模型计算长度与深度对计算量和精度有较大影响，模型计算长度应随激励频率升高而增加，模型需具有足够长度以保证计算的精度。廖振鹏的文献中有：如果人工边界至广义结构的距离 L 足够大，则在给定的计算时间长度 T 内，在广义结构动力反应的时空四维数值模拟中可以不考虑人工边界问题，即人工边界可以任意给定。这是因为，只要取 $L \geqslant \frac{cT}{2}$（c 为无限域介质的最大波速），则结构反应在 $0 \leqslant t \leqslant T$ 的时段内将不受人工边界的影响。如果取列车运行速度为 350 km/h，则取 L 为 63 m 便可消除边界条件与初始条件的影响，其中，过渡段路基结构长 57 m，桥墩取 6 m。关于路基计算深度，根据铁道科学研究院和西南交通大学等单位许多实测资料，基面下 0.6 m 深处的动应力已衰减 40%～60%。日本研究资料认为路基面下 3.0 m 处动应力约为自重应力的 10%，并认为动应力对 3.0 m 以下路基变形影响很小。根据我国研究资料，动静应力之比为 0.2 时的深度约为 3.2 m，动静应力之比为 0.1 时的深度约为 4.2 m。另据动三轴试验结果，当动静应力比在 0.2 以下时，土体塑性累计变形在 0.2%以下，且很快达到稳定。因此本书路基计算深度取为 5 m。

选用 60 钢轨，横截面为“工”字形梁；轨距为 1 435 mm。将扣件和轨下胶垫系统视为弹簧-阻尼结构，初始长度为 38 mm。取其总等效刚度 $k=4.38\times10^7$ N/m，阻尼系数 $c=4.5\times10^5$ N·s/m。CA 砂浆弹性模量取 1.25×10^9 N/m³，阻尼取 8.3×10^4 N·s/m²。其他计算参数见表 4-1。计算模型见图 4-5。

表 4-1　路-桥刚性过渡段计算模型参数

材料 \ 参数	弹性模量 E/GPa	泊松比 ν	密度 ρ /(kg/m³)	内摩擦角 φ/(°)	黏聚力 c /MPa
钢轨	210	0.3	7 800		
轨道板(钢筋 C50 混凝土)	35.0	0.166 7	3 000	—	—
CA 砂浆层	0.095	0.40	1800	—	—
混凝土支承层(C20 混凝土)	24.0	0.20	2 700		
级配碎石+5%水泥	1.89	0.27	2 500	40.0	0.18
A、B 组填料	0.510	0.32	2 400	41.8	0.2
CFG 桩	0.534	0.24	2 300		

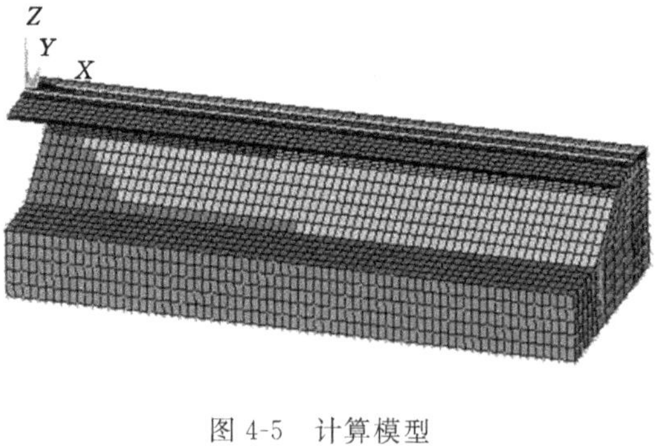

图 4-5　计算模型

边界约束条件：由于沿线路中线取半进行计算，中线位置基床底层以上部分

加水平固定约束 $U_Y=0$；桥墩底面加水平固定约束 $U_Z=0$，其他边界采用黏-弹性人工边界。人工边界采用弹簧-阻尼单元，在每一节点处施加三个方向的边界组件。其边界的法线方向阻尼系数为 $\rho c_p \sum_{i=1}^{I} A_i$，线性弹簧刚度系数为 $\frac{4G}{R}\sum_{i=1}^{I} A_i$；边界切线方向阻尼器的阻尼系数为 $\rho c_s \sum_{i=1}^{I} A_i$，线性弹簧刚度系数为 $\frac{2G}{R}\sum_{i=1}^{I} A_i$。其具体数值根据第 2 章所测结果确定。

4.6.2　不同单元间耦合连接

该模型共定义了四种单元：梁单元 BEAM188、弹簧-阻尼单元 COMBIN14、塑性小应变壳单元 SHELL143 和实体单元 SOLID45。

第一层钢轨为梁单元 BEAM188。它是基于 Timoshenko 梁理论的，具有扭切变形效果。BEAM188 是一个二节点的三维性梁，在每个节点上有 6 或 7 个自由度。它能够定义任何截面形状，因此适合于模拟钢轨。

第二层为轨下垫层。无砟轨道的扣件系统都是采用弹性扣件系统，扣件在实际工作中，钢轨的弹性和阻尼主要由弹条和轨下垫板提供，弹条使得钢轨在振动过程中不致发生较大的振动位移，而垫板则起到缓冲的作用。考虑到弹条和轨下垫板的作用，模型中用弹簧和阻尼单元来模拟轨下垫板和弹条。采用的弹簧-阻尼单元为 COMBIN14。COMBIN14 具有一维、二维或三维应用中的轴向或扭转的性能。它的每个节点具有 3 个自由度：x、y、z 轴向位移或者绕 x、y、z 轴的旋转，在此处我们用的是轴向位移。

第三层轨道板采用壳单元 SHELL143。没有用实体单元主要是考虑如下：为了减少板式无砟轨道的刚性，在轨道板下注入材料 CA 砂浆层，并完全填满轨道板与混凝土承载层的间隙，对轨下结构变形至某一限度内进行补修。由于轨道板的厚度(190 mm)与长度(4 930 mm)、宽度(2 340 mm)相比较非常薄，比例分别为 1/26 和 1/12 左右，因此，为了避免不同方向的刚度系数相差过大，导致求解方程的病害或奇异，同时考虑到轨道板在列车荷载作用下的挠曲变形，轨道板层采用板壳单元离散去模拟。它是个四节点塑性小应变单元，是一个三维单元，平面内具有但平面外没有弯曲强度。这也是壳体结构所特有的。

第四层为 CA 砂浆(cement asphalt mortar)层，作为支承预制的钢筋混凝土轨道板的支承层，给轨道提供足够的强度和一定的弹性。CA 砂浆不仅可填充轨道板与混凝土基床之间的缝隙，还能同钢轨扣件一起用以整正轨道高低不平顺部分，使用它是提高板式轨道弹性和减缓振动的重要措施。合理选取CA砂浆的刚度和阻尼系数，对提高板式轨道结构的整体动力性能具有十分重要的意义。一方面考虑到CA砂浆在列车荷载作用下的挠曲变形，另一方面考虑到CA砂浆层的减振作用，本书决定采用壳单元SHELL143和弹簧阻尼单元共同模拟。

第五层至第八层，均采用了实体单元SOLID45。SOLID45是通过8个节点来定义的，用来构造三维实体结构，每个节点有3个沿着x、y、z轴向平移的自由度。单元具有塑性、蠕变、膨胀、应力强化、大变形和大应变能力。

本书在无砟轨道路基-轨道系统动力分析模型中，板壳单元和实体单元的选取采用相同阶次的单元组合。因为相同阶次的板壳单元和实体单元连接，实现相互之间的耦合比较简单，只要保证板单元和连续实体单元在结合处有公共的节点，则平动位移的衔接处理较简便。除此之外，转动自由度的消除与处理同样是一个比较复杂问题。

（1）梁轴与弹簧之间具有偏移的连接

扣件和轨下胶垫采用弹簧单元模拟，钢轨采用梁单元模拟，并且梁单元可以自由转动。如图4-6所示，变形前梁单元上通过节点I的中面法线与弹簧单元上通过节点i的纵向对称轴z在同一条直线上，且梁单元法线上的I_b点与弹簧单元纵向对称轴上的i点相连接；变形后该直线仍保持为直线，即连线I-I_b-i仍是一条直线，且点I_b与点i仍保持连接。这样，当弹簧单元位于梁单元下方时，其多点约束方程为：

$$u_i = u_I - H\theta_{yI} \text{ 或 } u_i - u_I + H\theta_{yI} = 0 \tag{4-34a}$$

$$v_i = v_I + H\theta_{xI} \text{ 或 } v_i - v_I - H\theta_{xI} = 0 \tag{4-34b}$$

$$w_i = w_I \text{ 或 } w_i - w_I = 0 \tag{4-34c}$$

式中　I——梁单元节点；

i——弹簧单元节点；

u_i、u_I——点I、i位移沿x轴方向的分量；

v_i、v_I——点I、i位移沿y轴方向的分量；

w_i、w_I——点I、i位移沿z轴方向的分量；

θ_{xI}、θ_{yI}——点I绕x、y轴方向的角位移；

H——梁厚的一半。

把式(4-34)写成矩阵形式，即

$$\begin{bmatrix} u_i \\ v_i \\ w_i \end{bmatrix} = \begin{bmatrix} 1 & 0 & 0 & 0 & -H \\ 0 & 1 & 0 & H & 0 \\ 0 & 0 & 1 & 0 & 0 \end{bmatrix} \begin{bmatrix} u_I \\ v_I \\ w_I \\ \theta_{xI} \\ \theta_{yI} \end{bmatrix} \tag{4-35}$$

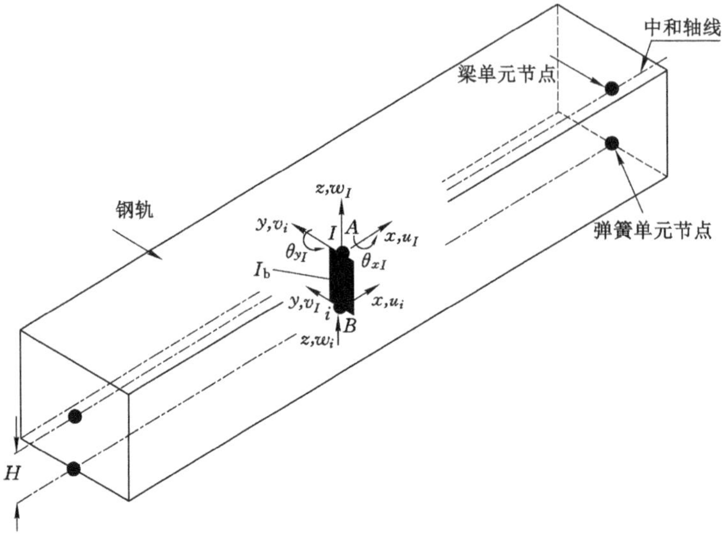

图 4-6　梁轴与弹簧之间具有偏移的连接

（2）弹簧单元与板单元

弹簧单元与板单元间的连接如图 4-7 所示。和弹簧单元与梁单元间的连接类似，这里不同的只是弹簧单元位于板单元上方时，其多点约束方程为

$$u_i = u_I + H\theta_{yI} \text{ 或 } u_i - u_I - H\theta_{yI} = 0 \tag{4-36a}$$

$$v_i = v_I - H\theta_{xI} \text{ 或 } v_i - v_I + H\theta_{xI} = 0 \tag{4-36b}$$

$$w_i = w_I \text{ 或 } w_i - w_I = 0 \tag{4-36c}$$

式中　I——板单元节点；

i——弹簧单元节点；

u_i、u_I——点 I、i 位移沿 x 轴方向的分量；

v_i、v_I——点 I、i 位移沿 y 轴方向的分量；

w_i、w_I——点 I、i 位移沿 z 轴方向的分量；

θ_{xI}、θ_{yI}——点 I 绕 x、y 轴方向的角位移；

H——板厚的一半。

把式(4-36)写成矩阵形式,即

$$\begin{bmatrix} u_i \\ v_i \\ w_i \end{bmatrix} = \begin{bmatrix} 1 & 0 & 0 & 0 & H \\ 0 & 1 & 0 & -H & 0 \\ 0 & 0 & 1 & 0 & 0 \end{bmatrix} \begin{bmatrix} u_I \\ v_I \\ w_I \\ \theta_{xI} \\ \theta_{yI} \end{bmatrix} \tag{4-37}$$

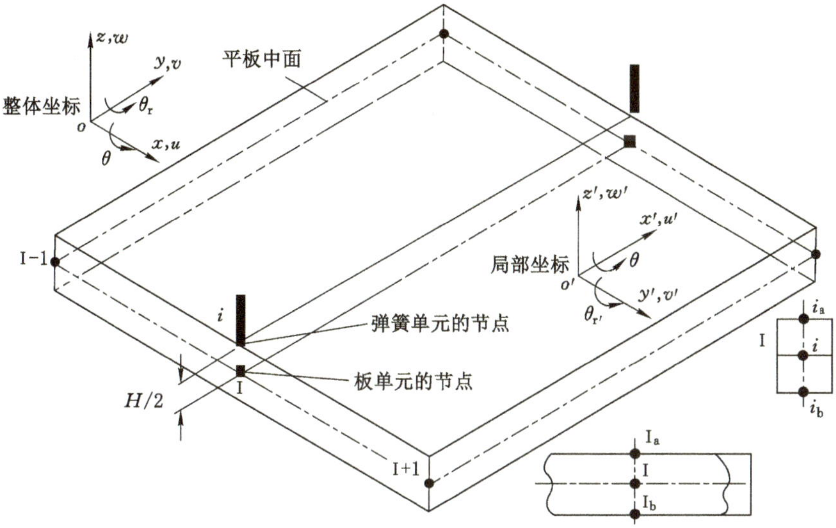

图 4-7　弹簧单元与板单元之间的连接

(3) 壳单元与实体单元

为了强化路基基础,在材料 CA 砂浆层下面还铺有一层水凝性混凝土稳定承载层。依实际工况来看,可假设 CA 砂浆层与混凝土稳定承载层的连接为刚接,且其相接触处位移相等。壳单元的节点为(I,J),实体单元上的节点有(i,j)、$(i+1,j)$、$(i-1,j)$、$(i,j+1)$、$(i,j-1)$,如图 4-8 所示。

其约束方程为与上述类似:

$$u_{i,j} = u_{I,j} - H\theta_{yI,J} \tag{4-38a}$$

$$v_{i,j} = v_{I,j} + H\theta_{xI,J} \tag{4-38b}$$

$$w_{i,j} = w_{I,J} \tag{4-38c}$$

另外因其连接为刚接,则 $\theta_{yI,J}$、$\theta_{xI,J}$ 还应满足下列关系式

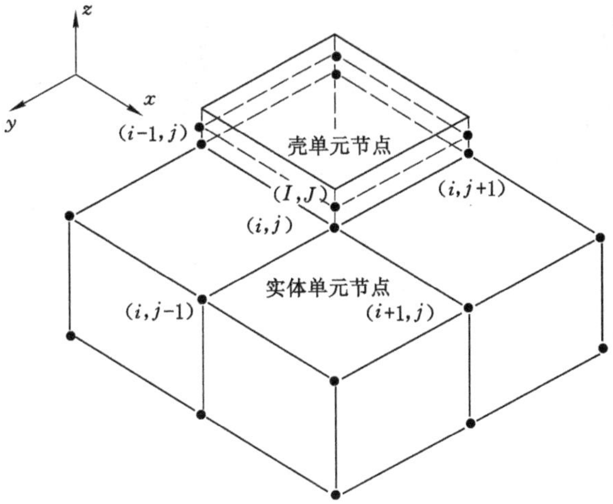

图 4-8　壳单元与实体单元的节点连接

$$\theta_{xI,J}=\frac{v_{i,j+1}-v_{i,j-1}}{y_{i,j+1}-y_{i,j-1}} \tag{4-39d}$$

$$\theta_{yI,J}=\frac{u_{i+1,j}-u_{i-1,j}}{x_{i+1,j}-x_{i-1,j}} \tag{4-39e}$$

式中，$x_{i+1,j}-x_{i-1,j}$、$y_{i,j+1}-y_{i,j-1}$ 分别为实体单元节点 $(i+1,j)$ 与 $(i-1,j)$ 和 $(i,j+1)$ 与 $(i,j-1)$ 之间的整体坐标系 x、y 坐标之差。这样，由式(4-39)可得

$$u_i-u_I+\frac{H}{x_{i+1,j}-x_{i-1,j}}u_{i+1,j}-\frac{H}{x_{i+1,j}-x_{i-1,j}}u_{i-1,j}=0 \tag{4-40a}$$

$$v_i-v_I+\frac{H}{y_{i,j+1}-y_{i,j-1}}v_{i,j+1}+\frac{H}{y_{i,j-1}}v_{i,j-1}=0 \tag{4-40b}$$

$$w_i-w_I \tag{4-40c}$$

写成矩阵形式即为

$$\begin{bmatrix}u_{I,J}\\v_{I,J}\\w_{I,J}\end{bmatrix}=\begin{bmatrix}1 & \frac{H}{x_{i+1,j}-x_{i-1,j}} & -\frac{H}{x_{i+1,j}-x_{i+1,j}} & 0 & 0 & 0 & 0\\ 0 & 0 & 0 & 1 & \frac{H}{y_{i,j+1}-y_{i,j-1}} & \frac{H}{y_{i,j+1}-y_{i,j-1}} & 0\\ 0 & 0 & 0 & 0 & 0 & 0 & 1\end{bmatrix}\begin{bmatrix}u_{i,j}\\u_{i+1,j}\\u_{i-1,j}\\v_{i,j}\\v_{i,j+1}\\v_{i,j-1}\\w_{i,j}\end{bmatrix} \tag{4-41}$$

4.7 模型的验证

4.7.1 自振频率的验证

结构的动力特性主要是指固有频率、振型及阻尼等,是结构本身所固有的,是分析桥梁等各种结构其他动力问题的基础,其中固有频率和振型就是指桥梁等结构的自振特性。为了验证本章模型是否正确,本书取所建有限元模型的频率与实测频率进行对比,对于实测值的分析见第 6 章,有限元模型的前几阶在第 5 章 5.6 节列出。结果发现,实测基床表层的自振频率为 22.77 Hz,而有限元模型的第二阶频率为 21.46 Hz,与实测的固有频率十分接近,证明模型是可靠的。要想进一步验证模型的正确性,下面将对本章所建模型的动力计算结果与实测结果进行对比。

4.7.2 时程曲线的验证

图 4-9 所示为离桥台 15 m 处路-桥过渡段轨道下方不同深度处竖向的位移、速度、加速度、应力、弹性应变等动态响应随时间变化的特征。图中波峰分别对应各轮载经过过渡段某横断面时轨面上的动位移随时间的变化,波谷为无轮载作用时轨面上的动位移变化。足以见到一个轮载对路基的作用分加载和卸载两个过程,对于路基结构,一个转向架的通过就相当于两次加卸载。转向架的前轴通过后,动态响应降低至一定程度便开始增加,这是转向架前后轴轮载对路基作用的叠加结果。前轮经过时动态响应小,后轮经过时动态响应大。

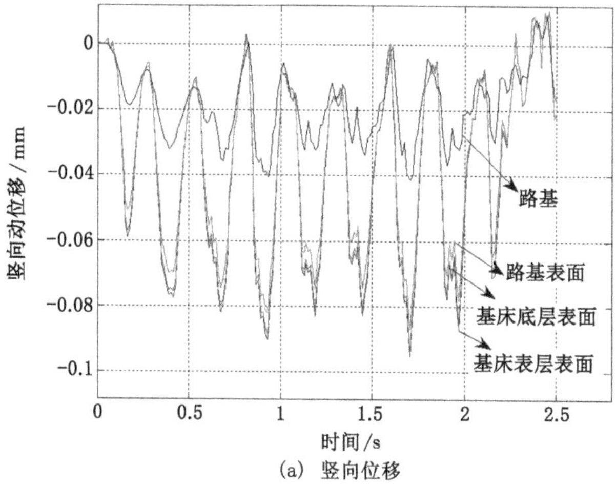

(a) 竖向位移

图 4-9 路-桥过渡段某截面动态响应随时间变化

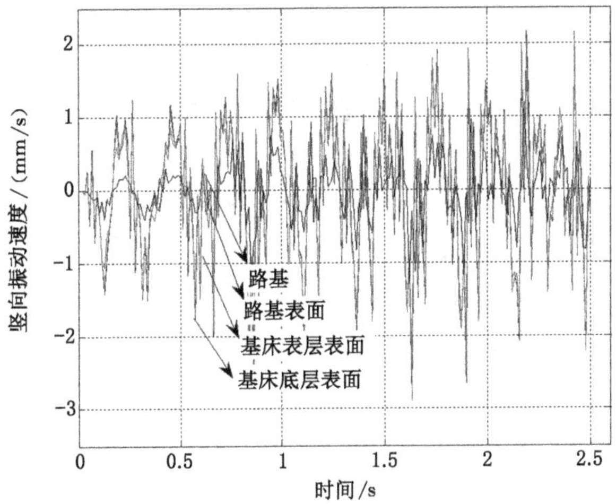

(b) 竖向速度

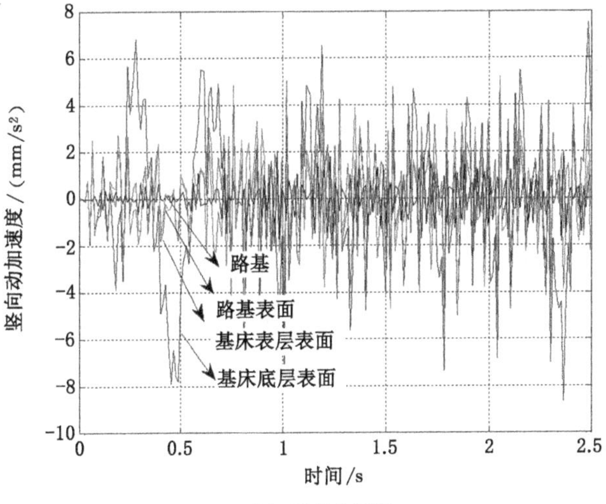

(c) 竖向加速度

图 4-9(续)

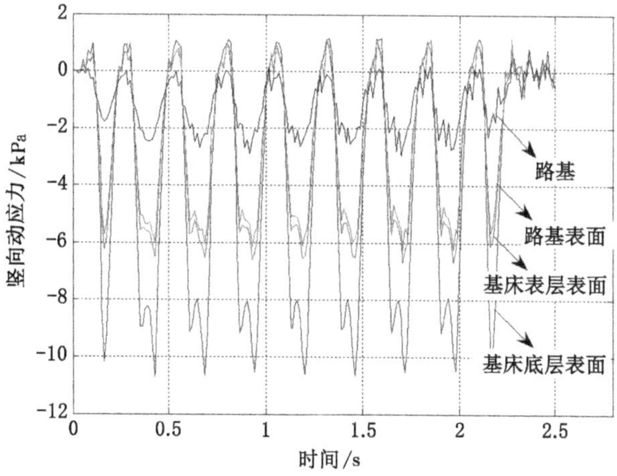

(d) 竖向应力

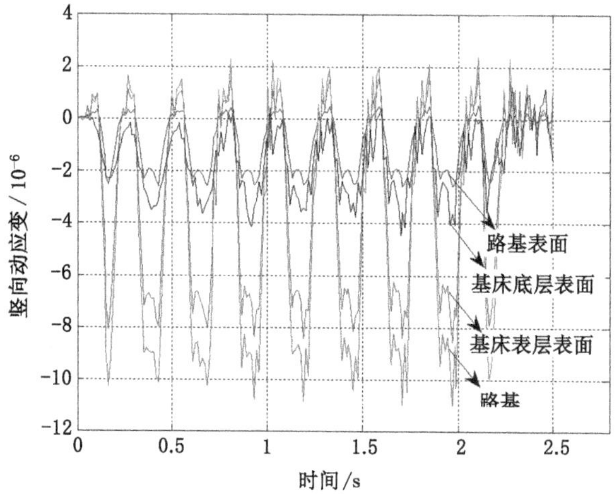

(e) 竖向弹性应变

图 4-9(续)

可以看出,列车作用下基床面上(离钢轨中心为 0.652 587 m)的最大竖向位移、最大竖向速度、最大竖向加速度、最大竖向应力、最大竖向弹性应变分别为 0.095 mm、2.897 mm/s、5.866 m/s^2、10.724 kPa、8.543×10^{-6}。基床底层(离轨头顶面深度为 1.052 587 m)的最大竖向位移、最大竖向速度、最大竖向加速度、最大竖向应力、最大竖向弹性应变分别为 0.093 mm、2.796 mm/s、5.581 m/s^2、

6.69 kPa、2.612×10^{-6}。路基表面(离轨头顶面深度为 1.852 587 m)的最大竖向位移、最大竖向速度、最大竖向加速度、最大竖向应力、最大竖向弹性应变分别为 0.087 mm、2.369 mm/s、5.351 m/s^2、6.26 kPa、11.11×10^{-6}。路基本体(离轨头顶面深度为 10 m)的最大竖向位移、最大竖向速度、最大竖向加速度、最大竖向应力、最大竖向弹性应变分别为 0.041 3 mm、1.302 mm/s、2.005 m/s^2、2.933 kPa、4.471×10^{-6}。进一步分析还发现,基床表层→基床底层→路基本体的最大竖向位移、最大竖向应力、最大竖向弹性应变随深度变化分别为 0.002 mm→0.06 mm→0.46 mm、4.032 kPa→0.431 kPa→3.328 kPa、$5.932\times10^{-6}\rightarrow-8.498\times10^{-6}\rightarrow6.645\times10^{-6}$。可见,在移动荷载作用下路基需要克服路基土体的阻尼而振动,随着深度的增加,竖向动位移、速度和加速度的响应存在扩散和衰减现象,即入射波在不同的材料交界面均发生反射、折射,出现能量耗散。轨面上的竖向动位移、动速度、动加速度、动应力经过轨下胶垫、扣件、轨道板等构件后迅速衰减,而动弹性应变并不一定随深度而衰减,是与材料特性密切相关的。

级配碎石层与 A、B 组填料层交界面上力学量发生了突变、不连续,这直接与二者的本构关系密切相关。竖向应力在整体道床与基床交界上发生较大的突变,二者量值相差 10 倍左右。上述数值计算中,级配碎石的弹性模量约为 A、B 组填料层的 3.7 倍,这说明交界面上应力的突变值除了与交界面两侧材料的应变有关外,还与交界面两侧材料的弹性模量有关。当然,在其他不同材料交界面上也存在应力、应变不连续现象,同样应力不连续值的大小除了与两侧材料的应变有关外,还与两侧材料的本构特性有关。再者,由于阻尼作用,列车荷载以动力波形式向深处传播要消耗能量,因此动应力随深度的增加而衰减,实测结果也证实了此结论。

4.7.3　仿真值与实测值对比分析

为了进一步验证过渡段有限元模型的可靠性,笔者将实测结果与仿真计算的动位移和动应力做了对比。图 4-10、图 4-11 分别为轨道正下方动位移和动应力随纵向距离变化的曲线,同时图中还列出了实测值。从图中可以看出,离桥台越远,其响应值越大,离桥台一定距离后,响应逐渐振荡并变得稳定,且理论计算结果与测试结果基本吻合,因此证明了所建立的有限元模型是基本正确的。

4.7.4　不同建模方法仿真值与实测值对比分析

图 4-12 为不同边界和模型尺寸动位移幅值的仿真值与实测值的对比曲线,

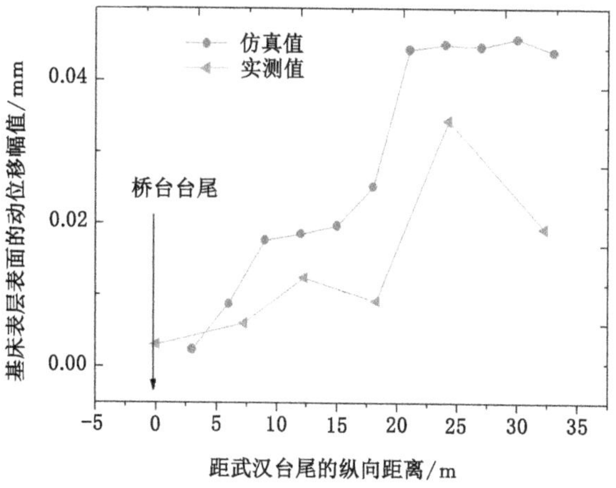

图 4-10　基床表层表面动位移幅值实测值与仿真值对比图

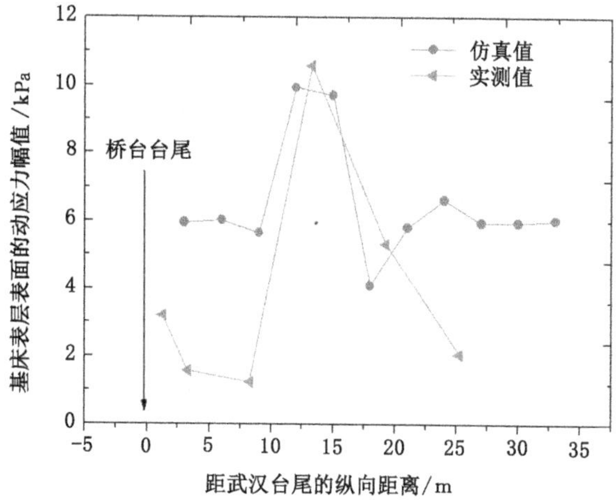

图 4-11　基床表层表面动应力幅值实测值与仿真值对比图

图 4-13 为不同边界和模型尺寸动应力幅值的仿真值与实测值的对比曲线。由图不难发现,不同边界处理方式和模型尺寸的动应力计算结果几乎是重合的,其变化规律与实测动应力基本一致;而动位移随边界处理方式和模型尺寸的变化则较大,显然加入黏-弹性人工边界的模型动位移仿真值与实测值最为接近。这说明黏-弹性人工边界不但对波在模型边界的能量有很好的吸收,而且大大地缩小了模型尺寸,提高了计算机运行速度。

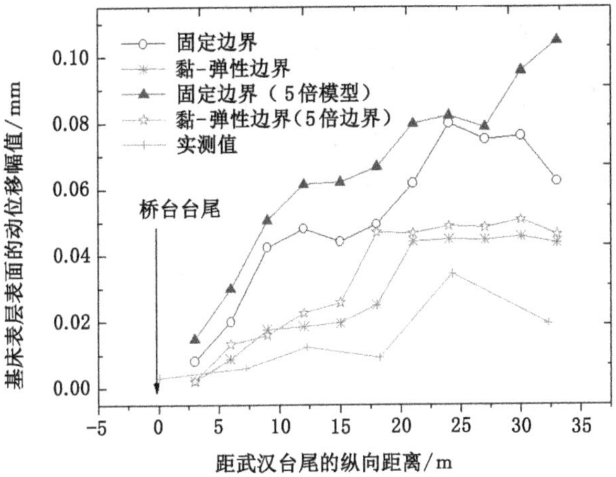

图 4-12　不同边界约束条件下动位移幅值随纵向距离的变化

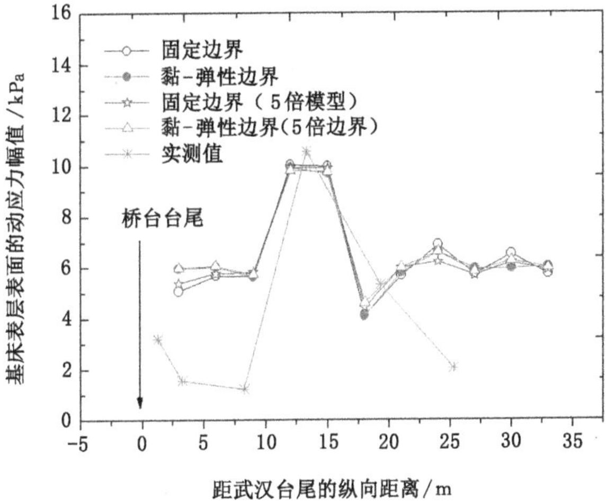

图 4-13　不同边界约束条件下动应力幅值随纵向距离的变化

图 4-14 为加入结构阻尼与不加入结构阻尼动应力幅值的仿真值与实测值的对比曲线。显而易见,加入结构阻尼的模拟结果更符合实测结果,动应力沿路基深度方向的衰减规律是一致的,而不加入结构阻尼模型的动应力计算结果沿深度方向衰减程度相比实测值更小。

图 4-15 为 CA 砂浆用不同结构单元模拟时动应力幅值的仿真值与实测值

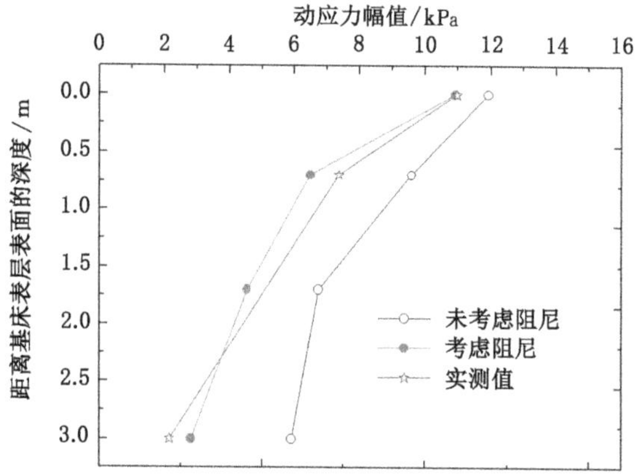

图 4-14　考虑阻尼和不考虑阻尼情况下动应力幅值随深度变化

的对比曲线。可见,用弹簧-阻尼单元和壳单元共同模拟 CA 砂浆更符合实际,这主要体现在基床表层动应力幅值上,由于弹簧-阻尼单元的加入模拟了 CA 砂浆的减振特性,因此在基床表层表面两种不同方法模拟的动应力结果相差约 2 kPa,而在基床表层以下动应力变化规律是一致的。

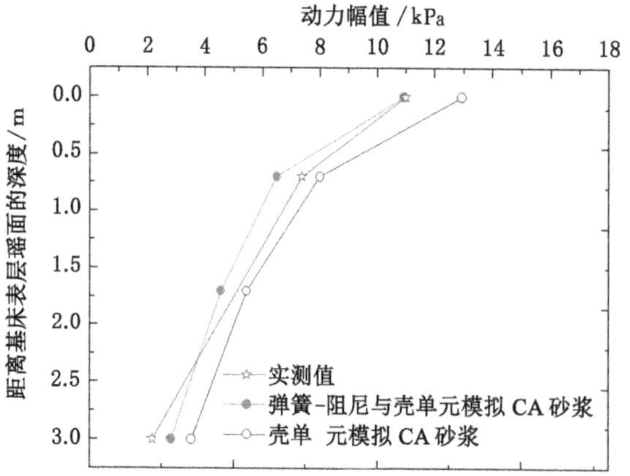

图 4-15　不同单元模拟 CA 砂浆动应力幅值随深度的变化

4.8 本章小结

本章对荷载-轨道-路基系统竖向动力分析模型及计算方法进行了分析研

究，比较了各类模型的优缺点。在此基础之上，提出了本书所选用的计算模型及计算方法，并对模型的正确性进行了验证。主要包括以下内容：

（1）首先，从结构动力本构模型、阻尼模型的选择，到模型边界处理方法、荷载实现方法出发，然后从系统总能量修正泛函原理出发，建立起各个子结构的动力矩阵方程，提出了路基-轨道结构系统动力方程建模的一套整体思路，最终通过对不同单元包括实体单元、梁单元、板壳单元、弹簧-阻尼单元进行理论分析，并对各种单元的连接关系进行了耦合处理，包括梁单元与弹簧-阻尼单元、弹簧-阻尼单元与板单元、板单元与三维实体单元的各个自由度多点约束方程的建立，将多点约束方程引入系统能量方程，并对系统的能量泛函进行修正，建立了多点约束方程的罚函数法或 Lagrange 乘子法的处理方法，最后，对系统动力方程的平衡迭代解答方法和隐式时间积分因子选择进行论述。从而建立了完整的无砟轨路基-轨道结构系统的有限元模型。

（2）通过将上述模型计算结果与实测值的对比，验证了本书所建模型的准确性，并对人工边界加入、结构阻尼加入，以及较有争议的 CA 砂浆的模拟进行了计算对比。结果证明黏-弹性人工边界的引入不仅能对波在模型边界的能量有很好的吸收，而且大大地缩小了模型尺寸，提高了计算速度；结构阻尼的加入更贴切地模拟了土体的阻尼特性，而本书提出的用弹簧-阻尼单元和壳单元共同模拟 CA 砂浆是可行并且更加符合实际的。

（3）通过数值模拟发现，在列车荷载作用下，同一横截面不同深度处竖向的动位移、动速度、动加速度和动应力从基床表层到基床底层有部分衰减，到路基本体时衰减则非常明显。从衰减趋势来看，列车荷载对路基的影响主要体现在结构的上部分，因此必须强化路基基床结构，保证良好的路用性能。

（4）路基不同材料交界面上应力的突变值除了与交界面两侧材料的应变以及两侧材料的本构特性有关外，还与交界面两侧材料的弹性模量有关。

第5章　基于模态叠加法的车辆-轨道(路基)过渡段耦合模型的建立

5.1　引言

近年来，随着高速铁路的迅速发展，车辆的载重与行驶速度越来越高，一方面，车辆对轨道的动力冲击作用对轨道-路基系统的工作状态和使用寿命产生直接影响，另一方面，运行车辆的平稳性和舒适性是评价结构设计参数合理与否的重要因素。当车辆通过轨道时将引起轨道-路基结构的振动，而轨道-路基系统的振动又反过来影响车辆的振动，这种相互作用、相互影响的问题就是车辆与轨道之间的耦合振动问题。

车辆-轨道(路基)系统实际上是个时变系统，因此大多采用时域分析方法。根据所建立的系统方程的不同，目前大体分为以下两种方法：(1) 将车轨系统以车轮与轨面接触处为界，分为车辆与轨道两个子系统，分别建立车辆与轨道振动方程，两者之间通过车轮接触处的位移协调条件与相互作用力的平衡关系相联系，采用迭代法求解系统响应；(2) 将车辆与轨道的所有自由度耦联在一起，建立统一的方程组，进行同步求解。前一种方法需要一个复杂的迭代过程，且往往需要忽略车轮惯性力，后一种方法无须迭代，但要建立耦合运动方程，本章采用了后一种方法。

首先将整个车辆-轨道(路基)系统在车轮与轨面接触处划分为车辆与轨道两个子系统，建立车辆运动方程和轨道-路基运动方程。轨道运动方程可采用有限元模型和模态叠加模型两种方式建立，然后联立两组运动方程，消去轮轨相互作用力得到整体系统运动方程。其中车辆采用六自由度的二维车辆模型；钢轨采用梁单元建立连续梁模型，路基采用实体单元建立有限元模型。采用有限元方式建立耦合运动方程往往自由度较多，计算量较大，若将轨道振动响应分解成若干阶模态组成，则车辆-轨道(路基)耦合系统分析中只需提取若干低阶振型来进行响应分析，这样就大大减少了体系计算自由度，提高了运算效率。

采用有限元模型和模态叠加模型建立耦合运动方程，然后采用逐步积分法进行求解。运用所编制的程序对两方法进行对比分析，结果表明，两种方法均可行，模态叠加法具有很强的通用性，且计算量显著小。

5.2　过渡段车辆-轨道(路基)系统动力分析模型的建立

5.2.1　动力组车辆模型及其运动方程的建立

世界各国根据速度等级不同设计出了形式多样的客车车辆转向架，快速或高速客车转向架为“三无结构”(无摇枕、无摇动台、无旁承)，但是，从大力学模型上看，均由两个轮对、构架和二系悬挂构成。

由于过渡段竖向不平顺的影响，车辆-轨道结构系统竖向振动是产生结构动力效应的重要因素，因此，本章将建立车辆-轨道(路基)系统的竖向运动方程，其车辆-轨道竖向耦合动力学模型如图 5-1 所示。在图 5-1 中，M_c、M_t、M_w 分别是车体、构架和轮对质量；I_c 为是车体点头惯量；I_t 为构架点头惯量；二系垂向弹簧刚度为 K_{s2}，阻尼为 C_{s2}，一系垂向弹簧刚度为 K_{s1}，阻尼为 C_{s1}。

作为简化示意图，图 5-1 中轨道(路基)采用了简化的弹簧阻尼模型，m_r 是单位长度钢轨的质量；EI 是钢轨抗弯刚度；M_s、M_b 分别是轨枕和道床块质量；K_{pv}为轨下胶垫和扣件提供的垂向刚度，C_{pv}为轨下胶垫和扣件提供的垂向阻尼；K_{bv}为道床垂向剪切刚度，C_{bv}为道床垂向剪切阻尼；K_{fv}是路基垂向刚度，C_{fv}是路基垂向阻尼。轨道(路基)结构的详细模型详见上一章，相应的模态叠加模型详见 5.2.2 小节。

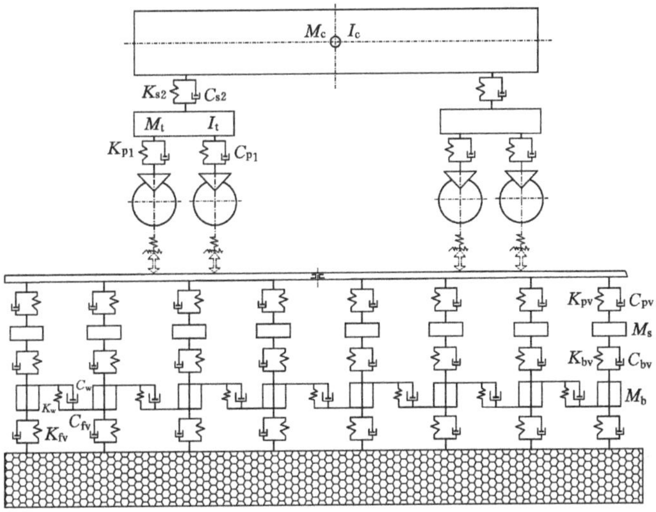

图 5-1　典型客车-轨道耦合动力学模型图

铁道车辆在垂向平面内的运动关系，可以作为多刚体系统来考虑，系统方程可以通过对各个刚体逐一应用 D′Alembert 原理建立。车辆的自由度有 10 个，其中车轮竖向自由度受钢轨密贴约束不再独立。车辆运动方程的形式具体如下。

(1) 车体的沉浮及点头运动（Z 为构架竖向位移自由度，β 为车体转动角）

$$\left.\begin{aligned}&M_c\ddot{Z}_c+2C_{s2}\dot{Z}_c+2K_{s2}Z_c-C_{s2}\dot{Z}_{t1}-C_{s2}\dot{Z}_{t2}-K_{s2}Z_{t1}-K_{s2}Z_{t2}=M_cg\\&J_c\ddot{\beta}_c+2C_{s2}l_c^2\dot{\beta}_c+2K_{s2}l_c^2\beta_c-C_{s2}l_c\dot{Z}_{t1}+C_{s2}l_c\dot{Z}_{t2}-K_{s2}l_cZ_{t1}+K_{s2}l_cZ_{t2}=0\end{aligned}\right\}\tag{5-1}$$

(2) 前转向架构架沉浮及点头运动

$$\left.\begin{aligned}&M_t\ddot{Z}_{t1}+(C_{s2}+2C_{s1})\dot{Z}_{t1}+(K_{s2}+2K_{s1})Z_{t1}-C_{s2}\dot{Z}_c-K_{s2}\dot{Z}_c-K_{s2}Z_c-\\&\quad C_{s1}\dot{Z}_{w1}-8C_{s1}\dot{Z}_{w2}-K_{s1}Z_{w1}-K_{s1}Z_{w2}-C_{s2}l_c\dot{\beta}_c-K_{s2}l_c\beta_c=M_tg\\&J_t\ddot{\beta}_{t1}+2C_{s1}l_t^2\dot{\beta}_{t1}+2K_{s1}l_t^2\beta_{t1}-C_{s1}l_t\dot{Z}_{w1}+C_{s1}l_t\dot{Z}_{w2}-K_{s1}l_tZ_{w1}+K_{s1}l_tZ_{w2}=0\end{aligned}\right\}\tag{5-2}$$

(3) 后转向架构架沉浮及点头运动

$$\left.\begin{aligned}&M_t\ddot{Z}_{t2}+(C_{s2}+2C_{s1})\dot{Z}_{t2}+(K_{s2}+2K_{s1})Z_{t2}-C_{s2}\dot{Z}_c-K_{s2}Z_c-C_{s1}\dot{Z}_{w3}-\\&\quad C_{s1}\dot{Z}_{w4}-K_{s1}\dot{Z}_{w3}-K_{s1}Z_{w4}-C_{s2}l_c\dot{\beta}_c+K_{s2}l_c\beta_c=M_tg\\&J_t\ddot{\beta}_{t2}+2C_{s1}l_t^2\dot{\beta}_{t2}+2K_{s1}l_t^2\beta_{t2}-C_{s1}l_t\dot{Z}_{w3}+C_{s1}l_t\dot{Z}_{w4}-K_{s1}l_tZ_{w3}+K_{s1}l_tZ_{w4}=0\end{aligned}\right\}\tag{5-3}$$

(4) 第 1～4 轮对运动

$$\left\{\begin{aligned}&M_w\ddot{Z}_{w1}+C_{s1}\dot{Z}_{w1}+K_{s1}Z_{w1}-C_{s1}\dot{Z}_{t1}-K_{s1}Z_{t1}-C_{s1}l_t\dot{\beta}_{t1}-K_{s1}l_t\beta_{t1}+\\&2p_1(t)-M_wg=F_{01}(t)\\&M_w\ddot{Z}_{w2}+C_{s1}\dot{Z}_{w2}+K_{s1}Z_{w2}-C_{s1}\dot{Z}_{t1}-K_{s1}Z_{t1}+C_{s1}l_t\dot{\beta}_{t1}+K_{s1}l_t\beta_{t1}+\\&2p_2(t)-M_wg=F_{02}(t)\\&M_w\ddot{Z}_{w3}+C_{s1}\dot{Z}_{w3}+K_{s1}Z_{w3}-C_{s1}\dot{Z}_{t2}-K_{s1}Z_{t2}-C_{s1}l_t\dot{\beta}_{t2}-K_{s1}l_t\beta_{t2}+\\&2p_3(t)-M_wg=F_{03}(t)\\&M_w\ddot{Z}_{w4}+C_{s1}\dot{Z}_{w4}+K_{s1}Z_{w4}-C_{s1}\dot{Z}_{t2}-K_{s1}Z_{t2}+C_{s1}l_t\dot{\beta}_{t2}-K_{s1}l_t\beta_{t2}+\\&2p_4(t)-M_wg=F_{04}(t)\end{aligned}\right\}\tag{5-4}$$

式中 l_c——车辆定距之半，m；

l_t——转向架固定轴距之半，m；

$p_i(t)$——单侧车轮轮轨垂向力（$i=1\sim4$）；

$F_{0i}(t)$——各轮对处激振力函数（$i=1\sim4$）。

式(5-1)～式(5-4)写成矩阵形式为

$$\boldsymbol{M}_{v}\ddot{\boldsymbol{q}}_{v}+\boldsymbol{C}_{v}\dot{\boldsymbol{q}}_{v}+\boldsymbol{K}_{v}\boldsymbol{q}_{v}=\boldsymbol{P}_{v}$$

其中，$\boldsymbol{q}_v$ 代表车辆的自由向量；$\boldsymbol{M}_v$、$\boldsymbol{C}_v$、$\boldsymbol{K}_v$ 分别表示车辆的质量、阻尼和刚度矩阵；$\boldsymbol{P}_v$ 是车辆的整体外力向量。

现武广高速铁路正式运营车辆为 CRH3 型动车组，由于不能准确获得 CRH3 型动车组的机车参数，本书分析采用 CRH3 型动车组的原型车德国 ICE3 型动车组的机车参数进行计算。车辆主要结构的参数如表 5-1～表 5-3 所示。

表 5-1　车辆主要结构的质量与惯量

	质量/kg	惯量/(kg/m²)			重心高(距轨面)/mm
		I_x	I_y	I_z	
车体(重)	48 000	115 000	2 700 000	2 700 000	1 700
构架	3 200	3 200	7 200	6 800	600
轮对	2 400	1 200	200	1 200	460

表 5-2　车辆主要结构的尺寸

	纵向跨距/mm	横向跨距/mm	重心高度(距轨面)/mm
轴箱弹簧	2 500	2 000	600
轴箱减振器	3 040	2 000	550
空气弹簧	0	1 900	900
抗蛇行减振器(牵引拉杆)	0	2 650	560
二系横向减振器	350	815	700
轴箱定位节点	1 500	2 050	460

表 5-3　车辆主要结构的动力学参数

名称	数值	单位
轴箱纵向定位刚度	9	MN/m
轴箱横向定位刚度	3	MN/m
轴箱垂向刚度	1.04	MN/m
轴箱减振器纵向阻尼系数	0	kN · s/m
轴箱减振器垂向阻尼系数	5/0.1～9/0.3	kN · s/m
轴箱减振器横向阻尼系数	0	kN · s/m
二系悬挂纵向刚度	0.24	MN/m

表 5-3(续)

名称	数值	单位
二系悬挂横向刚度	0.24	MN/m
二系悬挂垂向刚度	0.4	MN/m
二系悬挂纵向阻尼系数(抗蛇行减振器)	10/0.01～12/0.1	kN·s/m
二系悬挂横向阻尼系数	30	kN·s/m
二系悬挂垂向阻尼系数	6/0.1～10/0.3	kN·s/m

5.2.2 轨道-路基结构动力模型

轨道-路基结构动力模型可直接由有限元法建立。建立有限元模型时，线路基础可采用实体单元、板壳单元或者简化的弹簧-阻尼单元模拟，但为方便下文耦合模型的建立，钢轨需采用梁单元模拟。然而，考虑到路-桥过渡段轨道-路基系统的复杂性和各结构不同的材料特性，直接编程建立有限元模型将会是件十分困难的事情，一不小心就会出错；再者，就算运用程序建立了路-桥过渡段轨道-路基系统有限元模型，整个系统自由度会大大增加，车-轨耦合方程组矩阵维数也将变得非常大，其运算量之大也会导致计算难以进行。若能结合通用有限元软件建立的有限元模型，通过模态分析提取结构模态参数或者采用模态坐标形成系统矩阵，然后生成车辆矩阵和车轨相互作用矩阵，从而形成车辆-轨道-路基整体系统矩阵，将大大减小系统自由度，特别对于车辆-轨道-路基耦合模型的建立(详见第四章)，使得车-轨耦合方程组矩阵维数大大降低，提高了求解速度，且避免了由于单元划分过细所导致的轨道刚度矩阵和质量矩阵非常大的问题。

在模态坐标下，线路结构的运动方程如下：

$$\boldsymbol{M}_{\mathrm{r}}\ddot{\boldsymbol{q}}_{\mathrm{r}}+\boldsymbol{C}_{\mathrm{r}}\dot{\boldsymbol{q}}_{\mathrm{r}}+\boldsymbol{K}_{\mathrm{r}}\boldsymbol{q}_{\mathrm{r}}=\boldsymbol{F} \tag{5-5}$$

式中 $\boldsymbol{M}_{\mathrm{r}}=\mathrm{diag}(m_1,m_2,\cdots,m_n),n=80$；

$\boldsymbol{K}_{\mathrm{r}}=\mathrm{diag}(m_1\omega_1^2,m_2\omega_2^2,\cdots,m_n\omega_n^2),n=80$；

$\boldsymbol{C}_{\mathrm{r}}=\mathrm{diag}(2m_1\omega_1\varepsilon_1,2m_2\omega_2\varepsilon_2,\cdots,2m_n\omega_n\varepsilon_n),n=80$；

$\boldsymbol{F}=\sum_{k=1}^{N_{\mathrm{c}}}\sum_{i=1}^{4}\phi_{ei}F_{0i},N_{\mathrm{c}}=8$。

其中，$\boldsymbol{q}$，$\dot{\boldsymbol{q}}$，$\ddot{\boldsymbol{q}}$ 分别指轨道系统的位移向量、速度向量和加速度向量，m_i，ω_i，ε_i 分别为轨道结构的第 i 阶模态质量、阻尼系数和频率。

本书采用 ANSYS 结构分析模块建立路-桥过渡段轨道-路基结构有限元动力分析模型，运用其随机子空间模态分析模块，计算出了结构前 80 阶模态，运用 APDL 命令流提取钢轨的各阶模态的阵型分量和相应频率。由于本章模型主要针对列车-轨道-路基系统进行竖向动力特性分析，因此本章有选择性地提取较明显的竖向模态阵型。

5.3 列车-轨道耦合模型

5.3.1 车轮-钢轨约束方程

在忽略轮、轨接触点压缩弹性变形的条件下,车轮与钢轨的约束关系如下:

$$z_{w1} = \boldsymbol{N}_{x=x_{ei}} q_{ei} + r_{x=x_{ei}} \tag{5-6}$$

式中,z_{wi} 表示第 i 个车轮的竖向位移。$r_{x=x_{ei}}$ 表示该车轮处钢轨的竖向不平顺,可包含过渡段几何不平顺。当采用有限元建立动力分析模型时,$\boldsymbol{N}_{x=x_{ei}}$ 表示与该车轮接触的钢轨单元形函数矩阵在接触点坐标 $x=x_{ei}$ 处的取值;q_{ei} 表示单元自由度向量。当采用模态坐标时,$\boldsymbol{N}_{x=x_{ei}}$ 表示与该车轮接触钢轨单元的振型分量采用单元形函数矩阵插值(三次厄米特矩阵)所得到矩阵;q_{ei} 表示线路结构整体的模态自由度向量,$q_{ei}=\hat{q}$。

对式(5-6)求导可得到速度 v 和加速度 a 的约束关系如下:

$$\dot{z}_{wi} = \boldsymbol{N}_{x=x_{ei}} \dot{q}_{ei} + v\boldsymbol{N}'_{x=x_{ei}} q_{ei} + v r'_{x=x_{ei}} \tag{5-7a}$$

$$\ddot{z}_{wi} = \boldsymbol{N}_{x=x_{ei}} \ddot{q}_{ei} + 2v\boldsymbol{N}'_{x=x_{ei}} \dot{q}_{ei} + v^2 \boldsymbol{N}''_{x=x_{ei}} q_{ei} + a\boldsymbol{N}'_{x=x_{ei}} q_{ei} + v^2 r''_{x=x_{ei}} + a r'_{x=x_{ei}} \tag{5-7b}$$

5.3.2 列车-钢轨相互作用矩阵

通过消去车轮、钢轨相互作用力,可得到列车-钢轨相互作用矩阵,用下标“v-r”或“r-v”表示由于列车-钢轨相互作用而引起的矩阵。阶数为 $V_{dof}\times(2\times n_r+2)$ 的刚度矩阵 $\boldsymbol{K}_{v\text{-}r}$,阶数为 $(2\times n_r+2)\times V_{dof}$ 的刚度矩阵 $\boldsymbol{K}_{r\text{-}v}$,阶数为 $V_{dof}\times(2\times n_r+2)$ 的阻尼矩阵 $\boldsymbol{C}_{v\text{-}r}$,以及阶数为 $(2\times n_r+2)\times Vdof$ 的阻尼矩阵 $\boldsymbol{C}_{r\text{-}v}$ 的表达式分别是:

$$\boldsymbol{K}_{v\text{-}r} = \sum_{j=1}^{N_v}\boldsymbol{K}_{vj\text{-}r1} + \sum_{j=1}^{N_v}\boldsymbol{K}_{vj\text{-}r2} + \sum_{j=1}^{N_v}\boldsymbol{K}_{vj\text{-}r3} + \sum_{j=1}^{N_v}\boldsymbol{K}_{vj\text{-}r4} + \boldsymbol{K}_{J\text{-}r1} + \boldsymbol{K}_{J\text{-}r2} + \boldsymbol{K}_{J\text{-}r3} + \boldsymbol{K}_{J\text{-}r4} \tag{5-8}$$

$$\boldsymbol{K}_{r\text{-}v} = \sum_{j=1}^{N_v}\boldsymbol{K}_{r1\text{-}vj} + \sum_{j=1}^{N_v}\boldsymbol{K}_{r2\text{-}vj} + \sum_{j=1}^{N_v}\boldsymbol{K}_{r3\text{-}vj} + \sum_{j=1}^{N_v}\boldsymbol{K}_{r4\text{-}vj} + \boldsymbol{K}_{r1\text{-}J} + \boldsymbol{K}_{r2\text{-}J} + \boldsymbol{K}_{r3\text{-}J} + \boldsymbol{K}_{r4\text{-}J} \tag{5-9}$$

$$\boldsymbol{C}_{v\text{-}r} = \sum_{j=1}^{N_v}\boldsymbol{C}_{vj\text{-}r1} + \sum_{j=1}^{N_v}\boldsymbol{C}_{vj\text{-}r2} + \sum_{j=1}^{N_v}\boldsymbol{C}_{vj\text{-}r3} + \sum_{j=1}^{N_v}\boldsymbol{C}_{vj\text{-}r4} + \boldsymbol{C}_{J\text{-}r1} + \boldsymbol{C}_{J\text{-}r2} + \boldsymbol{C}_{J\text{-}r3} + \boldsymbol{C}_{J\text{-}r4} \tag{5-10}$$

$$\boldsymbol{C}_{r\text{-}v} = \sum_{j=1}^{N_v}\boldsymbol{C}_{r1\text{-}vj} + \sum_{j=1}^{N_v}\boldsymbol{C}_{r2\text{-}vj} + \sum_{j=1}^{N_v}\boldsymbol{C}_{r3\text{-}vj} + \sum_{j=1}^{N_v}\boldsymbol{C}_{r4\text{-}vj} + \boldsymbol{C}_{r1\text{-}J} + \boldsymbol{C}_{r2\text{-}J} + \boldsymbol{C}_{r3\text{-}J} + \boldsymbol{C}_{r4\text{-}J} \tag{5-11}$$

其中：

$$\boldsymbol{K}_{\mathrm{v}j-\mathrm{r}1}=\begin{bmatrix}0\\ \vdots\\ 0\\ -k_{\mathrm{p}}N_{j1}-c_{\mathrm{p}}vN'_{j1}\\ k_{\mathrm{p}}L_{\mathrm{t}}N_{j1}-c_{\mathrm{p}}L_{\mathrm{t}}vN'_{j1}\\ 0\\ \vdots\\ 0\end{bmatrix}_{V_{\mathrm{dof}}\times(2\times n_{\mathrm{r}}+2)}$$

$$\boldsymbol{K}_{\mathrm{v}j-\mathrm{r}2}=\begin{bmatrix}0\\ \vdots\\ 0\\ -k_{\mathrm{p}}N_{j2}-c_{\mathrm{p}}vN'_{j2}\\ k_{\mathrm{p}}L_{\mathrm{t}}N_{j2}-c_{\mathrm{p}}L_{\mathrm{t}}vN'_{j2}\\ 0\\ \vdots\\ 0\end{bmatrix}_{V_{\mathrm{dof}}\times(2\times n_{\mathrm{r}}+2)}$$

$$\boldsymbol{K}_{\mathrm{v}j-\mathrm{r}3}=\begin{bmatrix}0\\ \vdots\\ 0\\ -k_{\mathrm{p}}N_{j3}-c_{\mathrm{p}}vN'_{j3}\\ k_{\mathrm{p}}L_{\mathrm{t}}N_{j3}-c_{\mathrm{p}}L_{\mathrm{t}}vN'_{j3}\\ 0\\ \vdots\\ 0\end{bmatrix}_{V_{\mathrm{dof}}\times(2\times n_{\mathrm{r}}+2)}$$

$$\boldsymbol{K}_{\mathrm{v}j-\mathrm{r}4}=\begin{bmatrix}0\\ \vdots\\ 0\\ -k_{\mathrm{p}}N_{j4}-c_{\mathrm{p}}vN'_{j4}\\ k_{\mathrm{p}}L_{\mathrm{t}}N_{j4}-c_{\mathrm{p}}L_{\mathrm{t}}vN'_{j4}\\ 0\\ \vdots\\ 0\end{bmatrix}_{V_{\mathrm{dof}}\times(2\times n_{\mathrm{r}}+2)}$$

$$\boldsymbol{K}_{\mathrm{r1\text{-}v}j}=[0 \quad \cdots \quad 0 \quad -k_{\mathrm{p}}N_{j1}^{\mathrm{T}} \quad k_{\mathrm{p}}L_{\mathrm{t}}N_{j1}^{\mathrm{T}} \quad 0 \quad \cdots \quad 0]_{(2\times n_{\mathrm{r}}+2)\times V_{\mathrm{dof}}}$$

$$\boldsymbol{K}_{\mathrm{r2\text{-}v}j}=[0 \quad \cdots \quad 0 \quad -k_{\mathrm{p}}N_{j2}^{\mathrm{T}} \quad k_{\mathrm{p}}L_{\mathrm{t}}N_{j2}^{\mathrm{T}} \quad 0 \quad \cdots \quad 0]_{(2\times n_{\mathrm{r}}+2)\times V_{\mathrm{dof}}}$$

$$\boldsymbol{K}_{\mathrm{r3\text{-}v}j}=[0 \quad \cdots \quad 0 \quad -k_{\mathrm{p}}N_{j3}^{\mathrm{T}} \quad k_{\mathrm{p}}L_{\mathrm{t}}N_{j3}^{\mathrm{T}} \quad 0 \quad \cdots \quad 0]_{(2\times n_{\mathrm{r}}+2)\times V_{\mathrm{dof}}}$$

$$\boldsymbol{K}_{\mathrm{r4\text{-}v}j}=[0 \quad \cdots \quad 0 \quad -k_{\mathrm{p}}N_{j4}^{\mathrm{T}} \quad k_{\mathrm{p}}L_{\mathrm{t}}N_{j4}^{\mathrm{T}} \quad 0 \quad \cdots \quad 0]_{(2\times n_{\mathrm{r}}+2)\times \mathrm{Vdof}}$$

$$\boldsymbol{C}_{\mathrm{v}j\text{-r1}}=\boldsymbol{C}_{\mathrm{r1-v}j}^{\mathrm{T}}=\begin{bmatrix}0\\ \vdots\\ 0\\ -c_{\mathrm{p}}N_{j1}\\ c_{\mathrm{p}}L_{\mathrm{t}}N_{j1}\\ 0\\ \vdots\\ 0\end{bmatrix}_{V_{\mathrm{dof}}\times(2\times n_{\mathrm{r}}+2)} \qquad \boldsymbol{C}_{\mathrm{v}j\text{-r2}}=\boldsymbol{C}_{\mathrm{r2-v}j}^{\mathrm{T}}=\begin{bmatrix}0\\ \vdots\\ 0\\ -c_{\mathrm{p}}N_{j2}\\ c_{\mathrm{p}}L_{\mathrm{t}}N_{j2}\\ 0\\ \vdots\\ 0\end{bmatrix}_{V_{\mathrm{dof}}\times(2\times n_{\mathrm{r}}+2)}$$

$$\boldsymbol{C}_{\mathrm{v}j\text{-r3}}=\boldsymbol{C}_{\mathrm{r3-v}j}^{\mathrm{T}}=\begin{bmatrix}0\\ \vdots\\ 0\\ -c_{\mathrm{p}}N_{j1}\\ c_{\mathrm{p}}L_{\mathrm{t}}N_{j3}\\ 0\\ \vdots\\ 0\end{bmatrix}_{V_{\mathrm{dof}}\times(2\times n_{\mathrm{r}}+2)} \qquad \boldsymbol{C}_{\mathrm{v}j\text{-r4}}=\boldsymbol{C}_{\mathrm{r4-v}j}^{\mathrm{T}}=\begin{bmatrix}0\\ \vdots\\ 0\\ -c_{\mathrm{p}}N_{j4}\\ c_{\mathrm{p}}L_{\mathrm{t}}N_{j4}\\ 0\\ \vdots\\ 0\end{bmatrix}_{V_{\mathrm{dof}}\times(2\times n_{\mathrm{r}}+2)}$$

式中,$\boldsymbol{K}_{\mathrm{v}j\text{-r1}}$ 和 $\boldsymbol{K}_{\mathrm{r1\text{-}v}j}$ 表示第 j 辆车后构架的后轮对与钢轨相互作用引起的刚度矩阵,$\boldsymbol{C}_{\mathrm{v}j\text{-r1}}$ 和 $\boldsymbol{C}_{\mathrm{r1\text{-}v}j}$ 表示相应的阻尼矩阵;$\boldsymbol{K}_{\mathrm{v}j\text{-r2}}$ 和 $\boldsymbol{K}_{\mathrm{r2\text{-}v}j}$ 表示第 j 辆车后构架的前轮对与钢轨相互作用引起的刚度矩阵,$\boldsymbol{C}_{\mathrm{v}j\text{-r2}}$ 和 $\boldsymbol{C}_{\mathrm{r2\text{-}v}j}$ 表示相应的阻尼矩阵;$\boldsymbol{K}_{\mathrm{v}j\text{-r3}}$ 和 $\boldsymbol{K}_{\mathrm{r3\text{-}v}j}$ 表示第 j 辆车前构架的后轮对与钢轨相互作用引起的刚度矩阵,$\boldsymbol{C}_{\mathrm{v}j\text{-r3}}$ 和 $\boldsymbol{C}_{\mathrm{r3\text{-}v}j}$ 表示相应的阻尼矩阵;$\boldsymbol{K}_{\mathrm{v}j\text{-r4}}$ 和 $\boldsymbol{K}_{\mathrm{r4\text{-}v}j}$ 表示第 j 辆车前构架的前轮对与钢轨相互作用引起的刚度矩阵,$\boldsymbol{C}_{\mathrm{v}j\text{-r4}}$ 和 $\boldsymbol{C}_{\mathrm{r4\text{-}v}j}$ 表示相应的阻尼矩阵。需要指出的是,除与第 j 辆车后构架的 2 个自由度对应的行之外,$\boldsymbol{K}_{\mathrm{v}j\text{-r1}}$,$\boldsymbol{K}_{\mathrm{v}j\text{-r2}}$,$\boldsymbol{C}_{\mathrm{v}j\text{-r1}}$ 和 $\boldsymbol{C}_{\mathrm{v}j\text{-r2}}$ 中的其他行均是零向量;除与第 j 辆车后构架的 2 个自由度对应的列之外,$\boldsymbol{K}_{\mathrm{r1\text{-}v}j}$,$\boldsymbol{K}_{\mathrm{r2\text{-}v}j}$,$\boldsymbol{C}_{\mathrm{r1\text{-}v}j}$ 和 $\boldsymbol{C}_{\mathrm{r2\text{-}v}j}$ 中的其他列均是零列阵;除与第 j 辆车前构架的 2 个自由度对应的行之外,$\boldsymbol{K}_{\mathrm{v}j\text{-r3}}$,$\boldsymbol{K}_{\mathrm{v}j\text{-r4}}$,$\boldsymbol{C}_{\mathrm{v}j\text{-r3}}$ 和 $\boldsymbol{C}_{\mathrm{v}j\text{-r4}}$ 中的其他行均是零向量;除与第 j 辆车前构架的 2 个自由度对应的列之外,$\boldsymbol{K}_{\mathrm{r3-v}j}$,$\boldsymbol{K}_{\mathrm{r4\text{-}v}j}$,$\boldsymbol{C}_{\mathrm{r3\text{-}v}j}$ 和 $\boldsymbol{C}_{\mathrm{r4\text{-}v}j}$ 中的其他列均是零列阵。$\boldsymbol{K}_{\mathrm{J\text{-}r1}}$ 和 $\boldsymbol{K}_{\mathrm{r1\text{-}J}}$ 表示机车后构架的后轮对与钢轨相互作用引起的刚度矩阵,$\boldsymbol{C}_{\mathrm{J\text{-}r1}}$ 和 $\boldsymbol{C}_{\mathrm{r1\text{-}J}}$ 表示相应的阻尼矩阵;$\boldsymbol{K}_{\mathrm{J\text{-}r2}}$ 和 $\boldsymbol{K}_{\mathrm{r2\text{-}J}}$ 表示机车后构架的前轮对与钢轨相互作用引起的刚度矩阵,$\boldsymbol{C}_{\mathrm{J\text{-}r2}}$ 和 $\boldsymbol{C}_{\mathrm{r2\text{-}J}}$ 表示相应的阻尼矩阵;$\boldsymbol{K}_{\mathrm{J\text{-}r3}}$ 和

$\boldsymbol{K}_{r3\text{-}J}$表示机车前构架的后轮对与钢轨相互作用引起的刚度矩阵，$\boldsymbol{C}_{J\text{-}r3}$和$\boldsymbol{C}_{r3\text{-}J}$表示相应的阻尼矩阵；$\boldsymbol{K}_{J\text{-}r4}$和$\boldsymbol{K}_{r4\text{-}J}$表示机前构架的前轮对与钢轨相互作用引起的刚度矩阵，$\boldsymbol{C}_{J\text{-}r4}$和$\boldsymbol{C}_{r4\text{-}J}$表示相应的阻尼矩阵。

为节约篇幅，机车-钢轨相互作用矩阵没有列出，不过只需要将车辆-钢轨相互作用矩阵中的车辆参数用机车参数替换即可，而其他列车与钢轨的相互作用矩阵也用同样方法求得。

由上述得到的车辆系统$\boldsymbol{M}$,$\boldsymbol{C}$,$\boldsymbol{K}$矩阵，和线路系统的$\boldsymbol{M}$,$\boldsymbol{C}$,$\boldsymbol{K}$矩阵，以及它们之间相互作用矩阵，可组集得到车-轨整体系统的M,C,K矩阵和荷载列阵P。而且这些系统矩阵是时变的，在每个时刻都应重新组集，系统矩阵C,K是非对称的。

5.3.3 车-轨系统耦合运动方程的积分求解

车辆-轨道耦合运动微分方程可统一表示为：

$$\left.\begin{aligned} &\boldsymbol{M}\ddot{\boldsymbol{q}}+\boldsymbol{C}\dot{\boldsymbol{q}}+\boldsymbol{K}\boldsymbol{q}=\boldsymbol{P}\\ &\{x\}_{t0}=\{x_0\}\\ &\{\dot{x}\}\{\dot{x}_0\}\end{aligned}\right\} \tag{5-12}$$

式中 $\boldsymbol{M}$——车-轨整体系统的质量矩阵；

$\boldsymbol{C}$——车-轨整体系统的阻尼矩阵；

$\boldsymbol{K}$——车-轨整体系统的刚度矩阵；

$\{x\}$——车-轨整体系统的系统位移列阵，与时间t相关；

$\boldsymbol{P}$——车-轨整体系统的系统荷载列阵。

对方程的求解采用数值积分方法。所谓直接积分就是在逐步积分之前，方程(5-12)不经过变换。基本思想一是，将本来应寻求的、任何时刻t都满足方程(5-12)的位移向量$\{x(t)\}$代之以寻求仅在离散时刻点$t_i(i=1,2,3,\cdots)$满足这一组方程的$\{x_{t1}\}$。一般来讲，$\{x_{t1}\}$与$\{x(t_i)\}$总有某种程度的差异，故所得的解为近似解。其误差大小依赖于积分每一步的截断误差和舍入误差，以及每步产生的误差在以后各步中的传播情况。前者与积分步长有关，后者则取决于算法本身的稳定性。为了提高计算精度、稳定性和较低计算费用，逐步积分的基本思想二是，在每个时间间隔Δt内，位移、速度、加速度是被假设为遵循某种变化规律，从而引出各种算法，如常用的直接积分方法有：中心差分法、Wilson(威尔逊)-θ法、Newmark(纽马克)β法等。

(1) Newmark β算法的求解原理

根据动力学方程(5-12)，当在t时刻的响应$\{x\}_t$、$\{\dot{x}\}_t$、$\{\ddot{x}\}$已知时，可进一步求解在时刻$t+\Delta t$的响应值$\{x\}_{t+\Delta t}$、$\{\dot{x}\}_{t+\Delta t}$、$\{\ddot{x}\}_{t+\Delta t}$。此时必有

$$M\dot{x}_{t+\Delta t}+C\dot{x}_{t+\Delta t}+Kx_{t+\Delta t}=Q_{t+\Delta t} \tag{5-13}$$

$\{\dot{x}\}_{t+\Delta t}$为在$[t,t+\Delta t]$时间间隔内的速度，Newmark β 法首先假定其内的加速度为介于$\{\ddot{x}\}_t$和$\{\ddot{x}\}_{t+\Delta t}$之间的某一常数，即：

$$\{\ddot{x}\}=\{\ddot{x}\}_t+\gamma\{\ddot{x}\}_{t+\Delta t}-\{\ddot{x}\}_t \quad (0\leqslant\gamma\leqslant 1) \tag{5-14}$$

假如取 $\gamma=0.5$，则在此时段内的加速度为：$\{\ddot{x}\}=\dfrac{1}{2}(\{\ddot{x}\}_{t+\Delta t}+\{\ddot{x}\}_t)$，实质上就是平均加速度。于是，对一般情况取$\{\dot{x}\}_{t+\Delta t}$以 t 时刻为原点的一阶泰勒展开式

$$\{\dot{x}\}_{t+\Delta t}=\{\dot{x}\}_t+\{\tilde{\ddot{x}}\}\Delta t \tag{5-15}$$

将式(5-14)代入式(5-15)有

$$\{\dot{x}\}_{t+\Delta t}=\{\dot{x}\}_t+(1-\gamma)\{\ddot{x}\}_t\Delta t+\gamma\{\ddot{x}\}_{t+\Delta t}\Delta t \tag{5-16}$$

可以采用泰勒级数展开，得到如下形式：

$$\{x\}_{t+\Delta t}=\{x\}_t+\{\dot{x}\}_t\Delta t+\frac{1}{2}\{\tilde{\ddot{x}}\}\Delta t^2 \tag{5-17}$$

采用与式(5-14)类似的加速度表示式，但选取不同的控制常数 δ，使

$$\{\tilde{\ddot{x}}\}=\{\ddot{x}\}_t+2\delta(\{\ddot{x}\}_{t+\Delta t}-\ddot{x}\}_t) \quad (0\leqslant\delta\leqslant 0.5) \tag{5-18}$$

将式(5-18)代入式(5-17)得

$$\{x\}_{t+\Delta t}=\{x\}_t+\{\dot{x}\}_t\Delta t-(0.5-\delta)\{\ddot{x}\}_t\Delta t^2+\delta\{\ddot{x}\}_{t+\Delta t}\Delta t^2 \tag{5-19}$$

原则上，只要选取适当的 γ 和 δ，在已知 t 时刻的各位移向量$\{x\}_t$、$\{\dot{x}\}_t$、$\{\ddot{x}\}_t$的条件下，即可通过三组控制方程(5-13)、(5-18)、(5-19)解得经过 Δt 时间后的响应向量$\{x\}_{t+\Delta t}$、$\{\dot{x}\}_{t+\Delta t}$、$\{\ddot{x}\}_{t+\Delta t}$。具体做法是将式(5-19)中的$\{\ddot{x}\}_{t+\Delta t}$用$\{x\}_{t+\Delta t}$表示，再代入式(5-18)得$\{\dot{x}\}_{t+\Delta t}$用$\{x\}_{t+\Delta t}$表示，最后将$\{\ddot{x}\}_{t+\Delta t}$和$\{\dot{x}\}_{t+\Delta t}$代入式(5-13)，解得$\{x\}_{t+\Delta t}$，再返回求得$\{\ddot{x}\}_{t+\Delta t}$和$\{\dot{x}\}_{t+\Delta t}$。具体表示如下：

$$\{\ddot{x}\}_{t+\Delta t}=\frac{1}{\delta\Delta t^2}(\{x\}_{t+\Delta t}-\{x\}_t)-\frac{1}{\delta\Delta t^2}\{\dot{x}\}_t-\left(\frac{1}{2\delta}-1\right)\{\ddot{x}\}_t \tag{5-20}$$

$$\{\dot{x}\}_{t+\Delta t}=\{\dot{x}\}_t+\Delta t(1-\gamma)\{\ddot{x}\}_t-\gamma\Delta t\{\ddot{x}\}_{t+\Delta t} \tag{5-21}$$

将式(5-20)、(5-21)代入式(5-13)得

$$\overline{K}\{x\}_{t+\Delta t}=\{\overline{Q}\}_{t+\Delta t} \tag{5-22}$$

其中，

$$\overline{K}=K+\frac{1}{\delta\Delta t^2}M+\frac{\gamma}{\delta\Delta t}C$$

$$[\overline{Q}]_{t+\Delta t}=[Q]_{t+\Delta t}+M\cdot\left[\frac{1}{\delta\Delta t^2}\{x\}_t+\frac{1}{\delta\Delta t}\{\dot{x}\}_t+\left(\frac{1}{2\delta}-1\right)\{\ddot{x}\}_t\right]+$$

$$C\cdot\left[\frac{1}{\delta\Delta t}\{x\}_t+\left(\frac{\gamma}{\delta}-1\right)\{\dot{x}\}_t+\frac{\Delta t}{2}\left(\frac{\gamma}{\delta}-2\right)\{\ddot{x}\}_t\right] \tag{5-23}$$

式中，$\overline{K}$ 称为等效刚度矩阵，与时间无关；$[\overline{Q}]_{t+\Delta t}$ 称为等效荷载向量，与时间无关。

这样求解方程组(5-22)属常规计算，解得$\{x\}_{t+\Delta t}$，再返回到式(5-20)、(5-21)可求得相应的$\{\ddot{x}\}_{t+\Delta t}$和$\{\dot{x}\}_{t+\Delta t}$，然后从 $t+\Delta t$ 时刻的响应向量出发，重复上述过程，即可求得以后各时刻的响应向量。可以证明，当 $\gamma\geqslant0.5$、$\delta\geqslant(1+\gamma)^2$ 时，Newmark 算法是无条件稳定的。在此条件下，计算结果的精度与所选择的时间步长有关，同时也和载荷时间历程、系统的阻尼和频率等有关。

(2) Newmark 算法的解题步骤

① 计算初始值

a. 形成系统刚度矩阵 K、质量矩阵 M、阻尼矩阵 C。

b. 定初始值$\{x\}_0$、$\{\dot{x}\}_0$、$\{\ddot{x}\}_0$。

c. 选择时间步长 Δt 及参数 γ、δ，并计算积分常数。

$$\gamma\geqslant0.5,\quad \delta\geqslant0.25(0.5+\gamma)^2 \tag{5-24}$$

$$\left.\begin{array}{l} a_0=\dfrac{1}{\delta\Delta t^2},\quad a_1=\dfrac{\gamma}{\delta\Delta t},\quad a_2=\dfrac{1}{\delta\Delta t},\quad a_3=\dfrac{1}{2\delta}-1 \\ a_4=\dfrac{\gamma}{\delta}-1,\quad a_5=\dfrac{\Delta t}{2}\left(\dfrac{\gamma}{\delta}-2\right),\quad a_6=\Delta t(1-\gamma),\quad a_7=\gamma\Delta t \end{array}\right\} \tag{5-25}$$

d. 形成等效刚度矩阵 $\overline{K}$。

$$\overline{K}=K+a_0M+a_1C \tag{5-26}$$

e. 对 $\overline{K}$ 矩阵进行三角分解。

$$\overline{K}=LDL^{\mathrm{T}} \tag{5-27}$$

② 对每一时间步长的计算

a. 计算 $t+\Delta t$ 时刻的等效载荷。

$$\{\overline{Q}\}_{t+\Delta t}=\{Q\}_t+M(a_6\{x\}_t+a_2\{\dot{x}\}_t+a_3\{\ddot{x}\})+C(a_1\{x\}_t+a_4\{\dot{x}\}_t+a_5\{\ddot{x}\}_t) \tag{5-28}$$

b. 求解 $t+\Delta t$ 时刻的位移。

$$(LDL^{\mathrm{T}})\{x\}_{t+\Delta t}=\{\overline{Q}\}_{t+\Delta t} \tag{5-29}$$

c. 计算 $t+\Delta t$ 时刻的加速度与速度。

$$\{\ddot{x}\}_{t+\Delta t}=a_0(\{x\}_{t+\Delta t}-\{x\}_t)-a_2\{\dot{x}\}_t-a_3\{\ddot{x}\}_t \tag{5-30}$$

$$\{\dot{x}\}_{t+\Delta t}=\{\dot{x}\}_t+a_6\{\ddot{x}\}_t+a_7\{\ddot{x}\}_{t+\Delta t} \tag{5-31}$$

5.4　过渡段不平顺

轨道不平顺是引起轮-轨系统产生振动的主要根源，是影响行车稳定性和舒适性的主控因素，也是影响轨道结构动力效应和致使部件损伤失效的重要因素，因此，研究轨道不平顺是进行车-轨系统动力分析的先决条件。

刚度不平顺和几何不平顺同时存在于过渡段。根据调研分析，对于路-桥过渡段，与桥梁连接处的路堤一直是铁路路基的薄弱环节，一方面由于路堤与桥梁刚度差别较大而引起轨道刚度的突变，另一方面路堤与桥台沉降不一致，而导致轨面不平顺，因而引起列车与线路结构的相互作用增加，影响线路结构的稳定，影响列车高速、安全、舒适运行。

5.4.1　刚度不平顺

根据国外高速铁路、公路的实践经验，在路堤与桥梁间设置一定长度的过渡段，以控制轨道刚度的逐渐变化，并最大限度地减少路堤与桥梁的沉降不均匀而引起的轨面变形，可以保证列车高速、安全、舒适运行。在过渡段区域，由于轨下结构的刚度差异，在列车通行时，必然致使轨道路基的不同结构产生不同的动力响应。过渡段的刚度不平顺是通过大型激振试验测得的。试验测量桥台至普通路基共四个横断面，假设桥梁上和普通路基上的刚度都不变，则本书所取试验段路-桥过渡段路基刚度沿线路方向的变化如图 5-2 所示。

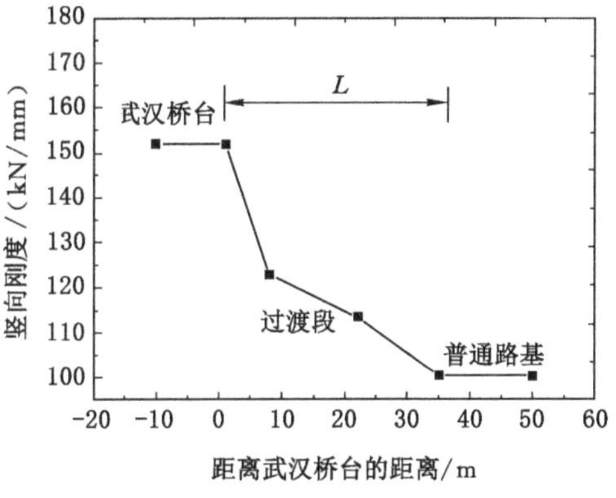

图 5-2　过渡段轨道基础刚度变化示意图

5.4.2　几何不平顺

土路基上铺设无砟轨道的核心问题是沉降控制，对路基土的下沉量起决定作用的是路基本体及地基的压密下沉，所要考虑的主要是由工后引起的沉降。国外可以采用较长的施工周期达到控制工后沉降的目的（德国 200 km/h 的高速铁路的工期达到 5～8 a），而我国只能依靠技术措施处理来尽量消除工后沉降的影响。《京沪高速铁路设计暂行规定》和《铁路特殊路基设计规范》规定 250～300 km/h 高速客运专线无砟轨道的路基工后沉降应控制在 30 mm 以内，过渡段处的工后沉降控制更为严格。尽管在设计和施工中采取了很多措施，但不可避免地，在土路基和刚性路基的连接处，仍然会产生沉降差异。这种轨道不平顺的存在会妨碍行车的稳定性和舒适性，严重的还会影响行车的安全性。如日本山阳新干线管理部辖区内的部分无砟板式轨道线路，由于通过跨海地区和软弱路基地段，轨道状况变化较大，尤其是轨道折角不平顺造成轨道高低不平顺大量存在，使得线路在从投入运营时就不得不限速运行。本书考虑到工后沉降的不易控制及其还存在发展的空间，计算中，把工后沉降限制在 30 mm 以内。路基填土的工后沉降导致的沉降差，将直接反映到轨面上，导致轨道的几何不平顺。这里考虑的两种不平顺形式，即轨面折角和由于沉降差而形成的类似四分之一波长的正弦形轨面不平顺。

（1）直线形（轨面折角）

在路-桥过渡段的动力学分析模型中，假设路基与桥台间的沉降差在过渡段范围内是线性变化的，并认为桥梁上和普通路基上沉降差是为 0 的，则轨面沉降差表达式可写为：

$$y = A\frac{vt}{L} = A\frac{X}{L} \tag{5-32}$$

式中，y 代表轨面沉降差，A 代表总的沉降差，L 为过渡段长度，X 代表计算点到过渡段起点的距离，v 为行车速度。

《新建时速 300～350 公里客运专线铁路设计暂行规定》要求路-桥、路-隧过渡段或任意两段路基沉降造成的折角不得大于 1/1000。本书计算时分别取折角为 0,0.75/1 000,1/1 000,3/1 000,4/1 000 五种情况进行对比分析。过渡段长度取为 20 m，轨面沉降差示意图如图 5-3 所示。

（2）正弦函数形式

$$y = \frac{A}{2}(1-\sin\frac{\pi}{2}\frac{vt}{L}) = \frac{A}{2}(1-\sin\frac{\pi}{2}\frac{x}{L}) \tag{5-33}$$

式中符号意义同前。

《新建时速度 300～350 公里客运专线铁路设计暂行规定》要求路基工后沉降量不得大于 30 mm，任意路基地段 20 m 长度范围的不均匀沉降不得大于 20 mm/20 m，路-桥、路-隧过渡段沉降差异造成的错台不大于 5 mm。本书计算时，过渡段长度以 20 m 为基本值，另外还计算了 L＝8 m，10 m，15 m，20 m，25 m

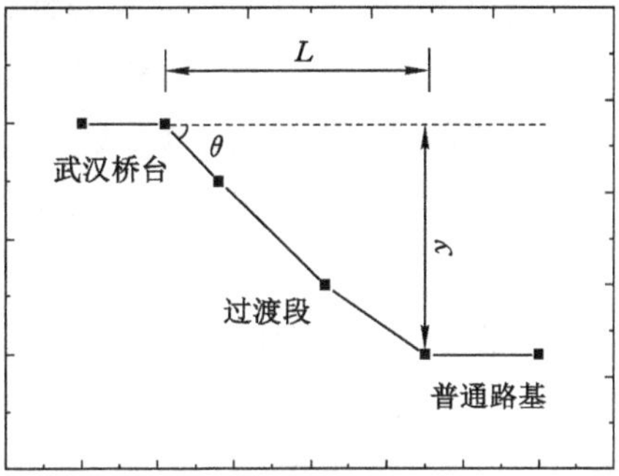

图 5-3　过渡段直线形轨面弯折变形示意图

和 30 m 等情况;沉降差以 20 mm 为基本值,另计算了沉降差异造成的错台(mm)1.0,2.0,3.0,4.0,5.0(无砟轨道规范要求),6.0,7.0 等情况。轨面沉降差示意图如图 5-4 所示。

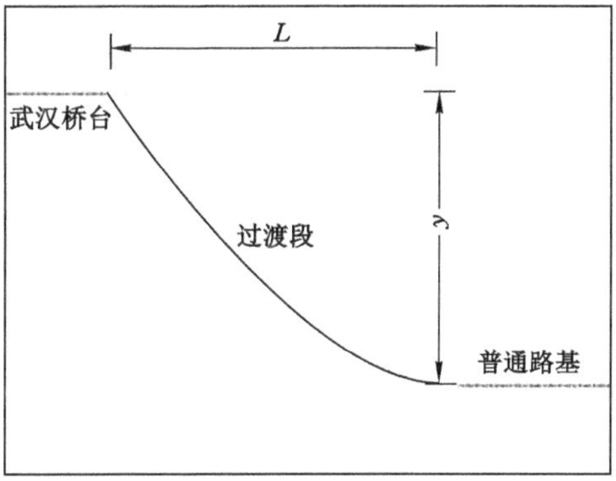

图 5-4　过渡段正弦形轨面弯折变形示意图

5.4.3　随机不平顺

在轨道线路不平顺激励中,还有一种非确定性不平顺。轮-轨系统中典型的非确定性激励为轨道随机不平顺。实际线路的几何状态受众多因素的影响往往表现为随机性,这些因素包括:钢轨初始弯曲,钢轨磨耗、伤损,轨枕间距不均、质量不一,基床的级配和强度不均、松动、脏污、板结,路基下沉不均匀、刚度变化等,它们的综合作用,构成了轨道不平顺的随机特性。受轨道随机不均匀的激励,车辆-轨道耦合系统会产生随机振动,一方面影响了旅客乘坐舒适性和货物运输平稳性,另一方面影响到机车车辆结构部件的疲劳伤损与运用可靠性,同时还影响到轨道结构部件疲劳破坏以及线路的变形累积等,反过来又加剧了轨道几何状态的恶化。

轨道随机不平顺的统计特性只能依靠线路实地测量获得，通过给出所测得轨道不平顺的功率谱密度(PSD)进行描述。目前，英、日、德、美、俄、印、捷克等国家都测定了各自的轨道随机不平顺的谱密度和相关函数。

我国现在还没有设计出标准的轨道不平顺功率谱。但是，铁道科学研究院等科研单位已经进行了大量的研究。1982 年铁道科学研究院的罗林等讨论了各种轨道不平顺的测量方法，用惯性基准法测量了轨道随机不平顺，并对大量轨检车实测的不平顺数据进行了分析处理，列举了平稳的轨道不平顺的样本，并给出了功率谱密度。1985 年长沙铁道学院随机振动研究室将轨道不平顺分为弹性和几何不平顺，对先后三次用地面测试方法在京广线测定的轨道不平顺进行分析，不仅得到了各种不平顺谱，而且给出了我国Ⅰ级干线轨道不平顺功率谱密度的解析表达式。

20 世纪 90 年代末，铁道科学研究院对我国轨道不平顺进行了深入细致的研究，在我国东南西北各主要干线约 4 万千米轨检车检测数据和部分地面测量数据的基础上，经筛选、分类处理、统计分析，提出了我国主要干线高低、水平、轨向三种轨道不平顺和其他类型轨道长波长不平顺的功率谱密度，其中包括重载线、提速线、准高速线、高速试验线、不同轨道结构以及特大桥梁等各种情况下的轨道不平顺功率谱密度。本书运用了德国高速轨道谱，具体如下(Ω 为空间频率)。

(1) 高低不平顺

$$S_v(\Omega)=\frac{A_v\Omega_c^2}{(\Omega^2+\Omega_r^2)(\Omega^2+\Omega_c^2)}\quad \mathrm{m^2\cdot m/rad} \tag{5-34}$$

(2) 方向不平顺

$$S_a(\Omega)=\frac{A_a\Omega_c^2}{(\Omega^2+\Omega_r^2)(\Omega^2+\Omega_c^2)}\quad \mathrm{m^2\cdot m/rad} \tag{5-35}$$

(3) 水平不平顺

$$S_c(\Omega)=\frac{A_v b^{-2}\Omega_c^2\Omega^2}{(\Omega^2+\Omega_r^2)(\Omega^2+\Omega_c^2)(\Omega^2+\Omega_s^2)}\quad \mathrm{m^2\cdot m/rad} \tag{5-36}$$

(4) 轨距不平顺

$$S_g(\Omega)=\frac{A_v\Omega_c^2\Omega^2}{(\Omega^2+\Omega_r^2)(\Omega^2+\Omega_c^2)(\Omega^2+\Omega_s^2)}\quad \mathrm{m^2\cdot m/rad} \tag{5-37}$$

粗糙度系数和截断频率见表 5-4，其中 A_g 是基于轨距不平顺在 $-3\sim3$ mm 内变化经试算得出的参考值。

表 5-4　德国轨道谱粗糙度系数及截断频率

轨道级别	Ω_c /(rad/m)	Ω_r /(rad/m)	Ω_s /(rad/m)	A_a /(10^{-7} m/rad)	A_v /(10^{-7} m/rad)	A_g /(10^{-7} m/rad)
低干扰	0.824 6	0.020 6	0.438 0	2.119	4.032	0.532
高干扰	0.824 6	0.020 6	0.438 0	6.125	10.8	1.032

低干扰可使用于德国时速 250 km/h 以上的高速铁路。本书中就以此轨道谱为依据进行分析。

5.5　车线耦合模型程序的编制

为了较为全面地研究车线耦合动力分析，本书采用 FORTRAN 语言编制了车线平面耦合系统动力分析程序和模拟轨面粗糙度的程序。下面将对这两个程序做较为详细的介绍。程序框图见图 5-5。

5.5.1　车辆-轨道耦合系统动力分析程序

车线平面耦合系统动力分析程序主要包括五个模块，即前处理模块、静力分析模块、子空间迭代法自振特性分析模块、车轨耦合分析模块和求解模块。

(1) 前处理模块

该模块主要用来实现轨道-路基结构的前处理。首先通过 ANSYS 等大型通用有限元软件建立路-桥过渡段轨道-路基有限元模型，进行模态分析，并调出模型参数(如坐标、截面特性和材料特性)，从而形成数据文件，然后通过读入轨道结构数据文件，形成程序的轨道-路基的有限元模型。由于路-桥过渡段轨道-路基系统的复杂性，本章借助于 ANSYS 强大的用户界面建模处理能避免程序建模中出错。该模块中目前含有梁单元、弹簧-阻尼和实体单元，可以对轨道-路基结构进行离散化。

(2) 静力分析模块

该模块主要是进行结构的静力分析，该静力分析模块能进一步与 ANSYS 建立的有限元模型静力分析计算结果进行对比，进一步校核程序所建模型的正确性。

(3) 子空间迭代法自振特性分析模块

该模块可计算出结构的各阶自振频率和振型，并输出质量归一化的振型；同时该模块还计算了振型参与质量。此模块的建立是为了进一步与 ANSYS 建立的有限元模型自振特性分析计算结果进行对比，更进一步校核程序所建模型的正确性。

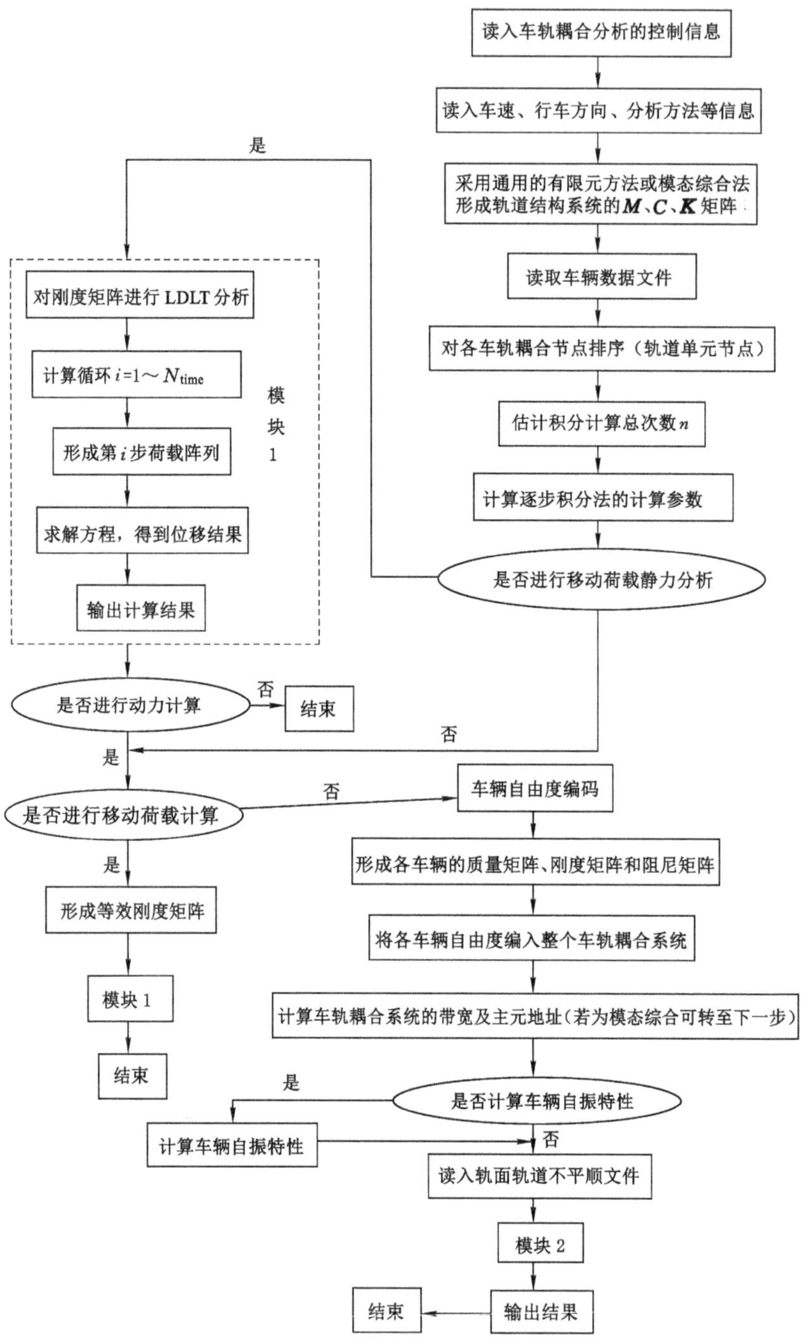
读入车轨耦合分析的控制信息
读入车速、行车方向、分析方法等信息
采用通用的有限元方法或模态综合法形成轨道结构系统的M、C、K矩阵
读取车辆数据文件
对各车轨耦合节点排序（轨道单元节点）
估计积分计算总次数n
计算逐步积分法的计算参数
是否进行移动荷载静力分析
是
对刚度矩阵进行LDLT分析
计算循环i=1～Ntime
形成第i步荷载阵列
求解方程，得到位移结果
输出计算结果
模块1
是否进行动力计算
否
结束
否
是
是否进行移动荷载计算
否
是
形成等效刚度矩阵
模块1
结束
车辆自由度编码
形成各车辆的质量矩阵、刚度矩阵和阻尼矩阵
将各车辆自由度编入整个车轨耦合系统
计算车轨耦合系统的带宽及主元地址(若为模态综合可转至下一步)
是否计算车辆自振特性
是
计算车辆自振特性
否
读入轨面轨道不平顺文件
模块2
输出结果
结束

(a) 总图

图5-5 程序框图

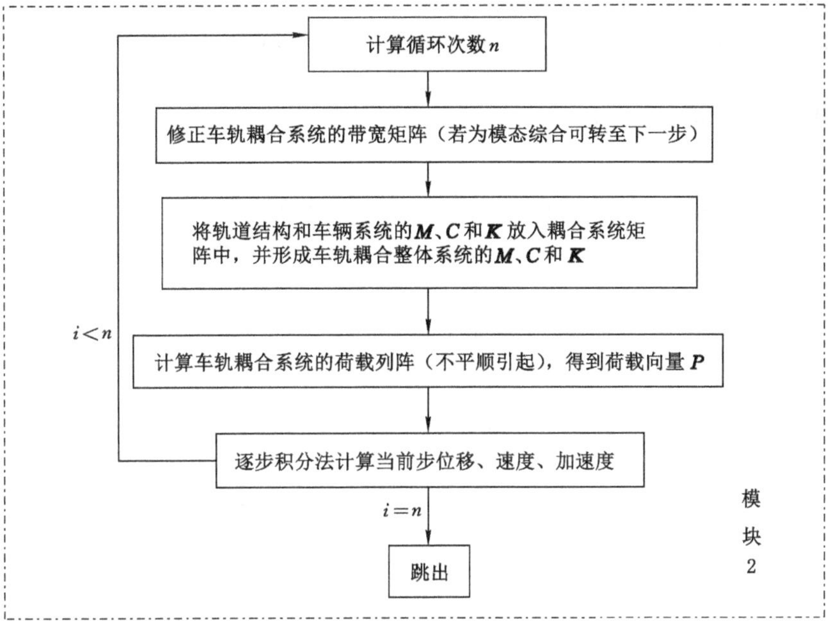

(b) 模块 2

图 5-5(续)

(4) 车轨耦合分析模块

该模块含有两个子模块，其一是有限元分析模块，其二是模态叠加分析模块。有限元分析模块采用前述由 ANSYS 软件所建立的轨道-路基结构的有限元模型，通过模态分析生成 $\boldsymbol{M}$、$\boldsymbol{C}$、$\boldsymbol{K}$ 矩阵，然后生成车辆矩阵和车轨相互作用矩阵，从而形成车辆-轨道-路基整体系统矩阵。而模态叠加模块则将轨道-路基结构采用模态坐标形成系统矩阵，然后生成车辆矩阵和车轨相互作用矩阵，最后形成车辆-轨道-路基整体系统矩阵。

(5) 求解模块

该模块是根据模块 2 形成的系统矩阵，采用逐步积分求解方法求解系统响应。该分析模块包括 Newmark β、Wilson-θ 法和中心差分法等积分方法。

5.5.2 轨面粗糙度的程序说明

大量研究表明轨道不平顺及粗糙度是引起车辆和轨道空间耦合振动的重要因素。因此有必要在车轨耦合中引入轨道不平顺。本程序主要是模拟轨面以及轨道梁的不平顺。

该分析模块包括过渡段几何不平顺模块、德国高速铁路轨道不平顺模块、美国六级线路谱模块和中国干线轨道不平顺模块。计算时根据计算要求将选择随机不平顺和过渡段几何不平顺叠加，从而生成过渡段轨面不平顺文件。本书计算时采用德国高速轨道谱和现行几何不平顺谱叠加而得。

5.6 实例计算

一个模型是否正确，终需实测数据来验证，本书对第四章所建无砟轨道路-桥过渡段轨道-路基进行模态分析，结构的前四阶竖向模态阵型图如图 5-6 所示。

(a) 第一阶模态阵型图 (16.85 Hz)

(b) 第二阶模态阵型图 (21.46 Hz)

(c) 第三阶模态阵型图

(d) 第四阶模态阵型图

图 5-6 路-桥过渡段轨道-路基系统前几阶阶模态阵型图

提取结构模态参数后，用本章程序进行计算。其中，列车速度为 350 km/h，过渡段不平顺由正弦函数形式的几何不平顺（过渡段长度为 20 m，沉降差异造成的错台取 1 mm，）与德国高速轨道谱不平顺叠加而得。经计算，距离武汉台尾 15 m 远的横断面在基床表层表面处加速度时程曲线和位移时程曲线如图 4-7所示。

为了进一步验证过渡段有限元模型的可靠性，笔者将列车速度为 350 km/h 时的实测结果与模态叠加法计算结果进行了对比，由于没有车体动响应的实测结果，因此表 5-5 列出了轨道-路基不同深度路基的动响应幅值，并分别列出了由 ANSYS 计算结果和模态叠加法计算结果相比实测值的相差百分数。

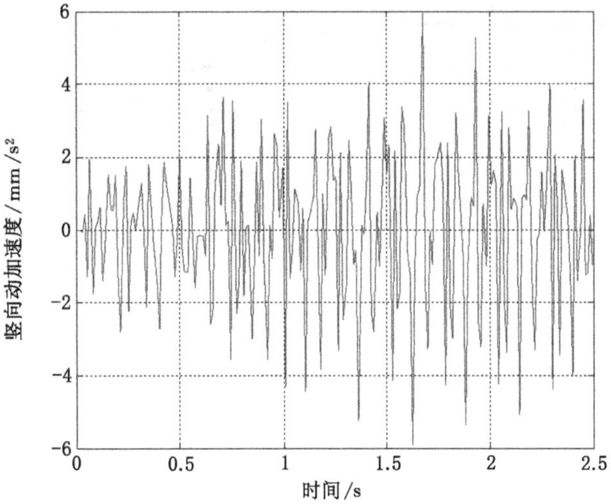

(a) 竖向动加速度

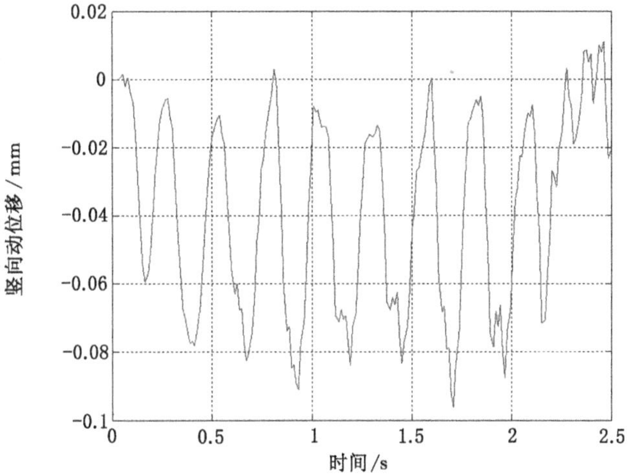

(b) 竖向动位移

图 5-7　路-桥过渡段某截面动态响应随时间变化

表 5-5　模态叠加法计算结果与其他结果对比

	动加速度/(m/s²)			动应力/kPa			动位移/mm		
	钢轨	基表	基底	钢轨	基表	基底	钢轨	基表	基底
实测值	256	7.22	2.52		11.26	8.67	—	0.038	0.025
ANSYS	279	8.03	3.13		10.10	7.88	1.72	0.043	0.027

表 5-5(续)

	动加速度/(m/s^2)			动应力/kPa			动位移/mm		
	钢轨	基表	基底	钢轨	基表	基底	钢轨	基表	基底
模态叠加法	267	7.86	2.85		11.41	8.22	1.70	0.042	0.023
模-实/%	4.30	8.86	13.10		1.33	−5.19		10.53	−8.00
模-ANSYS/%	−4.30	−2.12	−8.95		12.97	4.31	−1.16	−2.33	−11.11

注:"模-实"指模态叠加法计算结果相比实测结果所增加百分数,"模-ANSYS"指模态叠加法计算结果相比 ANSYS 计算结果所增加百分数。

由上述分析不难发现,模态叠加法计算所得基床表层的加速度时程曲线和动位移曲线均能明显看见波峰和波谷,即轮载对路基加载和卸载过程,这与实测曲线和 ANSYS 计算结果都是吻合的。同时还发现,由模态叠加法算得的结果,除了基床底层动加速度与实测值相差相对较大,其他差值都在 15%以内,而模态叠加法计算结果和 ANSYS 计算结果的差值均在 15%以内。这说明本章所建立路-桥过渡段列车-轨道-路基模型是可靠的,可以用于工程中结构动力分析。

5.7 本章小结

(1) 系统地介绍了路-桥过渡段的刚度不平顺、几何不平顺和随机不平顺。

(2) 将整个车轨系统在车轮与轨面接触处划分为车辆与轨道两个子系统,建立了车辆-轨道-路基竖向动力系统模型,并编制了响应的分析程序。详细地介绍了本书程序的设计思想、程序框架。

(3) 通过实例计算,并与实测值和 ANSYS 计算的结果对比知,三者计算结果较为吻合,表明本书程序具有较好的通用性、可扩展性。

第6章 过渡段动力响应信号测试及分析

6.1 引言

随着近年来我国铁路建设的迅速发展，轨道-路基结构在高速列车作用下的动力响应研究受到广泛重视，大量的理论研究随之而开展，然而这些研究成果终需经过试验验证。我国 20 世纪 50 年代到 80 年代曾多次进行路基现场动力测试，得到了一些规律，但受条件限制，所测车速都不高，不能全面反映高速列车作用下轨道路基的动力特性。从 90 年代开始对准高速路基动力响应进行现场测试，铁道科学研究院在 1992 年 3—4 月间于北京东郊环行铁道试验基地进行的准高速列车运行试验，1994 年 9—10 月间在广深线进行了准高速铁路开通前的现场测试，同时在一些既有线上进行了大规模的客货列车提速试验（沪宁线、京秦线、沈山线、郑武线、胶济线、北京环线试验基地等），为路基的设计、评价以及理论分析提供或积累了基础资料。2001 年到 2002 年期间，在秦沈线长约 66.8 km 的综合试验段上国产“神州号”内燃机车、动力分散型“先锋号”电力动车组、国产动力集中型“中华之星”电力机车分别创造 207 km/h、292 km/h、321 km/h 的试验速度。随着我国大范围提速和新建高速铁路，已有测试的运行速度渐渐不能满足现阶段研究要求。因此，我国急需列车高速运行下路基动力测试数据，以便为高速铁路路基动力分析提供资料。2009 年 1 月在武广高速铁路武汉—咸宁试验段运行的“和谐号”动车组以 5 km/h～360 km/h 的试验运行速度，为高速铁路无砟轨道动力响应研究提供了实测资料。

6.2 信号分析

动态测试中，数据处理分析内容广泛，涉及的问题很多，然而归根结底是要得到真实、可靠的数据和结果，以便于找出事物的规律，其中时域分析和频域分析是动态数据处理中的最重要和最基本的方法。时域分析又称波形分析，是用信号的幅值随时间变化的图形或表达式来分析的，可以得到任一时刻的瞬时值或信号的最大值、最小值、均值、均方值。也可以通过信号的时域分解，研究其稳态分量与波动分量；进行信号的相关分析，可研究信号本身或相互之间的相似程度；研究信号幅值取值的分布状态，可了解信号幅值大小取值的概率及概率分布（又称幅值域分析）。测试信号的频域分析是把信号的幅值、相位或能量变换为以频率坐标轴表示，进而分析其频率特性的一种方法，又称为频谱分析，如幅值谱、相位谱、功率谱、幅值谱密度、能量谱密度、功率谱密度等。针对本书以路-桥过渡段在列车荷载作用下动响应幅值规律为研究目的，本章将对测试信号进行时频分析。

6.2.1 频域分析

对于一个振动信号或其他类型的随机信号，有时为了研究其内在规律，需要分析随机信号的周期性，这就需要将信号从时域变换到频域，得到的频谱中每个频率都对应信号的一个周期谐波分量。频谱分析是信号处理中最基本的分析方法之一，广泛应用于各种工程技术领域。自谱分析就是对一个信号进行频谱分析，包括幅值谱(PEAK)、幅值谱(RMS)、功率谱和功率谱密度等。

频谱分析通常使用一定长度（例如 1 024 点）FFT 分析方法，FFT 为快速傅立叶变换，傅立叶正变换定义为：$F(\omega)=\int_{-\infty}^{+\infty}f(t)e^{j\omega t}dt$，其中，$\omega=2\pi f$，$f(t)$ 为时域数据序列，$F(\omega)$ 为频域的谱函数序列。

由于频率分辨率的存在，以及时域信号为有限长度等，而使 FFT 分析结果具有泄露的可能，为此常常使用一些措施来消除，如平滑、加窗、能量修正、细化分析等。

6.2.2 小波去噪法

在实际工程中，有用信号通常表现为低频信号或是一些比较平稳的信号，而噪声信号则通常表现为高频信号。小波变换具有一种“集中”的能力，可以使一个信号的能量在小波变换域中集中于少数系数上，值比较小的小波系数在很大程度上是噪声。采用阈值的方法可以把信号小波系数保留，而使大部分噪声小波系数减少至零。那么相对来说这些系数的取值必然大于小波域内能量分散于大量系数上的噪声的小波系数值。含有噪声的一维信号可以表示成如下形式：

$$s(i)=f(i)+u(i)\quad (i=1,2,3,\cdots,n-1)$$

其中，$f(i)$为真实信号；$u(i)$为高斯白噪声；$s(i)$为含噪声的信号。对信号 $s(i)$ 进行消噪的目的就是要抑制信号中的噪声部分，从而在 $s(i)$中恢复出真实信号 $f(i)$。

6.2.3 数值积分

在振动信号测试过程中，由于仪器设备或测试环境的限制，有的物理量往往需要通过对采集到的其他物理量进行转换处理才能得到，例如，将加速度振动信号转换成速度或位移信号。

常用的转换处理方法有积分和微分。常用的积分方法有梯形法、数值积分法、变步长积分法、牛顿-柯特斯积分法等。数值积分方法的基本思想都是将整个积分区间$[a,b]$分成 n 个子区间$[x_i,x_{i+1}]$，$i=1,2,\cdots,n$，其中 $x_1=a$，$x_{n+1}=b$。这样求定积分问题就分解为求和问题了。本书所用积分法为梯形数值积分法。

6.2.4 平滑处理

通过数据采集器采样得到的振动信号数据往往叠加有噪声信号，噪声信号除了 50 Hz 的工频及其倍频程等周期性的干扰信号外，还有不规则的随机干扰信号。由于随机干扰信号的频带较宽，有时高频成分所占比例还很大，而使得由采集到的离散数据绘成的振动曲线上呈现许多毛刺，很不光滑。为了降低干扰信号的影响，提高振动曲线光滑度，常常需要对采样数据进行平滑处理。

另外，数据平滑还有一个特殊的用途，即消除信号的不规则趋势项。在振动测试过程中，有时测试仪器由于受到意外干扰，而造成个别测点的采样信号产生偏离基线较大，形状又不规则的趋势项，可以用滑动平均法对这个信号进行多次数据平滑处理，得到一条光滑的趋势项曲线，用原始信号减去趋势项，即消除了信号的不规则趋势项。

常用的两种平滑处理方法如下。

(1) 平均法

平均法的基本计算公式为

$$y_i=\sum_{n=-N}^{N}h_n x_{i-n}\quad(i=1,2,\cdots,m)\tag{6-1}$$

加权平均因子必须满足下式：

$$\sum_{n=-N}^{N}h_n=1\tag{6-2}$$

对于简单平均法 $h_n=1/(2N+1)$，其中，$n=0,1,2,\cdots,N$，即

$$y_i=\frac{1}{2N+1}\sum_{n=-N}^{N}x_{i-n}\tag{6-3}$$

对于加权平均法，若做五点加权平均($N=2$)，可取

$$\{h\}=(h_{-2},h_{-1},h_0,h_1,h_2)=\frac{1}{9}(1,2,3,2,1)\tag{6-4}$$

式中，x 为采样数据；y 为平滑处理后的结果；m 为数据点数；$2N+1$ 为平均点数（N 为平滑次数）；h 为加权平均因子，若将式(6-1)看作一个滤波公式，h 还可以称为滤波因子。

利用最小二乘法原理对离散数据进行线性平滑的方法称为直线滑动平均法，五点滑动平均（$N=2$）的计算公式为

$$\left.\begin{aligned}
y_1 &= \frac{1}{5}(3x_1+2x_2+x_3-x_4)\\
y_2 &= \frac{1}{10}(4x_1+3x_2+2x_3+x_4)\\
&\vdots\\
y_i &= \frac{1}{5}(x_{i-2}+x_{i-1}+x_i+x_{i+1}+x_{i+2})\\
&\vdots\\
y_{m-1} &= \frac{1}{10}(x_{m-2}+2x_{m-2}+3x_{m-1}+4x_m)\\
y_m &= \frac{1}{5}(-x_{m-3}+x_{m-2}+2x_m-1+3x_m)
\end{aligned}\right\}(i=3,4,\cdots,m-2) \quad (6\text{-}5)$$

（2）五点三次平滑法

五点三次平滑法是利用最小二乘原理对离散数据进行三次最小二乘多项式平滑的方法，五点三次平滑法计算公式为

$$\left.\begin{aligned}
y_1 &= \frac{1}{70}[69x_1+4(x_2+x_4)-6x_3-x_5]\\
y_2 &= \frac{1}{35}[2(x_1+x_5)+27x_2+12x_3-8x_4]\\
&\vdots\\
y_i &= \frac{1}{35}[x_{i-2}+x_{i-1}+x_i+x_{i+1}+x_{i+2}]\\
&\vdots\\
y_{m-1} &= \frac{1}{35}[2(x_{m-4}+x_m)-8x_{m-3}+12x_{m-2}+27x_{m-1}]\\
y_m &= \frac{1}{70}[-x_{m-4}+4(x_{m-3}+x_{m-1})-6x_{m-2}+69x_m]
\end{aligned}\right\}(i=3,4,\cdots,m-2)$$

$$(6\text{-}6)$$

五点三次平滑法可以用于时域和频域信号平滑处理。该处理方法对于时域

数据的作用主要是能减少混入振动信号中的高频随机噪声。而对于频域数据的作用则是能使谱曲线变得光滑，以便在模态参数识别中得到较好的拟合效果。需要注意的一点是，频域数据经过五点三次平滑法使得谱曲线中的峰值降低，体形变宽，可能造成识别参数的误差增大，因此，平滑次数不宜太多。本书采用此平滑方法，平滑次数取 50 次。

6.2.5　随机数据时域统计

本书利用已有实测数据，考虑到在路-桥过渡段右线 DK1252＋855 断面基床表层顶面埋有加速度计元件能获取竖向动加速度，也埋有拾振器元件能获得竖向振动速度，因此，本书选择对列车速度为 300 km/h 时所测加速度数据进行分析，并积分获得积分速度与所测速度进行对比。图 6-1 为此法处理数据的流程图。由右线加速度积分获取的速度最大值为 0.004 4 m/s，而左线拾振器所测速度最大值为 0.004 2 m/s，其相差百分数为 4.5%，可见，经过本书所述软阈值滤波后的加速度积分所得的信号是比较具有可信度的。

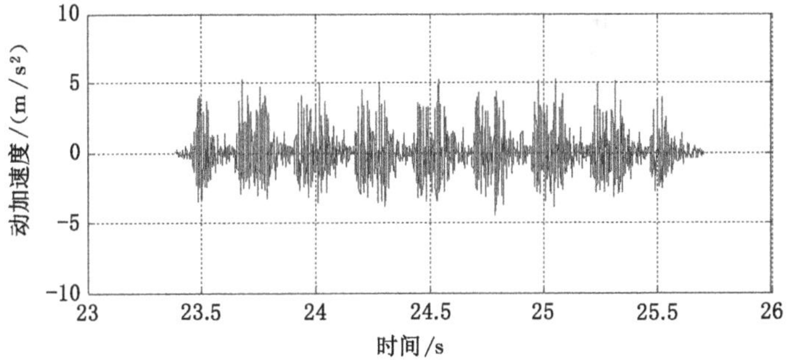

(a) 原始加速度信号

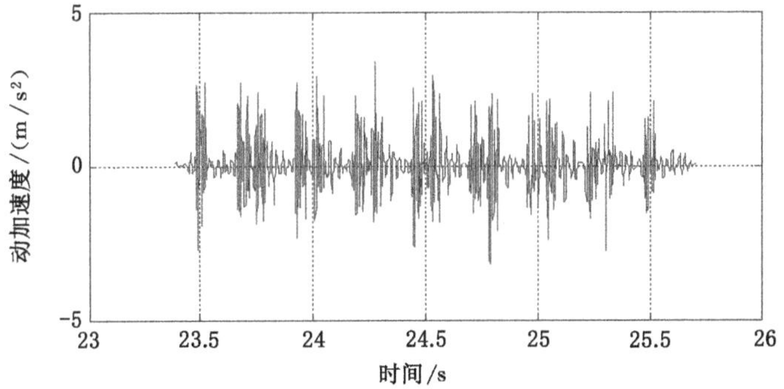

(b) 经过小波滤波后的加速度信号

图 6-1　现场实测数据处理流程图

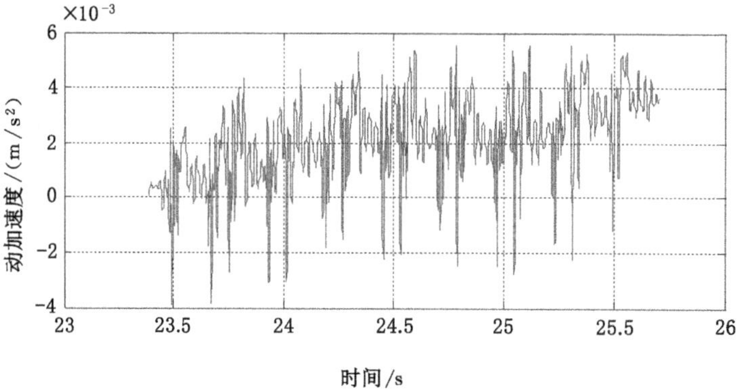

(c) 积分后获得振动速度信号

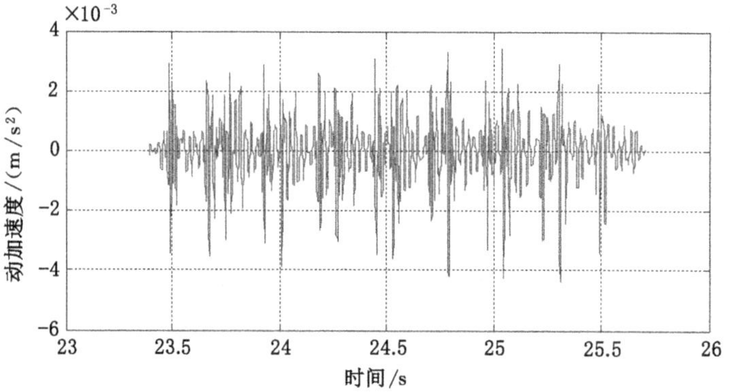

(d) 消除趋势项后的振动速度信号

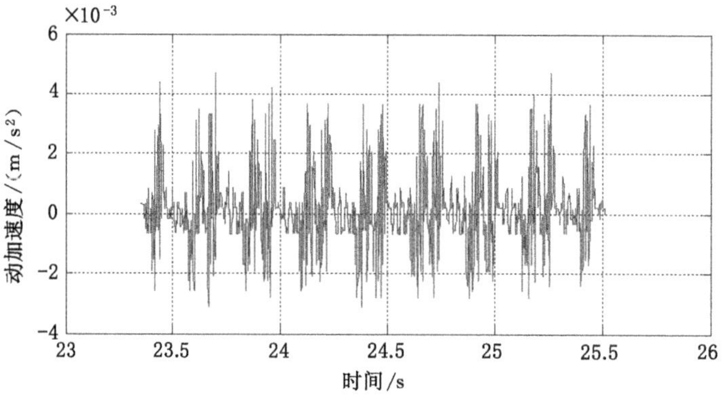

(e) 实测振动速度信号

图 6-1(续)

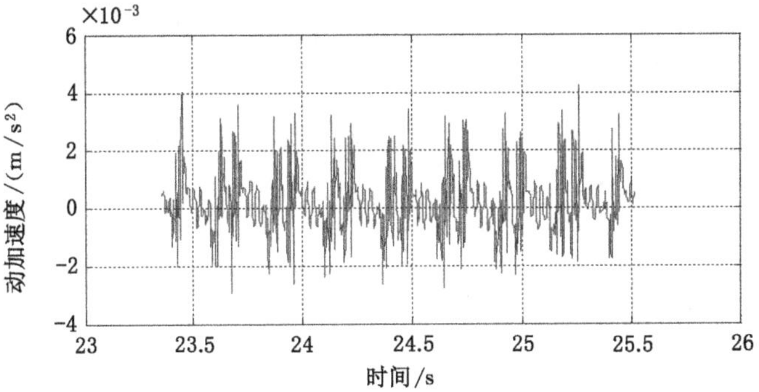

(f) 经过小波滤波后的实测振动速度信号

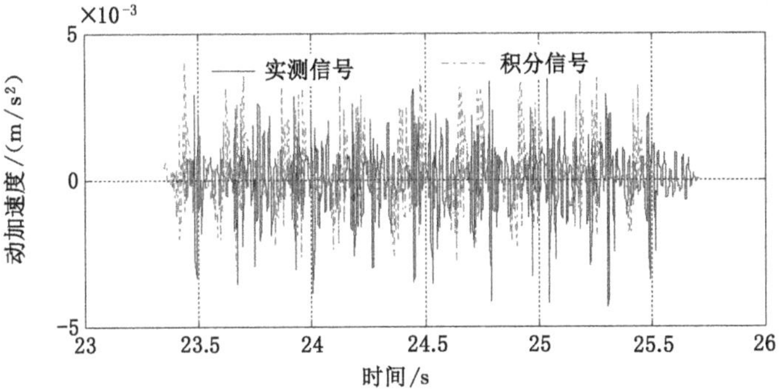

(g) 实测振动速度与通过加速度积分所得振动速度对比

图 6-1(续)

对于已处理好的信号,本章将进行如下分析。

(1) 均方值、均值和方差的处理计算

信号 $x(t)$均方值 $E[x^2]$,定义为 $x^2(t)$的平均值,或称平均功率 ψ_x^2。而 ψ_x 称为均方根值,也可用于描述该信号的一般强度,它表示为:

$$\psi_x^2=E[x^2(t)]=\lim_{T\to\infty}\frac{1}{T}\int_0^T x^2(t)\mathrm{d}t \tag{6-7}$$

在处理实际问题中,常常把物理数据看作静态分量(即不随时间变化的分量)和动态分量(即波动分量)之和。静态分量可以用均值,即 $E[x(t)]$来描述,它表示为:

$$\mu_x=E[x(t)]=\lim_{T\to\infty}\frac{1}{T}\int_0^T x(t)\mathrm{d}t \tag{6-8}$$

式中,T 为观察时间。

动态分量则用方差 σ_x^2 描述,而 σ_x 称为均方差或标准差。方差 σ_x^2 是瞬时值减云均值的简单均方值，表示为：

$$\sigma_x^2 = E[(x - E[x])^2] = \lim_{T\to\infty} \frac{1}{T}\int_0^T [x(t) - \mu_x]^2 \mathrm{d}t \tag{6-9}$$

上述三者之间的关系：$\psi_x^2 = \mu x^2 + \sigma_x^2$，较好地描述了信号由静态分量和动态分量的组成。

(2) 概率密度函数的处理计算

随机数据的概率密度函数，表示瞬时数据值落在某指定范围内的概率，用$P[x<x(t)\leqslant x+\Delta x]$表示，$T_x=\Delta t_1+\Delta t_2+\cdots$表示信号瞬时值落在$(x, x+\Delta x)$区间的时间，则随机信号的概率密度函数定义为

$$p(x) = \lim_{\Delta x\to 0} \frac{P[x < x(t) \leqslant x + \Delta x]}{\Delta x} \tag{6-10}$$

对于各态历经过程，有

$$p(x) = \lim_{\Delta x\to 0} \frac{1}{\Delta x}\left[\lim_{T\to\infty} \frac{T_x}{T}\right] \tag{6-11}$$

用概率密度函数表示均值、均方值时，有

$$u_x = \int_{-\infty}^{+\infty} x p(x) \mathrm{d}x \tag{6-12}$$

$$\psi_x = \int_{-\infty}^{+\infty} x^2 p(x) \mathrm{d}x \tag{6-13}$$

概率分布函数(累积概率)是瞬时值小于或等于某值的概率，表示了落在某一区间的概率，表达式如下：

$$F(X) = \int_{-\infty}^{X} p(x) \mathrm{d}x = P[-\infty < x(t) \leqslant X] \tag{6-14}$$

(3) 联合概率密度函数分析

两个或几个随机样本记录的联合概率密度函数，代表两个或几个样本记录值在某瞬间同时落在某指定范围内的概率。$x(t)$值落在范围$(x, x+\Delta x)$内，而$y(t)$值同时落在范围$(y, y+\Delta y)$内的联合概率可以从T_{xy}/T_L的比值得到。这里T_{xy}是观察时间T_L内，样本$x(t)$和$y(t)$同时分别落在$(x, x+\Delta x)$及$(y, y+\Delta y)$区域中的总时间。当T趋于无穷大时，此比值将趋于正确值：

$$p(x, y) = \lim_{\substack{\Delta x\to 0\\ \Delta y\to 0}} \frac{1}{\Delta x \Delta y}\left(\lim_{T\to\infty} \frac{T_{xy}}{T}\right) \tag{6-15}$$

(4) 柯尔莫哥洛夫检验法

柯尔莫哥洛夫检验法又称 K 检验法。检验假设H_0：$F(x)=F_0(x)$，其中$F_0(x)$，是完全已知的连续型分布函数。当样本容量n充分大时，$F_n^*(x)$与总体分布函数相当接近，所以当H_0成立且n较大时，$F_n^*(x)$与$F_0(x)$的差异不

应太大。数学家柯尔莫哥洛夫提出用统计量 $D_n=\sup\limits_{-\infty<x<\infty}|F_n^*(x)-F_0(x)|$ 作为 H_0 的检验统计量，并提出了 D_n 的精确分布和 $\sqrt{n}D_n$ 的极限分布 $Q(z)$。

由于 $F_n^*(x)$ 和 $F_0(x)$ 都是 x 的单调非降函数，所以 $|F_n^*(x)-F_0(x)|$ 的上临界可在 n 个点 $x_{(i)}$ 处找。因而，K 检验是在样本的每个顺序统计量 $X_{(i)}$ 上求 $F_n^*(x)$ 和 $F_0(x)$ 之间偏差中较大的一个，即求：

$$d_i=\max_{l<i<n}\left\{\left|F_0(x_i)-\frac{i-1}{n}\right|,\left|\frac{i}{n}-F_0(x_i)\right|\right\} \tag{6-16}$$

K 检验统计量 D_n 的取值就是

$$D_n=\max\{d_1,d_2,\cdots,d_n\} \tag{6-17}$$

当 H_0 成立时，D_n 的值应比较小，所以 K 检验法的步骤是：对给定的显著水平 α，当 $n\leqslant100$ 时，可通过表查到 $D_{n,\alpha}$，使 $P\{D_n>D_{n,\alpha}\}=\alpha$，由样本值 $(x_1,x_2,\cdots,x_n)$ 计算得 D_n 的值 $\hat{D}_n$，若 $\hat{D}_n>D_{n,\alpha}$，则拒绝 H_0，否则接受 H_0。当 $n>100$ 时，可以从统计量 D_n 的极限分布表查得 $\lambda_{1-\alpha}$，使 $P\{D_n>\lambda_{1-\alpha}/\sqrt{n}\}\approx1-Q(\lambda_{1-\alpha})=\alpha$，此时 $D_{n,\alpha}\approx\lambda_{1-\alpha}/\sqrt{n}$。

6.2.6　本章分析思路

分析中，过渡段的动力测试数据共有四种：动应力、动加速度、动速度、动位移；行车速度分布在 180 km/h 至 360 km/h。主要分析步骤如下。

(1) 频域分析。

(2) 时域分析并整理极值统计分析。

(3) 求动响应值沿纵向、深度方向的分布规律：根据元件的布置位置，及实测数据的具体情况，选择性地分析各种动响应值在路-桥过渡段内的分布规律。本书利用上述步骤统计分析的结果最大值、均值、95%上置信限和 99%上置信限等，分析这些统计值在路-桥过渡段上的分布规律。

本书动响应沿深度方向的分布规律用动响应衰减百分数来表示，比如动应力 σ 沿深度方向的衰减百分数可以表示为：

$$m=(\sigma_{基表}-\sigma_i)\times100/\sigma_{基表} \tag{6-18}$$

式中　m——动应力衰减百分数；

$\sigma_{基表}$——基床表层动应力；

σ_i——第 i 层动应力。

(4) 求行车速度、列车行驶方向、列车轴重及邻线行车等对动响应的影响：本书轴重对动响应的影响用动响应增加倍数来表示，比如不同轴重对动应力 σ 的影响可以表示为：

$$n=(\sigma_{轨}-\sigma_{动})/\sigma_{动} \tag{6-19}$$

式中 n——动应力增加倍数；

$\sigma_{轨}$——轨检车运行时某深度动应力均值；

$\sigma_{动}$——动车运行时某深度动应力均值。

本书邻线行车对动响应的影响用动响应所占百分数来表示，比如邻线行车对动应力 σ 的影响可以表示为：

$$K = \sigma_{邻} \times 100 / \sigma_{本} \tag{6-20}$$

式中 k——邻线行车时本线动应力所占本线行车时本线动应力的百分数；

$\sigma_{本}$——本线行车时的本线某深度动应力均值；

$\sigma_{邻}$——邻线行车时本线某深度动应力均值。

在以下动力分析过程中，武汉台尾为 DK1252＋888.27 横断面的桥台台尾的简称，以下图中“距离武汉台尾的纵向距离”表示距离 DK1252＋888.27 横断面的桥台台尾向小里程方向的距离。

6.3 动车试验概况

6.3.1 测试工点概况

测试工点概况见第 2.2 节。

6.3.2 测试仪器及元件埋设

为研究列车动荷载作用下过渡段线路纵向和深度方向在基床中的动响应变化规律，在过渡段路基的线路纵向和竖向都布设有传感器元件。

路-桥过渡段的动测元件有三种：动土压力盒、加速度计、拾振器。动土压力测试采用 DYB-5 型电阻应变式土压力盒，测试量程为 0.05～1.0 MPa，分辨率小于 0.083% FS，综合误差小于 0.8% FS；加速度测试采用 CA-YD-117 型压电式加速度计传感器，传感器的纵向灵敏度为 500 pC/g，频响范围为 0.3～3 000 Hz；位移传感器采用 891-Ⅱ型传感器，除测试动位移外，还可用于拾取加速度和速度信号，测试位移时其精度能达到 1×10^{-6} m。

本段路-桥过渡段是相对较高的桥台，研究的是路-桥过渡段本身的动力响应问题，路基共布设了 3 个 L-1 型、1 个 L-2 型、2 个 L-3 型、1 个 L-4 型动力特性检测剖面，如图 6-2 所示。这里列出其中三种测试断面，DK1252＋855 为 L-3 型，用于研究过渡段与非过渡段路基中各种动态响应的传递规律，DK1252＋863、DK1252＋875 和 DK1252＋880 为 L-2 型，DK1252＋869、DK1252＋855.3 和 DK1252＋887.27 为 L-1 型。

路面在左线布置了加速度和速度传感器，测取车辆运行时路基内各相应位置的加速度和速度，并通过积分获取位移数据。测试元件的布置图如图 6-3 所

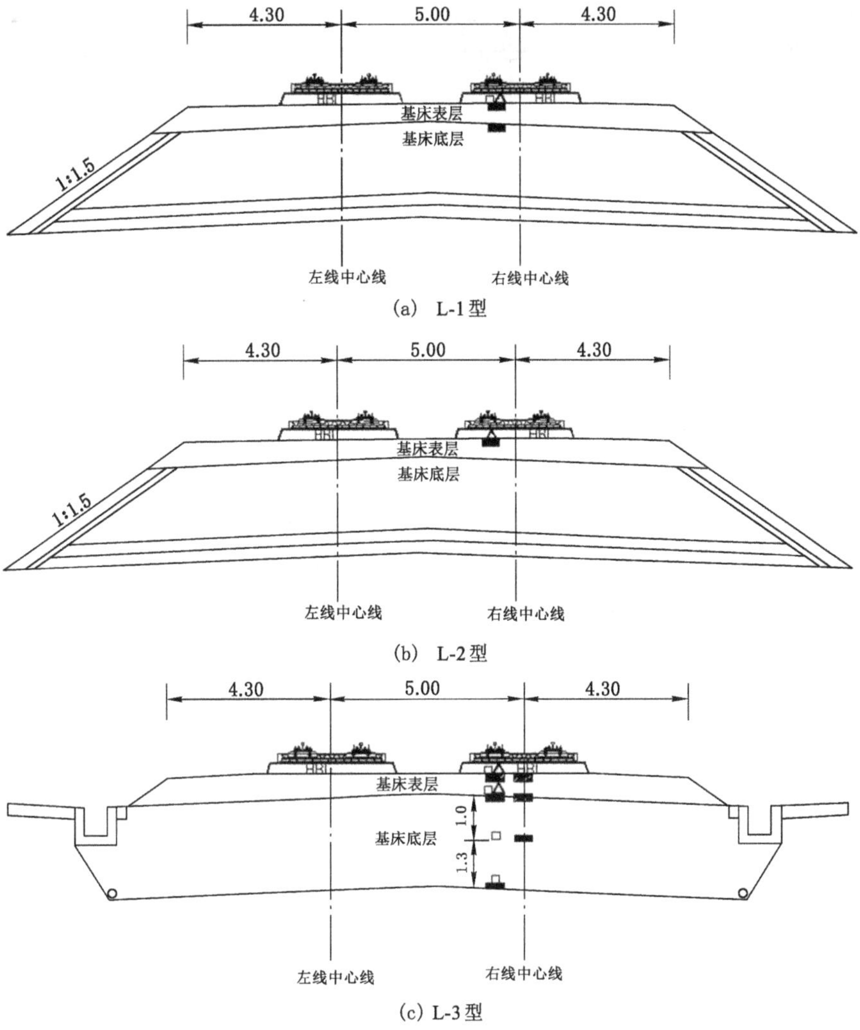

图 6-2　路基断面中埋设元件布置图(单位:m)

(注:■表示动土压力盒、□表示拾振器、△表示加速度计)

示。另外在工点 DK1252＋850 和 DK1252＋887(实际在 DK1252＋888)左线基床表层和底层分别布置了拾振器,由于数据较少,未对其进行进一步分析,仅用来验证上述积分正确与否。

由图 6-3 可见,各监测剖面分别于混凝土底座靠中心侧端部布置拾振器,于路基面及基床底层顶面布置应变式土压力盒、拾振器、加速度计,其中 L-3 型检测剖面沿深度布设动测元件,布设最深 5 m 左右。

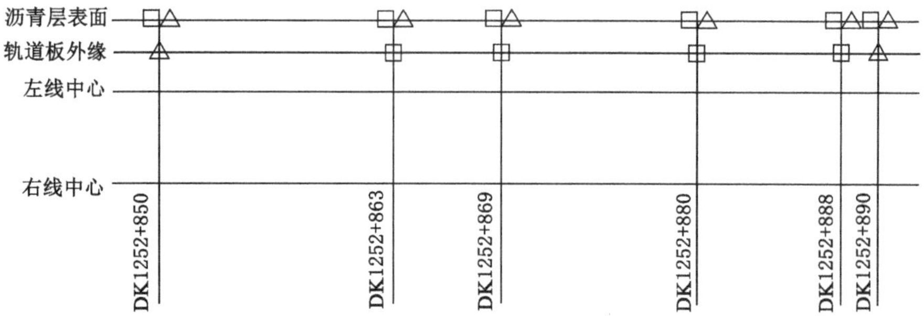

图 6-3　路基面上埋设元件平面布置图

路面元件动响应数据由测试系统Ⅰ进行测试，测试系统Ⅰ由拾振器、放大器和采集分析仪三部分构成。数据采集系统采用东方振动和噪声技术研究所生产的 16 通道 INV306 型数据采集仪及配套的 DASP 数据大容量自动采集与处理系统，它可以直接显示并记录各动响应的时程曲线，并可分析出所需的响应特征值。

路基元件动响应数据由测试系统Ⅱ进行测试，测试系统Ⅱ由拾振器和采集分析仪两部分构成。数据采集系统采用德国 IMC 公司生产的 32 通道无线采集仪及配套的 Famous 分析软件，它可以直接显示并记录各动响应的时程曲线，并可分析出所需的响应特征值。为了获取真实的数据，笔者采用了 MATLAB 软件进行数据分析。

6.3.3　试验概况

试验区段：起点武汉 DK1213 至终点咸宁 DK1278，试验段总长 65 km。

试验行车：试验列车采用 CRH2-068C 型动车组，见图 6-4。该动车组共 8 节车厢，其中两头车厢为拖车，中间六节车厢为动车，即 6 动＋2 拖组合。列车轴重不大于 14 t，转向架轮径为 860/790 mm，转向架固定轴距为 2 500 mm，头车车辆长度为 25 700 mm，中间车辆长度为 25 000 mm，车辆宽度为 3 380 mm，车辆高度为 3 700 mm，编组长度 204.9 m，质量 345 t，牵引电动机功率 300 kW，总功率 7 200 kW，列车的最高运行速度将可达到 350 km/h，最高试验速度可达 380 km/h以上。

试验速度：共采集了 64 趟左线＋19 趟右线动车组通过时的动响应数据和 12 趟右线轨检车通过时的动响应数据。试验速度(km/h)档为 5、180、200、220、230、240、250、260、270、280、290、300、310、320、330、340、350、360 共 18 个档次，在保证安全的前提下，逐级提高。其中，第一趟通过试验段时，速度为5 km/h，供地面测点进行准静态标定。检测列车车速 160 km/h 在左线下行往北 3 次，

图 6-4　现场测试动车组

右线上行往南 7 次、往北 2 次。正式试验前，进行地面测点的 5 km/h 准静态标定。由于试验过程中所报列车运行速度与实际稍有偏差，因此试验分析中采用的是列车速度通过时程曲线计算并四舍五入而得到的实际车速。

右线：除掉采集不全的数据，将每趟列车通过的实际车速计算并四舍五入后，得到以下几种速度：200 km/h，230 km/h，245km/h，250 km/h，260 km/h，275 km/h，290 km/h，300 km/h，310 km/h，320 km/h，320 km/h，330 km/h，340 km/h，340 km/h，350 km/h.由于右线通过列车趟数并不多，因此以下分析中将每趟列车速度是下的动响应都列入其中。

左线：将实际车速计算并四舍五入后，得到以下几种速度：180 km/h、200 km/h、220 km/h、240 km/h、250 km/h、260 km/h、270 km/h、280 km/h、290 km/h、300 km/h、310 km/h、320 km/h、330 km/h、340 km/h、350 km/h、360 km/h。由于左线通过列车趟数较多，以下分析中每种速度下各种动响应的变化规律都取这种速度不同趟数的平均值。

6.4 路-桥过渡段动力响应测试结果与分析

6.4.1 频域分析

本次试验的观测系统主要由拾振器、放大器和 INV-306 型数据采集系统三部分组成。所有相关仪器在测试前均进行了标定，仪器间的连接使用了屏蔽电缆线。

地面测试根据工程需要、面积大小、地层复杂程度等确定测点数量，在同一土层中应至少布置 3 个测点，每个测点按相互垂直的 X、Y、Z 方向布置 3 个拾振器，且放置在平整密实的土层上，拾振器与土层之间垫上托板，3 个拾振器之间距离尽可能靠近，应小于 1 m。若进行孔中地脉动测试，要求拾振器隔水性良好，并要求拾振器和孔壁紧密接触。测点位置应选择在环境安静的地点，尽可能远离脉动源。测试时间最好安排在干扰较小的夜晚进行。本次试验根据试验工点情况，在 DK1252＋887 处设置了一个测点，并按上述原则进行了测试。

由于我们比较关心的是路基横向共振频率，故本试验主要对横向数据进行分析，然后与激振试验中的“共振”频率进行对比，以便进行试验结果的互相校核。

本次数据处理通过 DASP 软件中的最大熵分析法得到的功率谱如图 6-5、图 6-6 和表 6-1 所示。

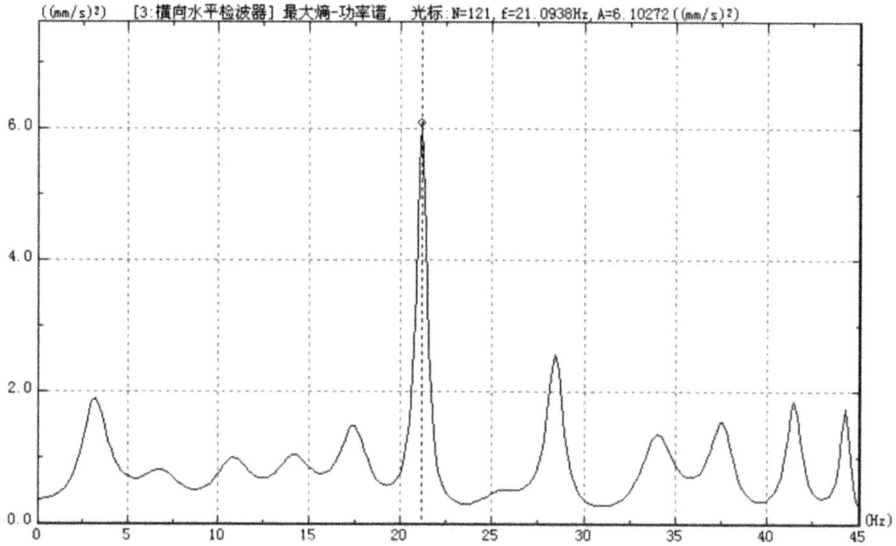

图 6-5　DK1252＋887 最大熵法功率谱

表 6-1　自振频率试验结果对比分析

试验方法	试验点	自振频率/Hz	最大相对误差
激振法	DK1252＋853	20	10%
地脉动法	DK1252＋887	21	5%
	DK1254＋880	22	

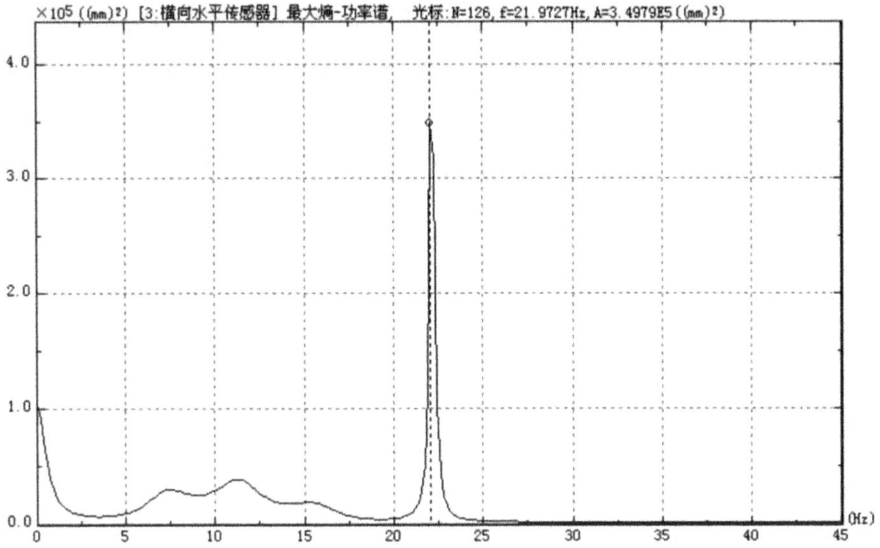

图 6-6　DK1254＋887 最大熵法功率谱

由功率谱可以看出，两处试验点的频率分别为 21 Hz 和 22 Hz，最大相对误差 5%，与上一章中激振法的峰值频率 20 Hz 进行对比，最大相对误差不到 10%，因此路基自振频率可基本确定为 21 Hz。

对横断面 DK1252＋880 基床表层速度幅值谱分析，并将时程曲线进行快速傅立叶变换，可得到在不同速度列车荷载作用下，基床表层振动速度幅频曲线，如图 6-7 所示。

通过分析可知：基床振动频率主要在 200 Hz 以内，振动频率主要分布在 5 个主频域内，这 5 个频段随速度不同而有所变化。随着速度的提高，这 5 个频域内的频率向高频方向移动。如速度为 250 km/h 时，5 个主频域分布范围分别为：0～12 Hz、21～35 Hz、50～65 Hz、73～87 Hz、100～125 Hz，而速度为 350 km/h 时，5 个主频域分布范围分别为：2～16 Hz、25～43 Hz、62～91 Hz、110～130 Hz、145～167 Hz。表 6-2 为不同速度下基床表层前 3 阶振动频率统计表。

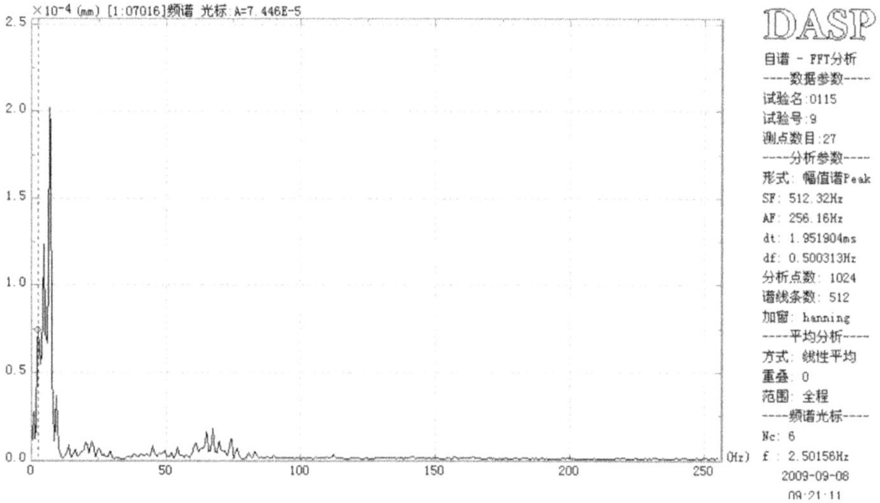

(a1) 200 km/h基床底面幅频曲线

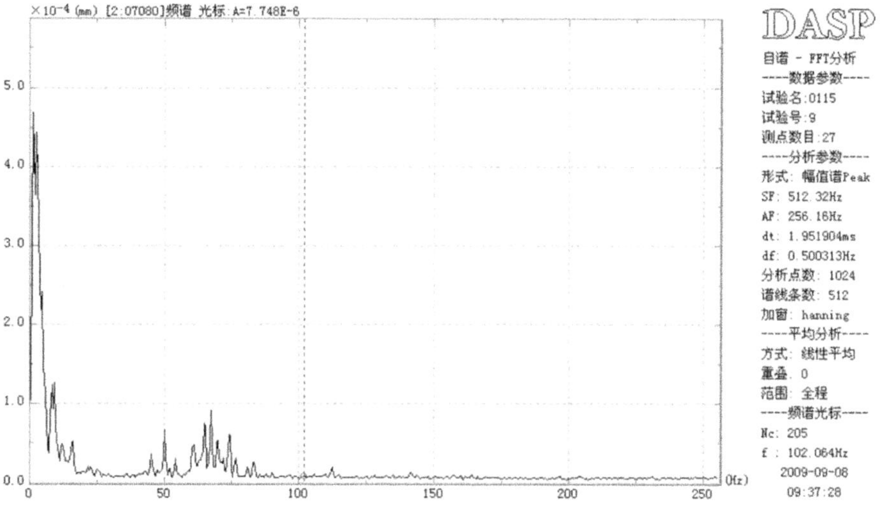

(a2) 200 km/h基床顶面幅频曲线

图 6-7　不同速度下速度幅频曲线

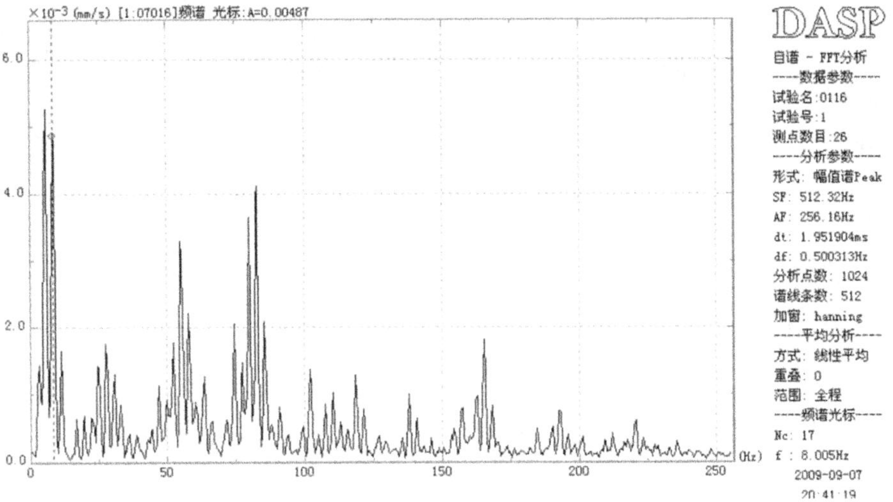

(b1) 250 km/h基床底面幅频曲线

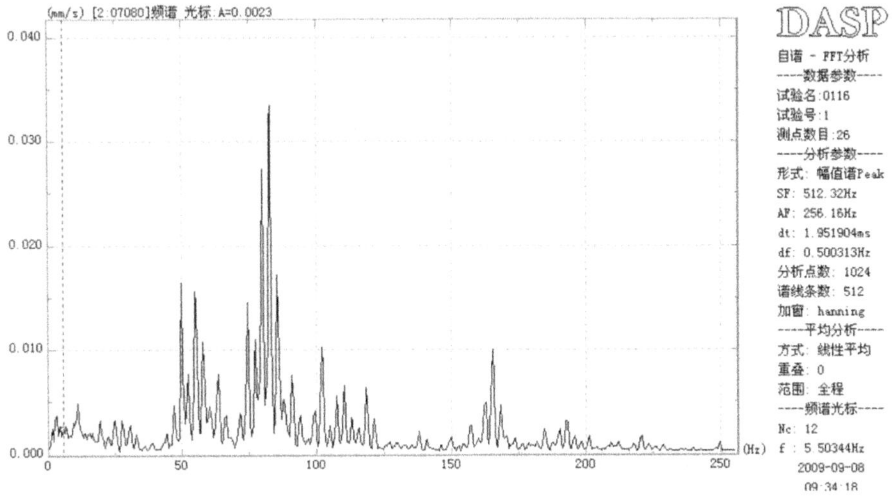

(b2) 250 km/h基床顶面幅频曲线

图 6-7(续)

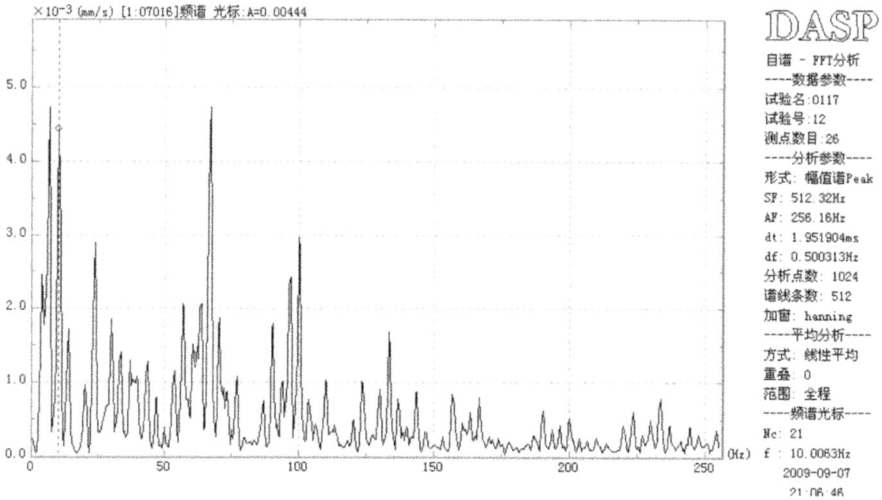

(c1) 300 km/h基床底面幅频曲线

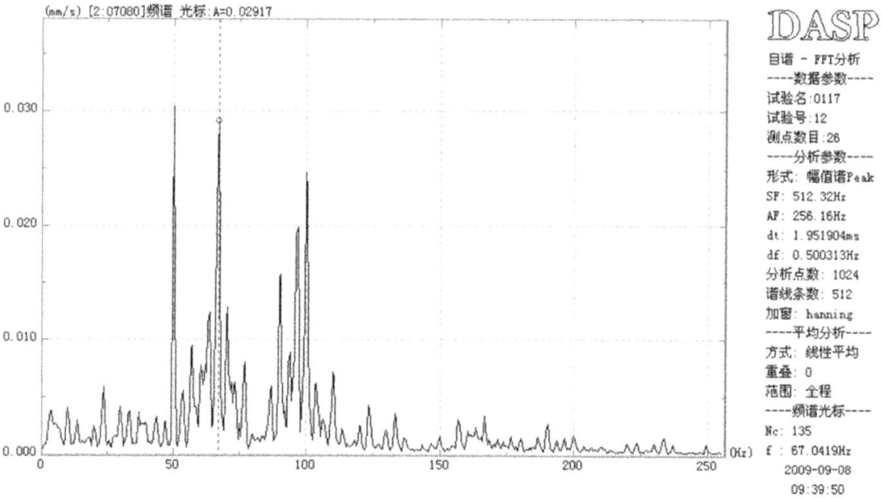

(c2) 300 km/h基床顶面幅频曲线

图 6-7(续)

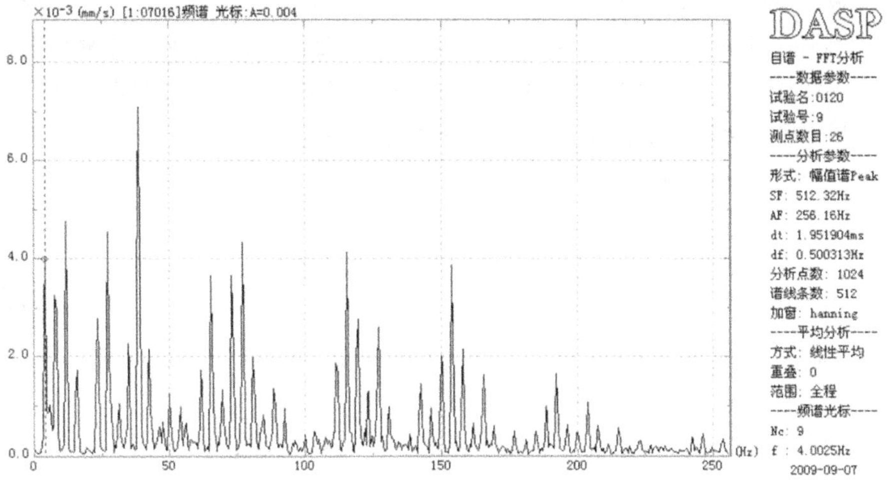

(d1) 350 km/h 基床底面幅频曲线

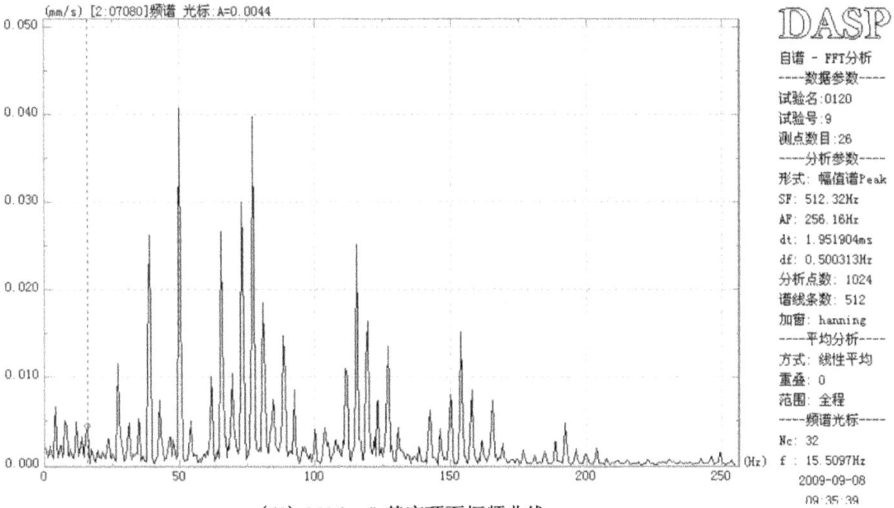

(d2) 350 km/h 基床顶面幅频曲线

图 6-7(续)

表 6-2　不同速度下基床表层振动频率统计表

	列车速度/(km/h)	基床表层振动频率/Hz		
1	200	2.50	3.00	3.50
2	250	3.00	5.50	8.01
3	300	3.50	6.50	9.51
4	350	4.00	7.50	11.51

从表 6-2 中可以看出:路基振动频率随速度的提高而提高,且二者之间有较好的线性关系。在相同列车速度下,基床表层顶面、底面幅频曲线基本相同,但幅值有一定的变化。基床表层顶面与底面 2 个频率段频率幅值变化不大,而后 3 个频率段频率幅值变化较大,其中基床顶面频率幅值明显大于底面幅值,这一点从基床顶面速度值较底面大中可以得到验证。

6.4.2 动响应典型时域曲线及统计分析

图 6-8 所示为列车以速度 350 km/h 经过右线时,路-桥过渡段右线左轨正下方沿线路方向不同横断面路基基床表层表面动土压力盒所测的动态响应时程曲线,是应变随时间的变化曲线。由于应力-应变标定曲线是线性关系,所以应力与应变在过渡段的动响应规律是一致的。

图 6-8 中波峰分别对应各轮载经过过渡段某横断面时轨面上的动响应随时间变化,波谷为无轮载作用时轨面上的动响应变化。这说明一个轮载对路基的作用分加载和卸载两个过程,对于路基结构,一个转向架经过就相当于两次加卸载。转向架的前轴通过后,动态响应降低至一定程度便开始增加,这是转向架前后轴轮载对路基作用的叠加结果。

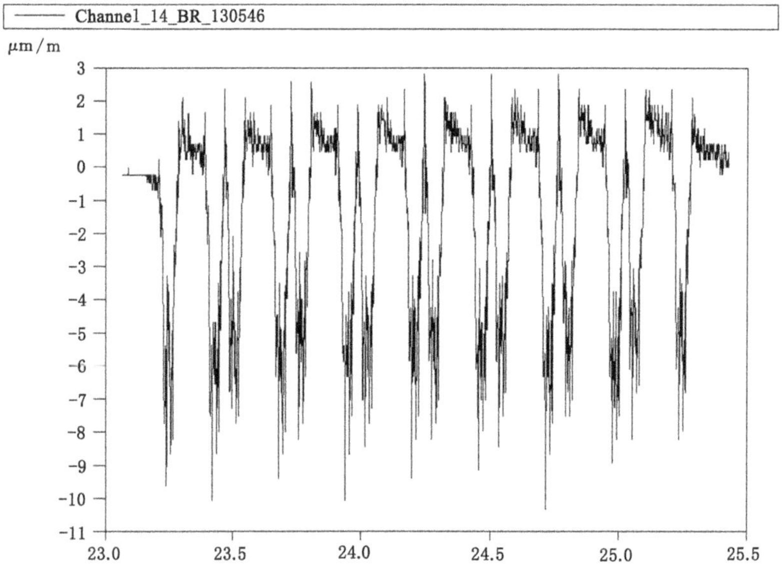

(a) 应变时程曲线

图 6-8 车速 $v=350$ km/h 经过路-桥过渡段的右线动响应时程曲线

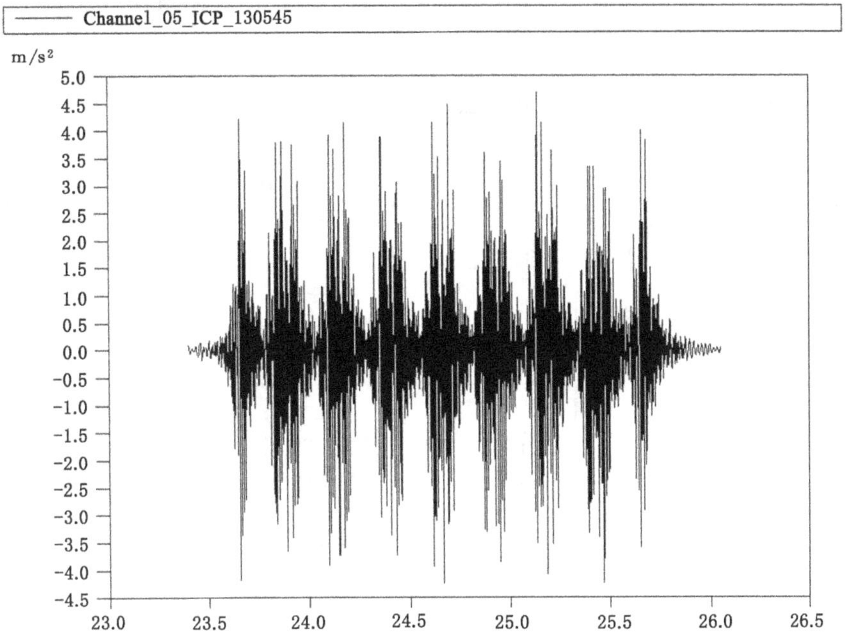

(b) 加速度时程曲线

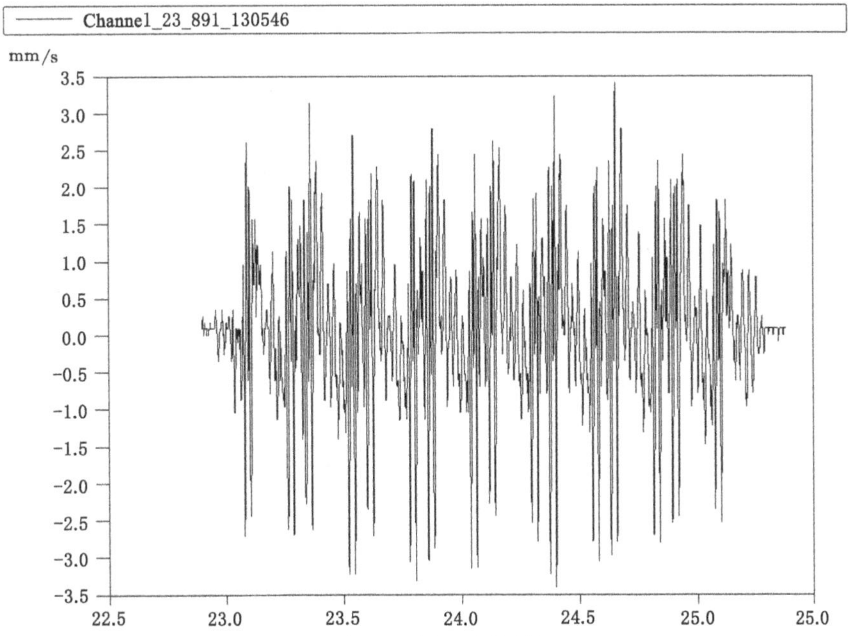

(c) 振动速度时程曲线

图 6-8(续)

图 6-9 为列车以速度 350 km/h 经过左线时，路-桥过渡段左线左轨下拾振器所测动位移响应时程曲线。

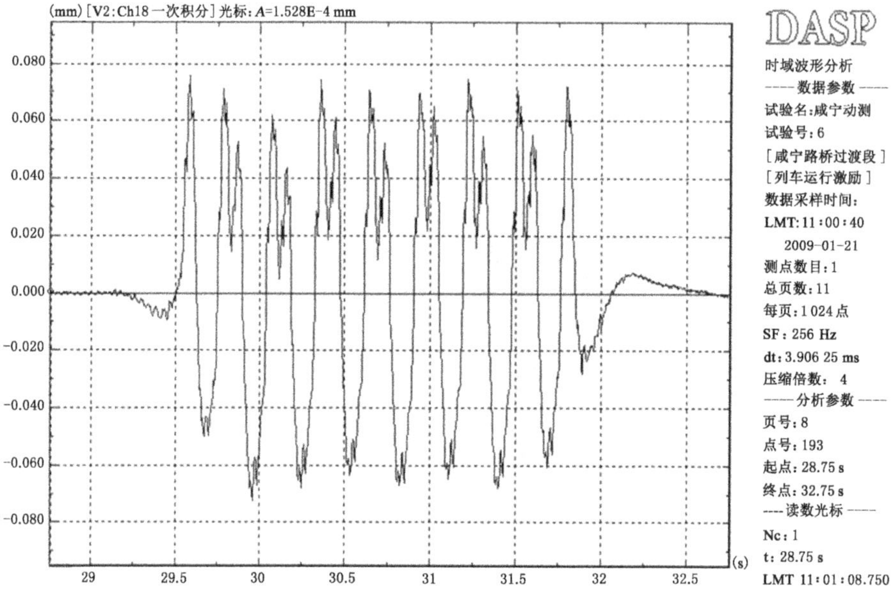

图 6-9 车速 $v=350$ km/h 经过路-桥过渡段左线左轨下动位移响应时程曲线

动车组通行时路-桥过渡段各测点动应力幅值统计分析结果见表 6-3。由于该处为过渡段末端，刚度与桥台差别较大，当列车通过时动应力响应就大。为剔除异常数据，保证数据的真实度，我们对整体的数据进行了统计分析，取其 95％ 上置信限值作为分析的目标值，与 95％上置信限值相差大于 20％的数据均被看作异常数据剔除。

表 6-3 路-桥过渡段主要测试成果参数表

位置	参数	幅值范围	95％上置信限值
轨道板	加速度幅值/(m/s^2)	48.308～111.707	96.934
	振动速度幅值/(mm/s)	1.006～22.355	6.889
	动位移幅值/mm	0.002～0.145	0.115
沥青混凝土层	加速度幅值/(m/s^2)	2.140～23.241	7.785
	振动速度幅值/(mm/s)	6.489～8.504	3.861
	动位移幅值/mm	0.004～0.121	0.083

表 6-3(续)

位置	参数	幅值范围	95%上置信限值
基床表层表面	动应力幅值/kPa	1.170～17.690	16.097
	加速度幅值/(m/s^2)	0.267～8.153	4.790
	振动速度幅值/(mm/s)	1.971～9.644	5.613
	动位移幅值/mm	0.001～0.038	0.013
基床表层底面	动应力幅值/kPa	0.81～15.761	14.910
	加速度幅值(/m/s^2)	0.127～5.856	3.153
	振动速度幅值/(mm/s)	0.024～9.203	5.110
	动位移幅值/mm	0.000～0.013	0.008

6.4.3　动响应幅值沿线路方向分布特征

(1) 动应力

由于动土压力盒埋在右线路基内,因此所测动土压力数据均取自列车经过右线时的数据。不同列车速度下,路-桥过渡段基床表层面上的动土压力幅值随线路方向变化曲线见图 6-10。

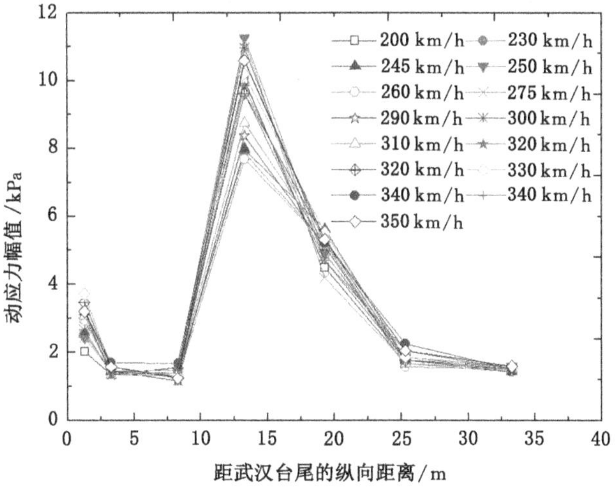

图 6-10　动车组经过时路-桥过渡段基床表层面上的动应力幅值分布

由图 6-10 可以看出,列车经过路桥过渡段时,在武汉台尾附近,离台尾越近,动土压力幅值越大;但在距离台尾 12.27 m 附近时,动应力幅值反而达到最大;随后,随着离台尾距离的增大,动土压力幅值又随之减少,最后趋于平稳,动压力随路-桥过渡段纵向变化曲线呈“Ω”形。分析其最根本原因在于路基刚度在桥台尾处最大，随着过渡段的延伸而逐渐减小；在普通路基处，路基刚度则最小，最后趋于平稳。这样，车辆经过过渡段时产生激振，产生入射波和反射波等，叠加后在距离台尾 12.27 m 附近形成峰值。同时，此处测到的沉降最大，也进一步验证了这一动测结果。

(2) 动加速度

沥青混凝土层动加速度计埋在左线，基床表层加速度计埋在右线，沥青混凝土层和基床表层振动加速度幅值沿线路纵向的变化规律如图 6-11、图 6-12 所示。

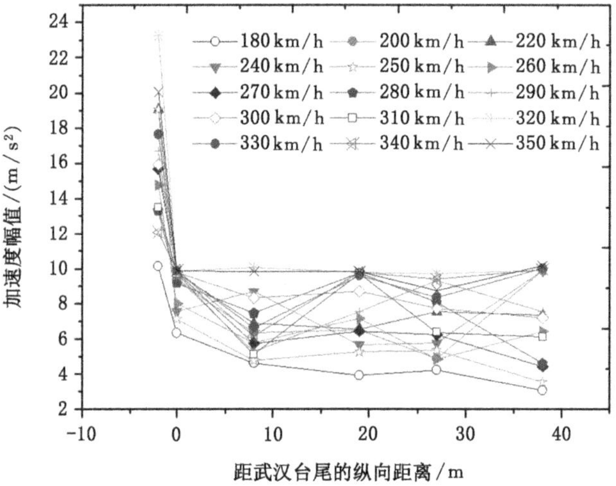

图 6-11 沥青混凝土层纵向各测点加速度幅值随车速变化

根据测试数据分析，路-桥过渡段沥青混凝土侧各个测试断面振动加速度幅值总体上都是随着车速的增加保持着增加的趋势，当列车速度达到 320 km/h 时振动加速度达到最大值。对同一车速，桥台往桥上方向 2 m(即 DK1252＋890 断面)的振动加速度幅值始终要大于其余测试断面；在离台尾 19 m 位置(即 DK1252＋869 断面)，振动加速度幅值出现另一峰值。同时，路-桥过渡段基床表层各个测试断面振动加速度幅值总体随车速增加都保持增加趋势，对同一车速，在离台尾 19 m 和 25 m 的位置(即 DK1252＋869 和＋863 断面)，振动加速度幅值出现峰值，结合过渡段结构形式，此处恰处于过渡段的尾部，此处动响应出现峰值可能源于此处构造物的刚度变化。

(3) 振动速度

基床表层拾振器埋在右线，基床底层拾振器因埋设问题，测试数据被舍弃，

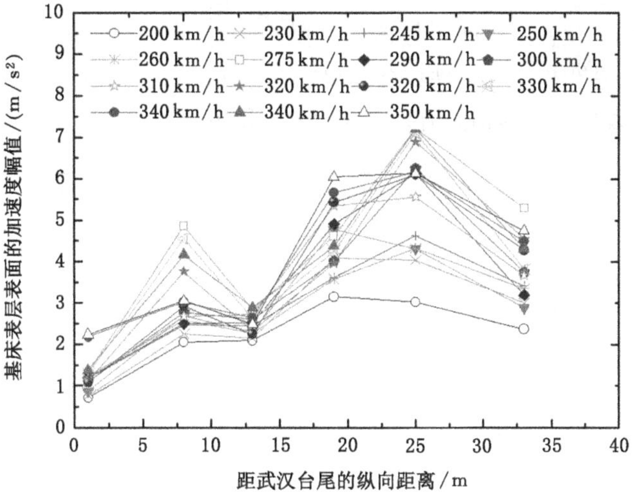

图 6-12　基床表层各测点加速度随车速变化

路-桥过渡段范围内振动速度幅值沿线路纵向的变化规律如下图 6-13 所示。

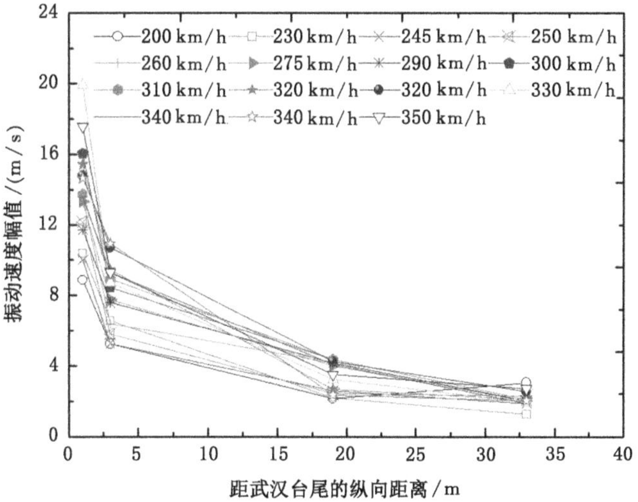

图 6-13　基床表层顶面纵向各测点振动速度幅值随车速沿线路方向变化图

根据测试数据分析，路-桥过渡段基床表层顶面各个测试断面振动速度幅值总体随车速增长都保持增长趋势。当列车速度达到 330 km/h 时振动速度达到最大值。对同一车速，振动速度随着桥台往路基方向逐渐减小。

(4) 动位移

基床表层动位移由右线拾振器所测振动速度积分而得,轨道板、沥青混凝土层的动位移由左线拾振器硬件积分所得,路-桥过渡段右线范围内轨道板、沥青混凝土层、基床表层动位移幅值沿线路纵向的变化规律如图 6-14～图 6-16 所示。

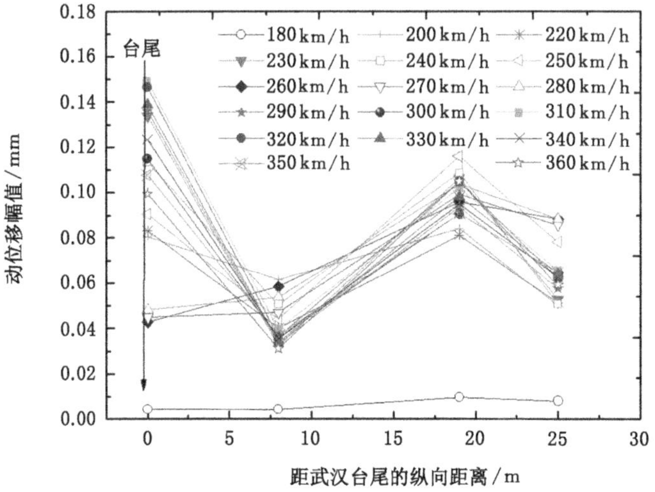

图 6-14　轨道板层各处动位移幅值图

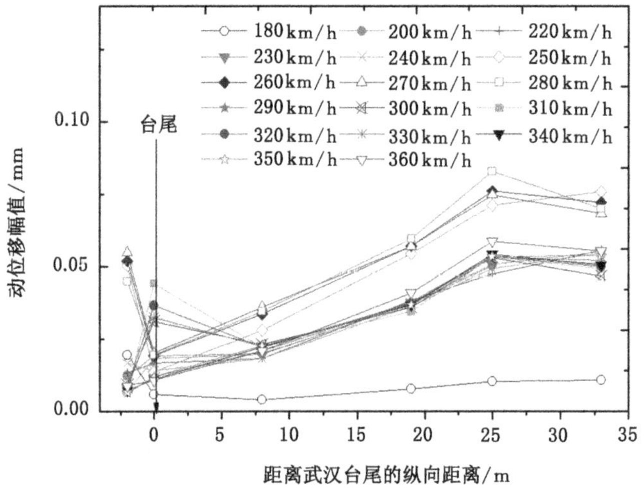

图 6-15　沥青混凝土层各处动位移幅值图

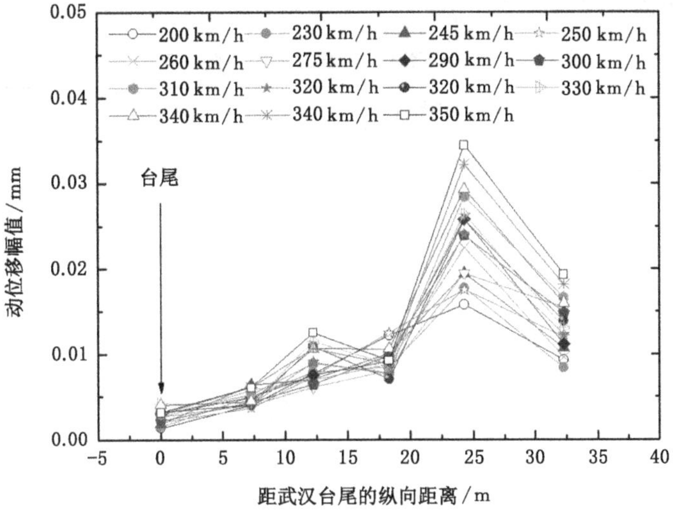

图 6-16　基床表层表面各处动位移幅值图

路基的弹性变形主要发生在基床部分，尤其是基床表层，不能超过一定的变形控制限值（日本高铁是 2.5 mm，我国《高速铁路线桥隧设计参数选择的研究》中提出的动力学控制指标 $w_{fz}=2$ mm），过大则速度提不上去。通过对试验车辆通过时动位移时程曲线的分析研究，可以建立基于无砟轨道的弹性变形与行车速度之间的关系，为以后无砟轨道路基规范的修订提供第一手实测资料。

路-桥过渡段轨道板的动位移幅值在台尾和离台尾 19 m 位置，出现峰值，结合过渡段结构形式，此处恰处于过渡段的尾部，此处动响应出现另一峰值可能源于此处构造物的刚度变化。

路-桥过渡段沥青混凝土层和基床表层的动位移幅值均在离台尾 25 m 位置出现峰值，结合过渡段结构形式，此处恰处于过渡段的尾部附近，此处动响应出现另一峰值亦可能源于此处构造物的刚度变化。

这说明按武广高速铁路标准设计施工的过渡段路基在运营中能够满足规范对路基动力学控制标准的要求，且具有较大的安全储备。

6.4.4　动响应幅值沿路基深度方向分布特征

（1）动应力

为研究武广高速铁路路基的动应力沿路基深度的衰减状况，以便为无砟轨道路基的设计提供依据，特在路-桥过渡段 DK1252＋855.0 断面沿路基深度方向布置了测试元件，测试动应力的衰减状况。在不同行车速度情况下，沿深度方向的动应力传递规律见表 6-4 和图 6-17。

表 6-4　DK1252＋855.0 断面动应力随深度变化表

距离基床表层表面深度/m	最小值/kPa	最大值/kPa	平均值/kPa	动应力衰减幅度/%
0	9.12	14.86	11.92	
0.7	7.86	9.79	8.65	27.41
3.0	1.69	2.38	2.11	82.30

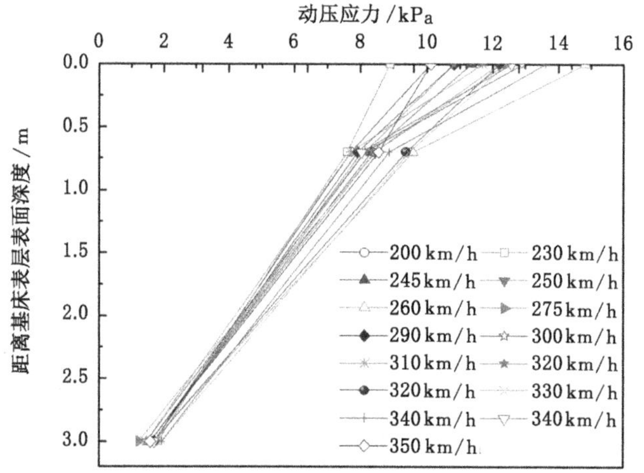

图 6-17　DK1252＋855.00 工点沿深度方向动应力传递规律

由图 6-17 可知，随着路基深度的增加，动应力出现急剧衰减，从基床表面到基床底面，其平均值衰减 27.41%，从基床表层到基床表层下 3.0 m，路基动应力平均值衰减幅度达到 82.30%。

(2) 动加速度

在不同行车速度为情况下，动加速度沿深度方向动应力传递规律见表 6-5 和图 6-18。在路基的动态响应中，基床加速度往往最为敏感。动加速度在深度为 0.7 m 处衰减幅度为 65.97%，在深度为 1.7 m 处衰减幅度为 85.97%，远大于动应力在各层的衰减幅度，由此可见，基床加速度更能灵敏地反映基床的振动情况。通过加速度的测试资料和仿真计算结果的对比，可以研究路基中加速度峰值的变化范围以及与车速、断面设计参数之间的关系，进而研究轨面的平顺性。

表 6-5　DK1252＋855.0 断面动加速度随深度变化表

距离基床表层表面深度/m	最大值 /m/s²	最小值 /m/s²	平均值 /m/s²	动加速度衰减幅度/%
0	5.29	2.88	3.85	
0.7	2.28	0.80	1.31	65.97
1.7	1.07	0.30	0.54	85.97

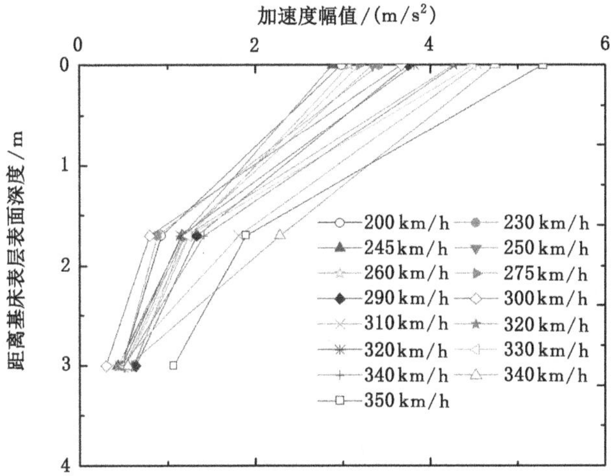

图 6-18　DK1252＋855 断面动加速度幅值沿深度变化图

(3) 振动速度

路-桥过渡段振动速度幅值随着路基深度的增加大都出现不同程度的衰减，其衰减状况如表 6-6 和图 6-19 所示。

表 6-6　DK1252＋855.0 断面振动速度随深度变化表

距离基床表层表面深度/m	最大值 /(mm/s)	最小值 /(mm/s)	平均值 /(mm/s)	振动速度衰减幅度/%
0	2.71	1.86	2.13	—
0.7	1.90	0.21	1.30	38.90
1.7	1.88	0.40	0.91	57.15

随着路基深度的增加，振动速度从基床表面到基床底面衰减幅度为 38.9%，从基床表层到基床表层下 1.7 m 路基振动速度平均值衰减幅度达到 57.15%。

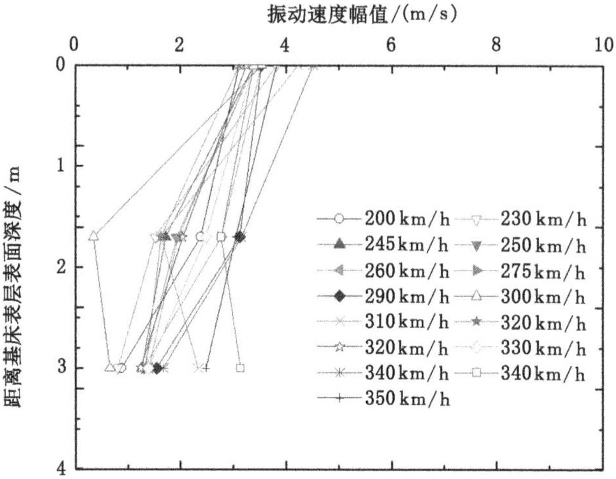

图 6-19　DK1252+855 振动速度幅值沿深度方向的变化

(4) 动位移

路-桥过渡段动位移幅值随着路基深度的增加均出现不同程度的衰减，其衰减状况如表 6-7 和图 6-20 所示。

表 6-7　DK1252+855.0 断面动位移随深度变化表

距离基床表层表面深度/m	最大值/mm	最小值/mm	平均值/mm	动加速度衰减幅度/%
0	0.019	0.008	0.013	—
0.7	0.011	0.005	0.008	38.46
1.7	0.003	0.002	0.003	76.92

随着路基深度的增加，动位移从基床表面到基床底面衰减幅度为 38.46%，从基床表层到基床表层下 1.7 m 路基动位移平均值衰减幅度达到 76.92%。

6.4.5　动响应幅值随行车速度的变化

(1) 动应力

高速列车通过钢轨时，轨道-路基系统的振动响应与列车的运行速度有一定的关系，路-桥过渡段桥台台尾附近，距桥台台尾 1.27 m、3.27 m、8.27 m、12.27 m、19.27 m、25.27 m 和 32.27 m 处横断面的基床表层表面动土压力幅值随列车速度变化图见图 6-21。可见，在距武汉桥台 1.27 m 处，动应力随列车速度增加而增加；在过渡段及普通路基处(图中距桥台 3.27 m、8.27 m、19.27 m、25.27 m、32.27 m 处)，动应力随列车行驶速度变化曲线近似直线，

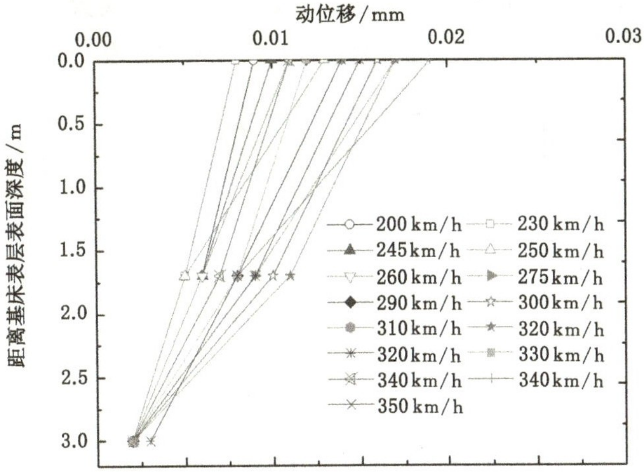

图 6-20 DK1252+855 动位移幅值沿深度方向的变化

说明列车行驶速度对动应力影响并不是很大；只有在距离武汉桥台 12.27 m 时，动应力较大。同时，还可以看出 260 km/h 是一个临界速度，当列车以此速度行驶时，路基动应力最小。

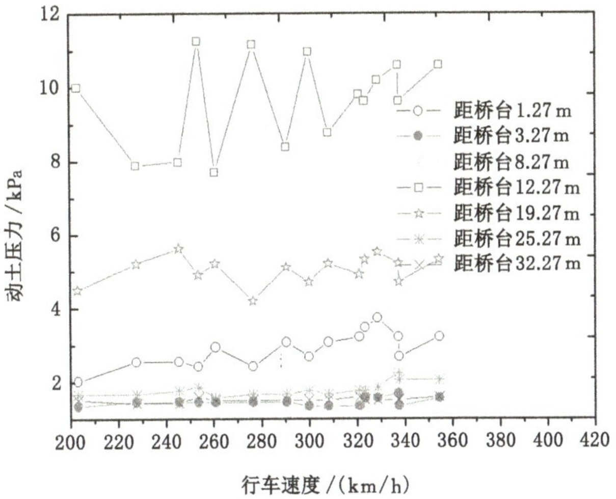

图 6-21 DK1252+855.0 断面基床表层表面动应力随行车速度的变化

路-桥过渡段桥台台尾处，距桥台台尾 1.27 m、19.27 mm 和 33.27 m 处横断面的基床表层底面动土压力幅值随列车速度的变化见图 6-22。由图可见，在基

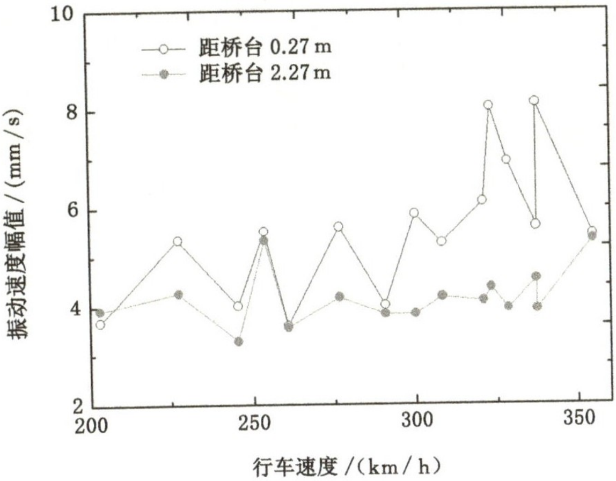

图 6-26　DK1252＋855.0 断面基床表层底面振动速度幅值随行车速度变化

(4) 动位移

列车右线行驶速度对路-桥过渡段右线各测点动位移幅值的影响如图 6-27、图 6-28 所示。

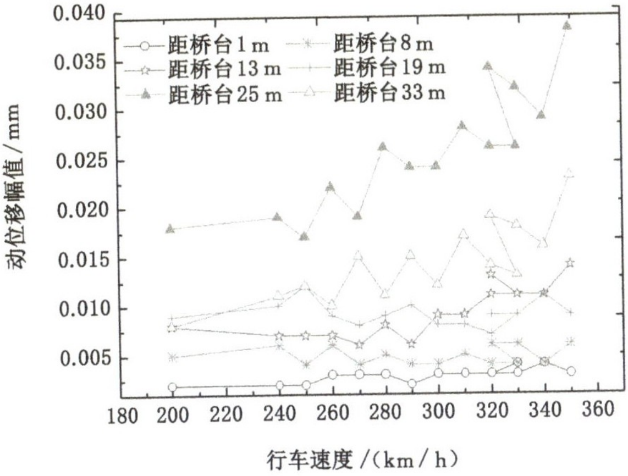

图 6-27　DK1252＋885.0 断面基床表层动位移幅值随行车速度变化

通过对数据的分析发现，列车速度对动位移幅值的影响表现为远离桥台的位置影响大于接近桥台位置。在距离桥台 25 m 以内的过渡段区域，动位移幅值随行车速度变化的趋势均不是很明显。

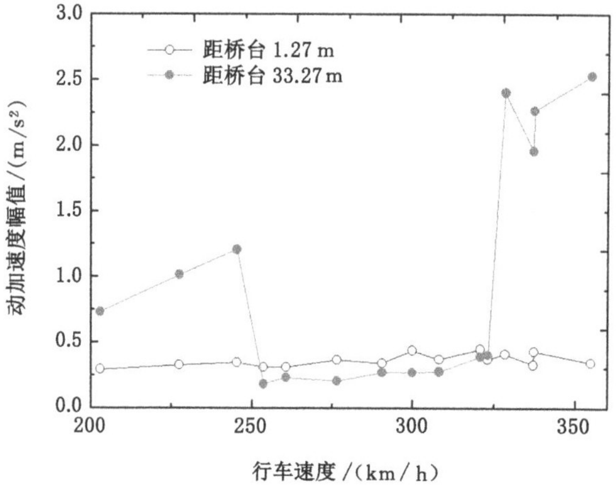

图 6-24　DK1252＋855.0 断面基床表层底面加速度幅值随行车速度变化图

(3) 振动速度

列车右线行驶速度对路-桥过渡段右线各测点振动速度幅值的影响图 6-25、图 6-26 所示。从整体趋势而言，各测点的振动速度幅值都是随着车的提高而增大，除了在距离桥台 1 m 处增长幅度较明显，其他位置振动速度行车速度增长的趋势均不明显。

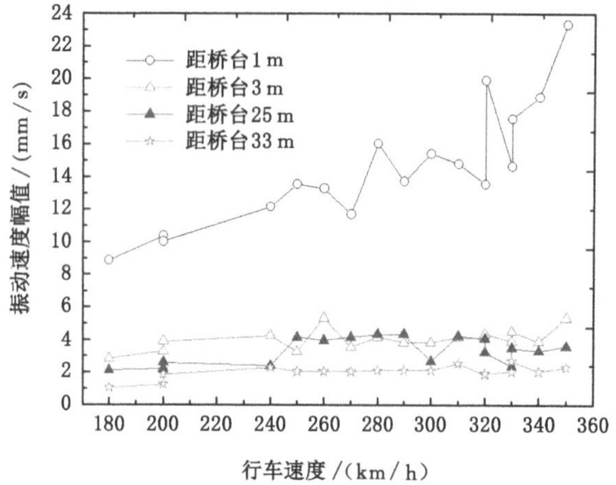

图 6-25　DK1252＋885.0 断面基床表层表面振动速度幅值随行车速度变化

床表层底面处，动应力在列车速度为 330 km/h 时达到最大值，但增长幅度较小，这也说明随着路基深度的增加，列车行驶速度对动应力影响减小。

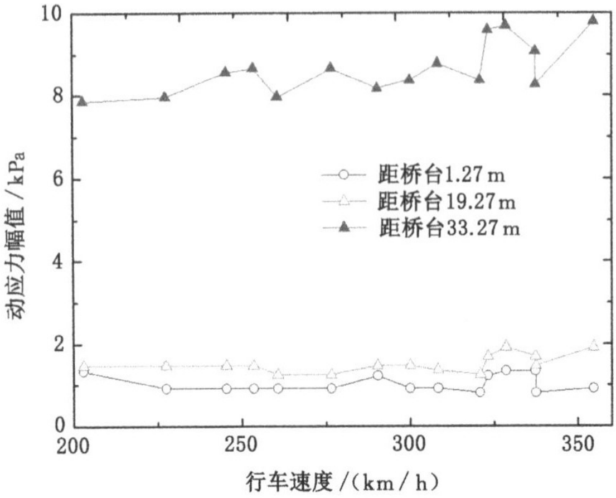

图 6-22 DK1252＋855.0 断面基床表层底面动应力随行车速度的变化

(2) 动加速度

右线各个测点竖向加速度幅值随列车运行速度的变化情况如图 6-23、图 6-24所示。由图可见，在基床表层处，动加速度基本随列车速度增长而增长，且在距离桥台 25 m 处最为明显。

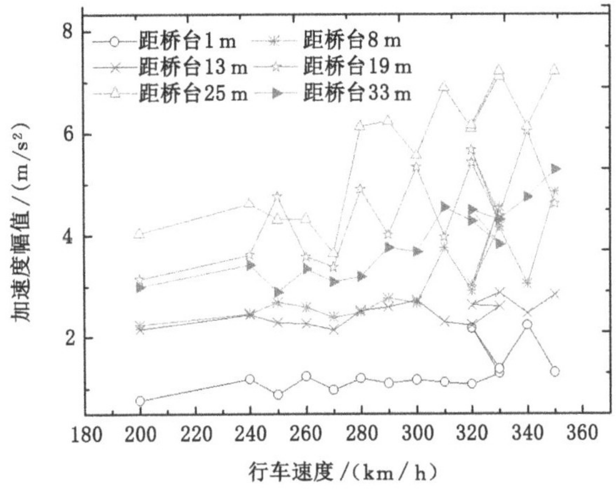

图 6-23 DK1252＋855.0 断面基床表层顶面加速度幅值随行车速度变化图

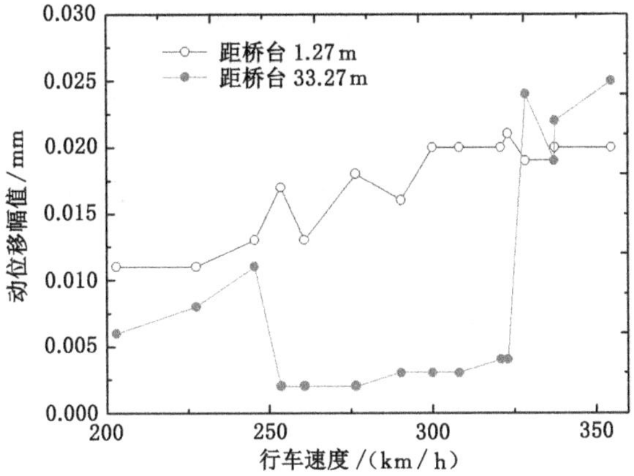

图 6-28　DK1252＋855.0 断面基床底层动位移幅值随行车速度变化

6.4.6　动响应幅值随列车行驶方向的变化

(1) 动应力

在列车速度为 180～360 km/h 运行条件下，路-桥过渡段基床表层表面动应力最大值随列车行驶方向的变化规律见表 6-8 和图 6-29。测试数据表明，列车行驶方向对路-桥过渡段基床表层表面的影响很大，在距离桥台台尾 13.27 m 处非常明显，列车下行的动应力幅值比列车上行的动应力幅值增加了 403%。这说明列车驶向对路-桥过渡段动应力幅值的影响非常大。

表 6-8　基床表层表面动应力幅值在列车不同驶向情况下数据表

距武汉台尾的纵向距离/m	动应力幅值范围/kPa		动应力均值/kPa		增加幅度/%
	上桥	下桥	上桥	下桥	
1.27	1.250～3.020	2.030～4.520	1.820	2.780	52.75
3.27	1.430～2.9	1.340～3.380	1.750	1.750	1.27
8.27	7.860～15.760	1.170～6.350	10.100	2.000	－80.20
13.27	1.690～3.650	9.620～13.670	2.310	11.620	403.03
19.27	9.120～22.810	1.460～7.170	13.890	5.020	－63.86
25.27	1.580～3.380	1.670～3.380	2.130	2.380	11.74
33.27	4.200～7.170	1.510～2.950	5.380	1.990	－63.01

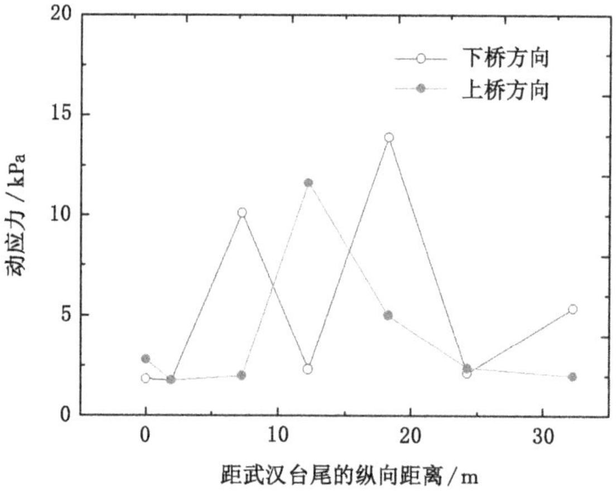

图 6-29　列车上下桥时基床表层表面动应力幅值变化

(2) 动加速度

不同列车行驶方向情况下各测点加速度幅值数据如表 6-9 所示。通过对数据的分析发现,列车驶向对加速度幅值的影响表现为远离桥台的位置影响大于接近桥台位置,且对上层的影响要大于下层的。但就总体而言,在行车速度基本一致的情况下,列车驶向对加速度幅值的影响并不明显,加速度均值的差异在 0～15%之间,且大部分差异在 10%以内,说明列车驶向对加速度幅值的影响不大。

表 6-9　路-桥过渡段加速度幅值在列车不同驶向情况下数据表

位置	里程	极值范围/(m/s^2)		均值/(m/s^2)		增加幅度/%
		列车上桥	列车下桥	列车上桥	列车下桥	
轨道板	DK1252+850	51.581～105.599	61.228～103.073	89.046	92.185	3.53
	DK1252+890	70.477～110.553	87.880～111.707	98.882	101.889	3.04
沥青混凝土层	DK1252+850	3.192～10.163	2.910～9.915	6.311	5.920	−6.20
	DK1252+863	4.145～9.381	3.663～9.694	7.160	6.435	−10.13
	DK1252+869	5.268～9.823	3.987～9.770	8.500	7.296	−14.16
	DK1252+880	3.452～9.832	3.489～10.036	6.420	6.501	1.26
	DK1252+888	6.093～9.908	6.046～9.850	8.963	8.422	−6.04
	DK1252+890	6.175～20.052	7.290～23.241	13.491	13.419	−0.53

表 6-9(续)

位置	里程	极值范围/(m/s²)		均值/(m/s²)		增加幅度/%
		列车上桥	列车下桥	列车上桥	列车下桥	
基床表层顶面	DK1252+850	3.165～5.743	3.037～5.426	3.756	4.153	10.57
	DK1252+887	4.203～8.154	3.414～6.354	5.778	5.016	−13.19
基床表层底面	DK1252+850	1.950～3.739	1.620～3.717	2.426	2.453	1.11
	DK1252+887	1.326～5.337	2.146～5.856	3.536	3.791	7.21

(3) 振动速度

不同列车行驶方向各测点振动速度幅值数据如表 6-10 所示。总体而言,在行车速度基本一致的情况下,列车驶向对振动幅值的影响并不明显,振动均值的差异大部分在 15%以下,说明列车驶向对振动速度幅值的影响基本可以忽略。

表 6-10　路-桥过渡段振动速度幅值在列车不同驶向情况下数据表

位置	里程	极值范围/(mm/s)		均值/(mm/s)		增加幅度/%
		列车上桥	列车下桥	列车上桥	列车下桥	
轨道板	DK1252+863	3.730～6.669	3.675～7.952	4.458	6.657	49.33
	DK1252+869	6.375～13.326	5.489～10.325	8.236	7.584	−7.92
	DK1252+880	1.823～4.078	1.740～2.844	2.968	2.414	−18.67
	DK1252+888	4.903～18.842	1.006～22.355	9.295	9.754	4.94
沥青混凝土层	DK1252+850	4.668～7.589	4.766～6.941	5.364	5.719	6.62
	DK1252+863	4.717～7.891	4.939～8.504	6.357	6.776	6.59
	DK1252+869	4.673～7.446	3.808～5.917	6.040	4.495	−25.58
	DK1252+880	1.031～2.838	1.294～1.890	1.853	1.657	−10.58
	DK1252+888	1.001～3.726	0.956～3.939	2.006	1.980	−1.30
	DK1252+890	0.489～1.095	0.540～0.839	0.757	0.693	−8.45
基床表层顶面	DK1252+850	6.077～9.393	6.097～9.644	7.714	7.327	−5.02
	DK1252+887	1.971～4.355	2.029～4.768	2.856	3.061	7.18
基床表层底面	DK1252+850	5.918～9.108	6.106～9.203	7.375	7.272	−1.40
	DK1252+887	1.024～3.847	1.117～3.652	2.187	1.893	−13.44

(4) 动位移

不同列车行驶方向情况下各测点动位移幅值数据如表 6-11 所示。通过对数据的分析发现,列车驶向对动位移幅值的影响表现为远离桥台的位置影响大于接近桥台位置，且对上层的影响要大于下层的。

表 6-11 路-桥过渡段动位移幅值在列车不同驶向情况下数据表

位置	里程	极值范围/mm		均值/mm		增加幅度/%
		列车上桥	列车下桥	列车上桥	列车下桥	
轨道板	DK1252+863	0.049～0.082	0.048～0.088	0.062	0.066	6.45
	DK1252+869	0.072～0.141	0.071～0.116	0.096	0.094	−2.08
	DK1252+880	0.029～0.071	0.031～0.058	0.041	0.039	−4.88
	DK1252+888	0.042～0.182	0.002～0.152	0.101	0.102	0.99
沥青混凝土层	DK1252+850	0.052～0.080	0.047～0.076	0.060	0.056	−6.67
	DK1252+863	0.049～0.195	0.047～0.083	0.071	0.059	−16.90
	DK1252+869	0.036～0.060	0.036～0.062	0.044	0.043	−2.27
	DK1252+880	0.018～0.033	0.018～0.036	0.023	0.025	8.70
	DK1252+888	0.009～0.059	0.011～0.037	0.018	0.018	0.00
	DK1252+890	0.007～0.063	0.006～0.068	0.018	0.020	11.11
基床表层顶面	DK1252+855	0.009～0.023	0.008～0.016	0.016	0.012	−25.00
	DK1252+863	0.016～0.038	0.018～0.029	0.026	0.024	−7.69
	DK1252+869	0.008～0.012	0.007～0.011	0.010	0.009	−10.00
	DK1252+875	0.006～0.014	0.007～0.011	0.009	0.009	0.00
	DK1252+880	0.004～0.006	0.004～0.006	0.005	0.005	0.00
	DK1252+887	0.001～0.003	0.002～0.004	0.003	0.003	0.00
基床表层底面	DK1252+855	0.002～0.025	0.002～0.022	0.012	0.006	−50.00
	DK1252+887	0.013～0.025	0.011～0.021	0.017	0.017	0.00

但就总体而言，在行车速度基本一致的情况下，列车驶向对动位移幅值的影响并不明显，除 DK1252+855 基床表层底面测点动位移幅值差异达到 50%外，其余差异在 1%～15%之间，且大部分差异在 10%以内，说明列车驶向对动位移幅值的影响基本可以忽略。

6.4.7 车辆轴重对动响应幅值的影响

（1）动应力

在列车速度为 160～350 km/h 运行条件下，路-桥过渡段基床表层表面动应力随列车轴重影响的变化规律见表 6-12 和图 6-30。由数据分析可知，列车轴重由轴重较轻的动车组提高到轴重较重的轨检车，当列车速度为 200 km/h 时，动应力最大增加幅度达到 49.70%，而当列车速度为 350 km/h 时，动应力最大增长幅度达到 41.54%。这说明各测点的动应力幅值受轴重的影响十分显著。

表 6-12　上下行线路-桥过渡段基床表层表面动应力幅值变化

距离武汉台尾的纵向距离/m	动车组均值/kPa	运行速度/(km/h)	轨检车均值/kPa	运行速度/(km/h)	增加幅度/%
1.27	2.030	200	3.210	160	36.76
	3.210 350				0.00
3.27	1.340	200	1.870	160	28.34
	1.570	350			16.04
8.27	1.530	200	1.930	160	20.73
	1.240	350			35.75
13.27	10.010	200	13.310	160	24.79
	10.580	350			20.51
19.27	4.500	200	6.720	160	33.04
	5.320	350			20.83
25.27	1.670	200	3.320	160	49.70
	2.050	350			38.25
33.27	1.510	200	2.720	160	44.49
	1.590	350			41.54

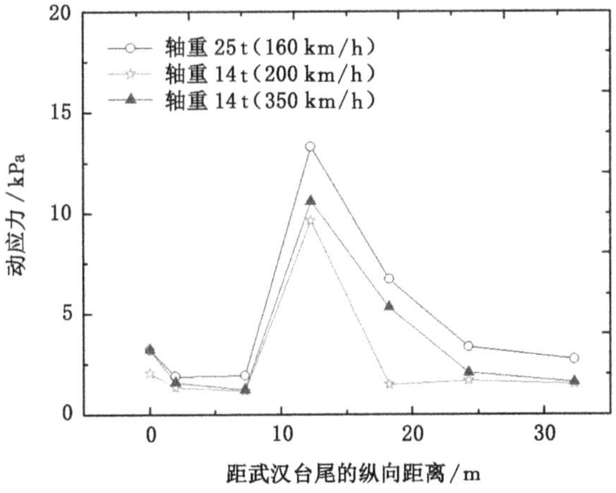

图 6-30　不同轴重作用下路-桥过渡段基床表层表面动应力幅值变化曲线

(2) 动加速度

不同轴重车辆通行状况下，路-桥过渡段不同深度动加速度幅值变化如表 6-13、表 6-14 和图 6-31、图 6-32 所示。

表 6-13　路-桥过渡段不同轴重车辆通行时沥青混凝土层动加速度幅值变化表

距离武汉台尾的纵向距离/m	动车组均值/(m/s^2)	运行速度/(km/h)	轨检车均值/(m/s^2)	运行速度/(km/h)	增加幅度/%
−2	10.12	180	38.735	160	282.76
	20.05	350			93.19
0	6.34	180	17.436	160	175.02
	9.88	350			76.48
8	4.62	180	17.835	160	286.04
	9.83	350			81.43
19	3.93	180	15.937	160	305.52
	9.82	350			62.29
27	4.23	180	15.312	160	261.99
	8.76	350			74.79
38	3.08	180	14.763	160	379.32
	10.16	350			45.31

表 6-14　路-桥过渡段不同轴重车辆通行时基床表层动加速度幅值变化表

距离武汉台尾的纵向距离/m	动车组均值/(m/s^2)	运行速度/(km/h)	轨检车均值/(m/s^2)	运行速度/(km/h)	增加幅度/%
1.27	0.71	200	3.37	160	290.14
	2.24	350			23.66
8.27	2.05	200	3.51	160	71.22
	3.04	350			15.46
13.27	2.09	200	3.34	160	59.81
	2.48	350			34.68
19.27	3.14	200	7.57	160	141.08
	6.04	350			25.33
25.27	3.02	200	7.43	160	146.03
	6.13	350			21.21
33.27	2.37	200	5.63	160	137.55
	4.75	350			18.53

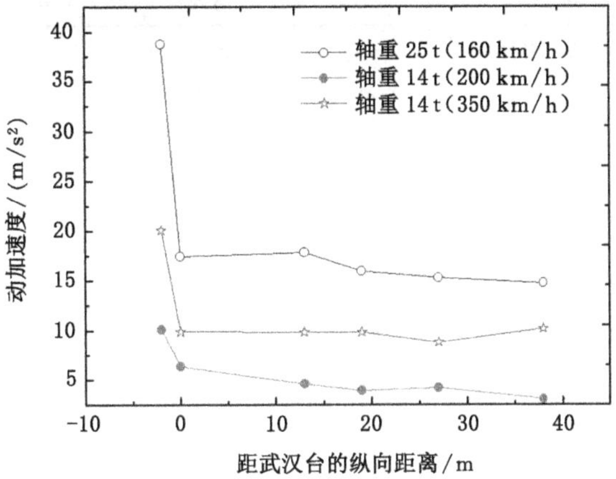

图 6-31　不同轴重作用下路-桥过渡段沥青混凝土层动加速度幅值变化曲线

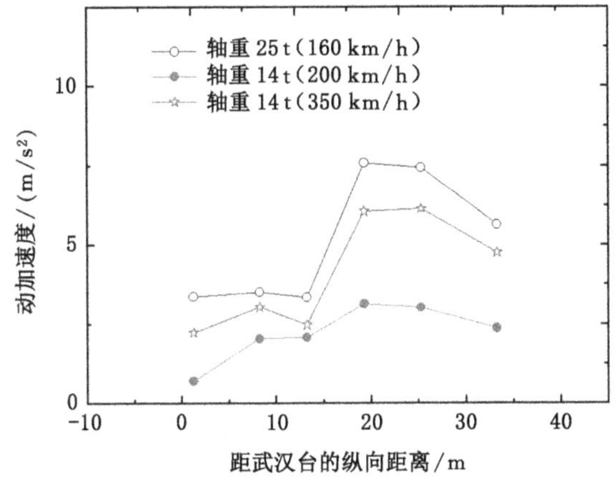

图 6-32　不同轴重作用下路-桥过渡段基床表层表面动加速度幅值变化曲线

由数据分析可知,当列车由轴重较轻的动车组变成轴重较大的轨检车时,对于同一行驶车速,加速度幅值在沥青混凝土层增加幅度大,达到 379.32%,在其他层面上加速度幅值加幅度相对小一点,但也在 25%以上。这说明各测点的加速度幅值受轴重的影响十分显著。

(3) 振动速度

不同轴重车辆通行状况下,路-桥过渡段不同深度振动速度幅值如表 6-15和图 6-33 所示。

表 6-15　路-桥过渡段不同轴重车辆通行时基床表层振动速度幅值变化表

距离武汉台尾的纵向距离/m	动车组均值/(mm/s)	运行速度/(km/h)	轨检车均值/(mm/s)	运行速度/(km/h)	增加幅度/%
1.27	8.86	200	20.53	160	131.72
	17.57	350			16.85
3.27	5.25	200	12.31	160	134.48
	9.28	350			32.65
19.27	2.12	200	4.14	160	95.28
	3.51	350			17.95
33.27	3.05	200	3.52	160	15.41
	2.71	350			29.89

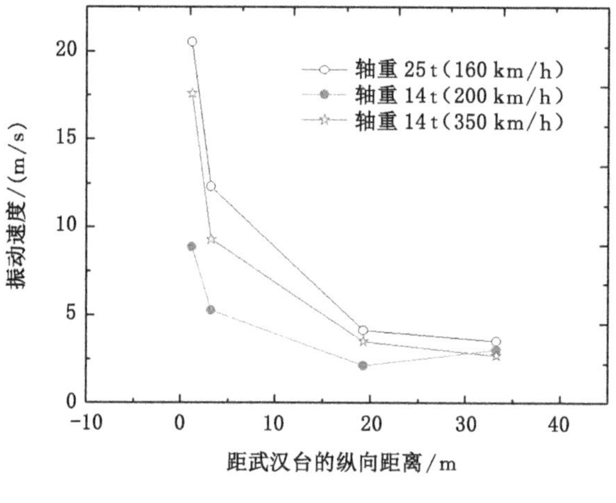

图 6-33　不同轴重作用下路-过渡段基床表层表面振动速度幅值变化曲线

由数据分析可知,在列车由轴重较轻的动车组变成轴重较大的轨检车情况下,当动车行驶速度为 200 km/h 时,各个测点的振动速度幅值增长最高达到了 134.48%;当动车行驶速度为 350 km/h 时,各个测点的振动速度幅值增长不是很明显,这也说明车辆轴重对振动速度的影响相比轴重对动加速度的影响不是很显著。

(4) 动位移

不同轴重车辆通行状况下,路-桥过渡段不同深度动位移幅值如表 6-16～表 6-18 和图 6-34～图 6-36 所示。

表 6-16　路-桥过渡段不同轴重车辆通行时轨道板动位移幅值变化表

距离武汉台尾的纵向距离/m	动车组均值/mm	运行速度/(km/h)	轨检车均值/mm	运行速度/(km/h)	增加幅度/%
0	0.080 5	200	0.152	160	88.82
	0.123 4	350			23.18
8	0.041 5	200	0.062	160	49.40
	0.035 7	350			73.67
19	0.084 0	200	0.113	160	34.52
	0.095 0	350			18.95
25	0.050 2	200	0.091	160	81.27
	0.062 8	350			44.90

表 6-17　路-桥过渡段不同轴重车辆通行时沥青混凝土层动位移幅值变化表

距离武汉台尾的纵向距离/m	动车组均值/mm	运行速度/(km/h)	轨检车均值/mm	运行速度/(km/h)	增加幅度/%
−2	0.019 4	200	0.136	160	601.03
	0.072	350			88.89
0	0.016 7	200	0.021	160	25.75
	0.011	350			90.91
8	0.0182 4	200	0.038	160	108.33
	0.022 3	350			70.40
19	0.038 43	200	0.052	160	35.31
	0.036 8	350			41.30
25	0.047 45	200	0.068	160	43.31
	0.054 3	350			25.23
33	0.055 64	200	0.065	160	16.82
	0.050 4	350			28.97

表 6-18　路-桥过渡段不同轴重车辆通行时基床表层动位移幅值变化表

距离武汉台尾的纵向距离/m	动车组均值/mm	运行速度/(km/h)	轨检车均值/mm	运行速度/(km/h)	增加幅度/%
1.27	0.001 4	200	0.004 3	160	207.14
	0.003 2	350			34.38

表 6-18(续)

距离武汉台尾的纵向距离/m	动车组均值/mm	运行速度/(km/h)	轨检车均值/mm	运行速度/(km/h)	增加幅度/%
8.27	0.004 1	200	0.007 1	160	73.17
	0.006 1	350			16.39
13.27	0.007 8	200	0.012 9	160	65.38
	0.012 5	350			3.20
19.27	0.012 1	200	0.012 1	160	0.00
	0.009 2	350			31.52
25.27	0.015 8	200	0.042 6	160	169.62
	0.034 5	350			23.48
33.27	0.009 3	200	0.023 1	160	148.39
	0.019 3	350			19.69

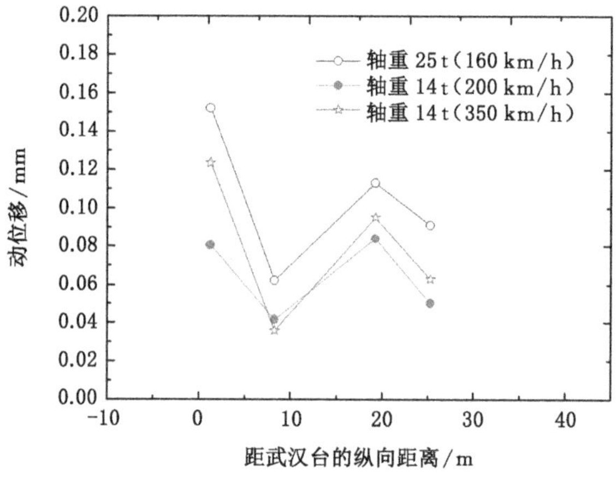

图 6-34 不同轴重作用下路-桥过渡段轨道板动位移幅值变化曲线

由数据分析可知,在列车由轴重较轻的动车组变成轴重较大的轨检车情况下,动车行驶速度为 200 km/h 时,动位移幅值增加 30%～80%,当动车行驶速度为 350 km/h 时,动位移幅值增加 18%～75%,这说明各测点的动位移幅值受轴重的影响比较明显。

6.4.8 邻线行车对动响应幅值的影响

(1) 动应力

在行车速度为 200～360 km/h 时,邻线行车和本线行车情况下,本线路基

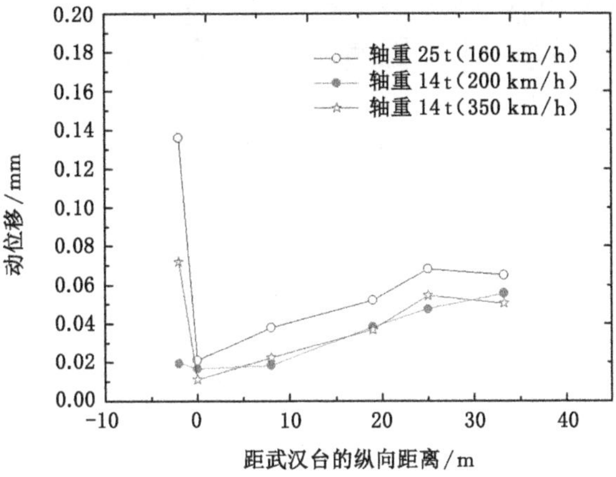

图 6-35　不同轴重作用下路-桥过渡段沥青混凝土层动位移幅值变化曲线

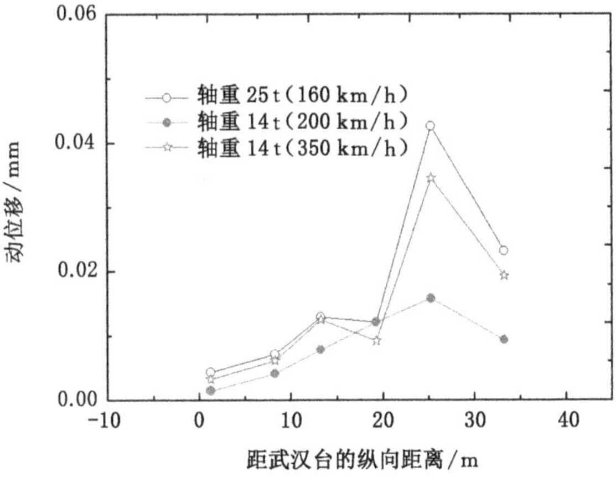

图 6-36　不同轴重作用下路-桥过渡段基床表层表面动位移幅值变化曲线

不同深度动应力幅值的数据如表 6-19 所示。

表 6-19　邻线行车和本线行车情况下本线动应力幅值表

位置	邻线行车		本线行车		所占百分比/%
	极值范围/kPa	均值/kPa	极值范围/kPa	均值/kPa	
基床表层顶面	1.170～5.53	3.36	9.12～14.86	11.92	28.19
基床表层底面	0.21～3.361	2.210	7.86～9.79	8.65	25.55

注:"所占百分比"是指邻线行车时动响应均值与本线行车时动响应均值之比。下同。

由表 6-19 可知，邻线行车对本线基床表层和底层动压应力的影响在基床层是有影响的，邻线行车时动土压力一般是本线行车时动压力的 25%～28%。

(2) 动加速度

在行车速度为 200～360 km/h 时，邻线行车和本线行车情况下，本线各测点加速度幅值的数据如表 6-20 所示。

表 6-20　邻线行车和本线行车情况下本线加速度幅值表

位置	邻线行车		本线行车		所占百分比/%
	极值范围/(m/s^2)	均值/(m/s^2)	极值范围/(m/s^2)	均值/(m/s^2)	
轨道板	0.871～4.045	2.221	48.308～111.707	95.41	2.33
沥青混凝土层	0.370～6.963	1.921	2.313～23.241	7.48	25.68
基床表层顶面	0.810～2.026	1.296	2.883～5.290	3.855	33.62
基床表层底面	0.607～1.322	0.572	0.797～2.283	1.314	43.53

由表 6-20 可知，在轨道板层，邻线行车对本线加速度的影响非常小，而随着深度的增加，邻线行车对本线加速度的影响逐渐增大。很明显，在列车运行过程中，邻线行车时轨道板加速度幅值只占本线行时的 2.33%，而在沥青混凝土层时邻线行车时加速度幅值达到本线行车时 25.68%，在基床表层和底层的就更大了。这说明邻线行车对本线动加速度的影响在浅层较小，而在深层则较为明显。

(3) 振动速度

在行车速度为 200～360 km/h 时，邻线行车和本线行车情况下，本线各测点振动速度幅值的数据如表 6-21 所示。

表 6-21　邻线行车和本线行车情况下本线振动速度幅值表

位置	邻线行车		本线行车		所占百分比/%
	极值范围/(mm/s)	均值/(mm/s)	极值范围/(mm/s)	均值/(mm/s)	
轨道板	0.608～2.855	1.686	1.006～22.355	6.529	25.82
沥青混凝土层	0.361～4.084	1.559	0.489～8.504	3.655	42.65
基床表层顶面	0.412～1.312	0.876	1.862～2.709	2.133	41.07
基床表层底面	0.298～0.907	0.486	0.208～1.896	1.303	37.30

由表 6-21 可知，邻线行车对本线振动速度的影响不小，在列车运行过程中，邻线行车时轨道板振动速度幅值也是本线行车时的 25.82%，而在沥青混凝土层

时邻线行车时振动速度幅值是本线行车时的 42.65%，在基床表层和底层邻线行车时轨道板振动速度幅值也是本线行车时 35%以上。这说明邻线行车对本线振动速度的影响较为明显。

（4）动位移

在行车速度为 200～360 km/h 时，邻线行车和本线行车情况下，本线各测点动位移幅值的数据如表 6-22 所示。

表 6-22　邻线行车和本线行车情况下本线动位移幅值表

位置	邻线行车		本线行车		所占百分比/%
	极值范围/mm	均值/mm	极值范围/mm	均值/mm	
轨道板	0.005～0.022	0.018	0.002～0.145	0.110	16.36
沥青混凝土层	0.003～0.019	0.008	0.004～0.121	0.075	10.67
基床表层顶面	0.001～0.012	0.002	0.001～0.038	0.011	18.18
基床表层底面	0.001～0.001	0.001	0.000～0.013	0.006	16.67

由表 6-22 可知，邻线行车对本线动位移的影响不大，在列车运行过程中，邻线行车时轨道板动位移幅值是本线行车时的 16.36%，而在沥青混凝土层时邻线行车时轨道板动位移幅值是本线行车时的 10.67%，在基床表层和基床底层邻线行车时轨道板动位移幅值也不超过本线行车时的 20%。这说明邻线行车对本线动位移的影响不是很明显。

6.5　本章小结

针对首次在新建武广高速铁路综合试验段进行的两种车型 120 次高速行车条件下的动力学测试(最高速度达 354.7 km/h)，笔者对现场实测数据进行时域和频域分析，取得了“和谐号”动力分散型电力车组移动荷载作用下，过渡段轨道-路基系统动响应信号，并通过小波软阈值滤波，牛顿-柯特斯积分法、五点三次平滑法分析，结合 Matlab 软件编程，获取了路基结构较真实的动响应时程曲线，进而对其进行随机数据信号的均方值、均值和方差的统计分析，并通过 K 检验法进行正态分布的假设检验；进一步验证数据的真实性，从而剔除部分不真实数据，获得了真实信号。具体结论如下：

（1）基床表层的自振频率为 22.77 Hz(一阶)，基床表层的振动频率主要在 200 Hz 以内，振动频率主要分布在 5 个主频域内，其频率随速度的提高而向高频方向移动，且二者之间有较好的线性关系。基床表层对振动加速度频谱的主频虽不相同，但第一主频的集中范围一般为 10～50 Hz。

(2) 过渡段的最大动应力、动位移均在高刚度结构物和低刚度结构物之间。比如在基床表层，动压应力在距离桥台台尾 13 m 处为峰值；在离台尾 19 m 和 25 m 的位置，加速度和动位移幅值出现峰值；而振动速度随着桥台往路基方向逐渐减小。除了路基沉降的影响，过渡段结构形式和构造物的刚度变化也可能是引起此现象的原因之一。动应力、动加速度、动位移随过渡段刚度变化影响较大，而动速度却不太受过渡段刚度变化的影响。

(3) 随着路基基床表层深度的增加，加速度幅值随路基深度的衰减趋势十分明显，衰减幅度达到 65.97%，其他依次是动速度和动位移、动应力，其衰减幅度分别为 38.9%、38.46%和 27.41%。从基床表层到基床表层下 1.7 m，动应力和动加速度的衰减幅度都比较大，达到了 80%以上，而动速度和动位移也达到了 57.15%和 76.92%，由此可见，基床层承担了主要的动响应部分，而基床加速度更能灵敏地反映基床的振动情况。

(4) 在武汉台尾处，动压应力随列车速度增加而增加；在过渡段及普通路基处，动压应力随列车行驶速度变化曲线近似呈直线，说明列车行驶速度对动应力影响并不是很大，只有在距离武汉桥台 13.27 m 时，列车速度最为敏感，车速为 260 km/h 时，动土压力响应值最小，随后又随着车速的增加而增加，趋势非常缓慢。动压应力和动位移随列车行驶速度变化曲线近似呈直线，说明列车行驶速度对动应力和动位移影响并不是很大。加速度和振动速度幅值均随着行车速度增长而增大，但行车速度对各个层面加速度幅值的影响明显呈现“上大下小”的趋势，行车速度对轨道板加速度、振动速度的影响较为明显，而对路基面及以下部分的加速度、振动速度则影响甚微。这说明在轨道状态较好的状况下，列车速度对系统动力响应的影响主要在轨道路基结构上部，对基床表层以下影响不大。因此高速铁路轨道路基中，基床表层以上结构在是设计中应给与必要重视的。

(5) 列车轴重由较轻的动车组改为较重的轨检车时，动应力响应值增加 50%左右，振动速度幅值增加也很大，竖向动位移幅值增加 18%～80%，说明轴重对各测点的竖向动响应影响较为明显。可见，车辆轴重在过渡段路基(动力)设计中也应予以重视。

(6) 列车行驶方向对路-桥过渡段基床表层表面的影响很大，在距离桥台台尾 13.27 m 处非常明显，列车下行的动应力幅值比列车上行的动应力幅值增加了 403%。这说明列车驶向对路-桥过渡段动应力幅值的影响非常大。在行车速度一致的情况下，列车行驶方向对各测点的加速度、振动速度和竖向动位移幅值影响并不明显，差值一般在 1%～15%之间，无实质性影响。

(7) 过渡段的邻线行车对本线各测点加速度、振动速度和动位移的影响主要表现为下层影响较大，上层影响较小，即呈现“下大上小”的趋势。总的来说，邻线行车对本线动压应力、振动加速度和振动速度的影响是本线行车时相应动响应的45％以内，而邻线行车时动位移幅值是本线行车时的16.67％以下，对本线的动力学响应无实质性影响。

(8) 测试数据表明，该路-桥过渡段所采用的过渡段形式以及用级配碎石＋5％水泥作填料的过渡效果较为理想，过渡段路基填筑的质量满足设计和运营要求。

第7章　过渡段结构设计及相邻过渡段之间动力特性相互影响分析

高速列车作用下的车辆-轨道-过渡段路基系统，是一个十分复杂的大系统，其动力学性能的影响因素十分复杂，不仅与高速列车的车型、车速、行驶方向等因素有关，还与过渡段的长度、折角、刚度比、设计形式等因素有关，与轨道结构的设计和路基参数也密切相关。不同的过渡段设计，不同的轨道设计参数和路基参数的变化都会对系统的振动响应产生很大的影响。下面就这些因素对系统动力学性能的影响进行详细的研究和探讨。

7.1　车辆轨道路基动力学特性评价指标

为了获取较准确的动力特性评价指标，本书搜集大量资料，确定了包括车辆运行安全性、车辆运行平稳性和轨道-路基动力三方面的评价指标共十个评价指标。

(1) 轮重减载率

不同国家、不同规范对轮重减载率的评价标准不一样，我国国家标准 GB/T 5599—2019 规定的轮重减载率为：

$$第一限度：\Delta P/\bar{P} \leqslant 0.65 \qquad (威胁限度) \tag{7-1}$$

$$第二限度：\Delta P/\bar{P} \leqslant 0.60 \qquad (允许限度) \tag{7-2}$$

式中，$\Delta \bar{P}$ 为减载侧车轮的轮重减载量，P 为减载和增载侧车轮的平均静轮重。

在德国高速列车试验中，动态轮重减载率限值为 0.9；美国采用的限值也是 0.9；日本在新干线铁路提速时，动态轮重减载率限值为 0.8；我国在南津线脱轨试验中规定为 0.8，而在大秦线脱轨试验以及郑武线 240 km/h 高速试验中，动态轮重减载率限值为 0.9，均能保证行车安全。因此，本书执行如下标准：

$$(\Delta P/\bar{P})_{\rm dyn} \leqslant 0.90 \tag{7-3}$$

(2) 车体振动加速度评定标准

陈果在对 250 km/h 高速铁路轨道不平顺的安全管理研究中，建议车体的垂向加速度(半峰值)限值分别为 $0.125g$(舒适)、$0.17g$(安全)、$0.25g$(安全极值)；铁道系统关于机车动力学性能试验鉴定方法及评定标准对机车运行平稳性的最大垂向振动加速度限定值为 2.45 m/s^2(优良)、2.95 m/s^2(良好)、3.63 m/s^2(合格)；俞展猷在对 SS8 型电力机车进行高速动力学试验中选择的评定标准为 2.45 m/s^2；中国铁道科学研究院铁道建筑研究所在其研究报告中建议的中国高速铁路轨道不平顺日常管理标准（半峰值)为 0.13g(舒适)、0.20g(安全)；雷晓燕等认为对提速线路车体垂向振动加速度(半峰值)的限值应为 0.2g(安全)。本书亦认为 0.2g 为安全。

(3) 平稳性指标

平稳性指标 W 按照以下公式计算：

$$W = 7.08 \cdot \left[\frac{A^3}{f}F(f)\right]^{0.1} \tag{7-4}$$

式中　W——平稳性指标；

A——振动加速度，g(重力加速度)；

f——振动频率，Hz；

$F(f)$——频率修正系数(列于表 7-1)。

表 7-1　频率修正系数

垂向振动		横向振动	
0.5～5.9 Hz	$F(f)=0.325f^2$	0.5～5.4 Hz	$F(f)=0.8f^2$
5.9～20 Hz	$F(f)=400/f^2$	5.4～26 Hz	$F(f)=600/f^2$
>20 Hz	$F(f)=1$	>26 Hz	$F(f)=1$

当含有 N 个频率成分时，总的平稳性指标按下式求得：

$$W = \sqrt[10]{(W_1^{10} + W_2^{10} + \cdots + W_N^{10})} \tag{7-5}$$

式中，N 为整个波段的分组总数。

通过车体的垂向和横向振动加速度计算出平稳性指标如下：一级，优：$W \leqslant 2.5$；二级，良：$2.5 < W < 2.75$；三级，及格：$2.75 \leqslant W \leqslant 3.0$。

(4) 舒适性指标

UIC513 标准(《铁路车辆内旅客振动舒适性评价准则》)从纵向、垂向、横向三个方向综合评价列车的乘坐舒适度，舒适度按下式进行计算(具体计算方法和评定等级见 UIC513 标准)：

$$N = 6\sqrt{(a_{xp95}^{W_d})^2 + a_{yp95}^{W_d\ 2} + a_{zp95}^{W_d\ 2}} \tag{7-6}$$

式中　N——舒适度指标；

a——加速度的均方根值；

W_d、W_b——与加权曲线 d、b 的频率加权值有关；

x、y、z——下标，表示纵向、横向、垂向加速度传感器的敏度方向；

P——下标，表示地板面；

95——下标，表示布概率分位点 95%。

舒适度等级划分见表 7-2，列车各客车舒适度等级不应低于 2 级。

表 7-2 舒适度指标

舒适度等级	舒适度指标	评定
1 级	$N<1$	非常舒适
2 级	$1\leqslant N<2$	舒适
3 级	$2\leqslant N<4$	还算舒适
4 级	$4\leqslant N<5$	不舒适
5 级	$N\geqslant 5$	非常不舒适

(5) 轮轨垂向力

目前，关于轮轨垂向作用力，一般沿用英国铁路部门定义的轮轨垂向作用力 P_1、P_2 作为衡量车辆对线路动力破坏的指标。P_1 是由机车车辆簧下质量与钢轨质量之间所发生的高频接触振动而引起的冲击力，由于其频率高(大于 500 Hz)、衰减快，因而来不及向车上及轨下传递，其结果是对钢轨和车轮产生强烈作用，是导致车轮扁疤、轨头破损、螺栓孔裂纹及鱼尾板折断的主要原因。P_2 是整个机车车辆系统与轨道线路系统受脉冲激励而出现的中低频响应力(其频率通常在 30～100 Hz 范围内)，它能直接向轨下传播，因而对轨道变形及轨下基础破坏起主要作用。英国铁路部门规定了机车车辆通过钢轨接头等产生瞬态冲击作用时的轮轨垂向力 P_1 和 P_2 的限值标准，如表 7-3 所示。

表 7-3 英国关于轮轨垂向力 P_1 和 P_2 的允许值(kN)

车种	车轮踏面外形	P_1	P_2	P_1+P_2
货车	锥形	400	250	600
	磨耗形	425	250	625
机车	锥形	480	340	820
	磨耗形	510	340	850

德国联邦铁路部门规定，就线路负荷而言，非冲击性的中低频轮轨垂向力(类似于力 P_2)不允许超过极限值 170 kN。

(6) 钢轨垂向位移

霍婉明等从轮、轨相互作用观点出发，讨论了轨道刚度与轮、轨相互作用力的关系，认为只有提高轨道弹性，降低轨道刚度，才能适应当前提速和发展高速运输的需要，并建议将混凝土轨枕轨道的钢轨下沉量控制在接近 2 mm 的水平；王其昌等对车辆与轨道相互作用的动力学特性评价，采用的钢轨垂向动位移限值均为 2 mm。

(7) 钢轨的振动加速度

据雷晓燕介绍，日本高速铁路部门根据行车密度的大小，分别制定了不同的控制标准，行车次数较多时，钢轨垂向振动加速度的限值为 $200g$，行车次数较少时，钢轨垂向振动加速度的限值为 $400g$；王其昌等对车辆与轨道相互作用的动力学特性评价，采用的钢轨垂向振动加速度的限值为 $200g$。

(8) 基床表面垂向位移

西南交通大学道路与铁道工程系在其研究报告中采用的控制值为小于 3.5 mm；王其昌等对车辆与轨道相互作用的动力学特性评价，采用的基床表面垂向位移限值为 2 mm；本书认为基床表面的垂向位移以 1 mm 为限较适宜，这与钢轨的垂向位移限值也是协调的。

(9) 基床表面应力

左藤吉彦将路基状态分为良、普通、差三大类，分别对应的路基容许应力为 0.3 MPa、0.24 MPa、0.15 MPa，当使用路基表面最大应力作为控制值时，对应于平均应力的路基容许应力还应增加 20%；《铁路工务技术手册：轨道》中规定，常速铁路路基面的容许应力(动应力)为 0.13 MPa(新建铁路)和 0.15 MPa(既有线)；中国铁道路科学研究院铁道建筑研究所建议的路基设计动应力计算值为 0.11 MPa(中速无缝线路)、0.10 MPa(高速无缝线路)；日本高速铁路路基设计动应力的幅值为 0.092 MPa。

(10) 道床表面振动加速度和路基表面的应力

道床表面振动加速度过大，可使道砟颗粒破碎，相互间嵌制力和摩擦力降低，从而加速道床残余变形累积，引起道床板结与沉陷，产生边坡坍塌等严重后果；路基表面动应力过大，对路基下沉和稳定性不利，从而影响到线路变形和几何形位的保持，因此道床表面振动加速度和路基表面动应力也作为衡量轮轨作用强弱的又一指标。

由此可见，对车辆与线路相互作用的动力学特性评价，既要对车辆系统的振动，尤其是车体的振动进行控制，保证乘坐的舒适性和运行的平稳性，还应尽可能全面地建立反映车辆运行的安全性和线路结构中各部件振动特性的指标体系，确保行车的安全，控制线路状态的劣化速率，减少线路结构中各部件的伤损。至今为止，我国还未建立起一个权威的车辆与线路相互作用的动力学特性评价体系（国际上也如此）。各专业根据学科领域的特点，针对具体的问题，建立（或介绍）了众多的评价方法。为了对高速铁路路基的动力学特性有一个较为全面的评价，应制定路基的不平顺控制标准。由于本书主要考虑竖向动力响应，因此选用了轮重减载率、车体垂向加速度、平稳性指标、舒适度指标、轮轨垂向力、钢轨垂向位移、钢轨垂向振动加速度、基床表面垂向位移、基床表面应力、道床表面振动加速度、路基表面动应力等动力学指标作为路基动力学特性的评价指标。

7.2 过渡段结构对动力响应影响因素分析

7.2.1 过渡段长度对过渡段路基动力特性的影响

设置过渡段是为了使过渡段高刚度结构与低刚度结构间刚度逐渐变化，将台阶式跳跃沉降变为连续的斜坡式沉降甚至是零沉降，从而达到降低列车与线路的振动，减缓线路结构的变形，保证列车安全、舒适、高效运行的目的。过渡段的长度直接影响着过渡段的性能，是过渡段设置最为重要的一个参数，在以往的过渡段研究中有很多这方面的内容。

影响过渡段合理长度的因素主要有行车速度、线路结构、车辆性能、评价指标、台背填土高度、工后沉降允许值、线路维护周期等。确定过渡段合理长度的基本原则，应考虑在确保列车按规定速度安全平稳和不间断地运行条件下做到技术上可行和经济上合理，也就是应做到因减少工后沉降所增加的投资与因工后沉降而需增加的养护维修费之和最小。

然而，在具体实施中，过渡段应该有多长、过渡段轨道刚度如何匹配等问题，国内外都没有一个明确的理论依据，而且实施效果大多数不理想。以往确定路-桥过渡段长度的方法常常有台背填土高度法、工后沉降差法、轮载衰减法、车体加速度响应法和临界状态法等。

《京沪高速铁路设计暂行规定》要求，路堤与桥台连接处应设置过渡段，过渡段长度按式(7-7)确定：

$$L = 2h + A \tag{7-7}$$

式中 L——过渡段长度，m；

h——台后路堤高度，m；

A——常取 3～5 m。

而《高速铁路设计规范》（TB 10621—2014）中对过渡段设置长度有了更为明确的规定，由下式确定，并规定不小于 20 m。

$$L = a + (H - h) \times n \tag{7-8}$$

式中　L——过渡段设置长度，m；

H——路堤填筑高度，m；

h——基床表层的厚度，m；

a——倒梯形底部沿线路方向的长度，取 3～5 m；

n——常数，取 2～5。

照此来算，路-桥过渡段长度一般不短于 22 m。

总之，在选择路-桥过渡段长度时，过短虽不利，但过长也没有必要。应通过多方面综合分析寻求合理长度，做到技术上可行，经济上合理。因此，本书在列车速度为 350 km/h、轨面弯折和差异沉降都为 0、过渡段刚度比为 1∶3.3、过渡段为正梯形的前提下，选择过渡段长度为 8 m、10 m、15 m、20 m、25 m 和 30 m 进行计算，计算结果见表 7-4。可以发现，参数基床表层动应力、基床表层动位移、路基表面动应力和道床表面动加速度的幅值随过渡段长度变化不太明显，但其幅值在过渡段纵向的变化却有所不同，因此图 7-1 绘出了其沿过渡段纵向的变化规律。轮重减载率、车体加速度和轮轨垂向力随过渡段长度变化较明显，图 7-2 列出了其随过渡段长度的变化曲线。

表 7-4　过渡段长度对各动参数的影响

L/m	车辆指标			动加速度/(m/s²)			动应力/kPa				动位移/mm	
	$\Delta P/\bar{P}$	W	N	a_c	a_r	a_b	P	σ_b	σ_{s1}	σ_{s2}	U_r	U_{s1}
8	0.132 4	2.12	1.0	0.86	279.28	2.04	65	11.17	10.10	4.38	1.72	0.044
10	0.120 1	2.01	0.8	0.82	279.30	2.00	65	10.91	10.13	4.37	1.72	0.044
15	0.110 4	1.95	0.8	0.58	279.33	1.97	64	10.83	11.20	4.35	1.72	0.044
20	0.105 3	1.92	0.5	0.42	279.33	1.86	61	10.94	10.87	4.34	1.72	0.043
25	0.063 2	1.86	0.4	0.40	235.37	1.85	59	11.07	10.94	4.37	1.72	0.043
30	0.053 7	1.81	0.4	0.40	235.25	1.84	58	11.34	10.91	3.70	1.72	0.039

注：L——过渡段长度，$\Delta P/\bar{P}$——轮重减载率，W——平稳性指标，N——舒适度指标，a_c——车体垂向加速度，a_r——钢轨垂向振动加速度，a_b——道床表面振动加速度，P——轮轨垂向力，σ_b——道床应力，σ_{s1}——基床表层动应力，σ_{s2}——路基表面动应力，U_r——钢轨垂向位移，U_{s1}——基床表层垂向位移（下同）。

由表 7-4 可以看出，过渡段长度从 8 m 变化到 30 m，平稳性指标 W 均小于 2.5，轮重减载率均小于 0.8，舒适性指标均小于 1，且都是随着过渡段的增长而减小；由表 7-4 和图 7-1、图 7-2 还可以看出，过渡段长度对轨下性能影响微弱，而对轨上车体的动力学行为影响相对较大。从图 7-2 中可以明显看出存在一个临

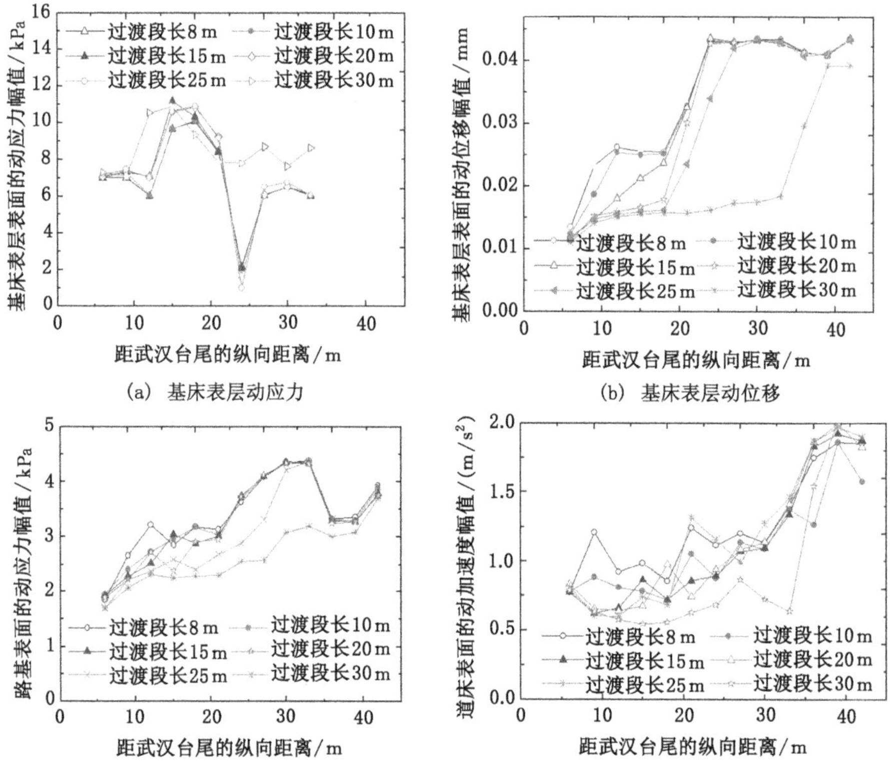

(a) 基床表层动应力 (b) 基床表层动位移

(c) 路基表面动应力 (d) 道床表面加速度

图 7-1 过渡段长度对四种动参数影响曲线

界过渡段长度，当过渡段小于这一长度时，系统性能指标随过渡段长度的变化急剧变化，而当过渡段大于这一长度时，系统性能指标变化趋于平缓。因此根据这个特点，定出选取过渡段长度的方法：第一，选取临界过渡段长最明显的指标，初步定出过渡段长；第二，以此过渡段长度为标准，分别衡量其他指标，需满足在此过渡段长度下，各指标远小于限值。那么，此过渡段长度就可认为是此条件下的临界过渡段长度。

郭义清等认为过渡段的设置长度宜以车体加速度为主要评价标准，由表 7-4可知，车辆质心垂向加速度随过渡段长度的增加而急剧下降，当过渡段长度大于 20 m 时，其车辆质心垂向加速度变化已不明显，而过渡段长度小于 10 m 时，车辆质心垂向加速度大于 0.8 m/s^2，接近 1.0 m/s^2，这说明在现有的设计标准、质量控制指标和施工工艺条件下，过渡段长度的减小必然会增加其路基的动响应，存在安全隐患，路基长期稳定性受到影响。同时也说明了路-桥过渡段的

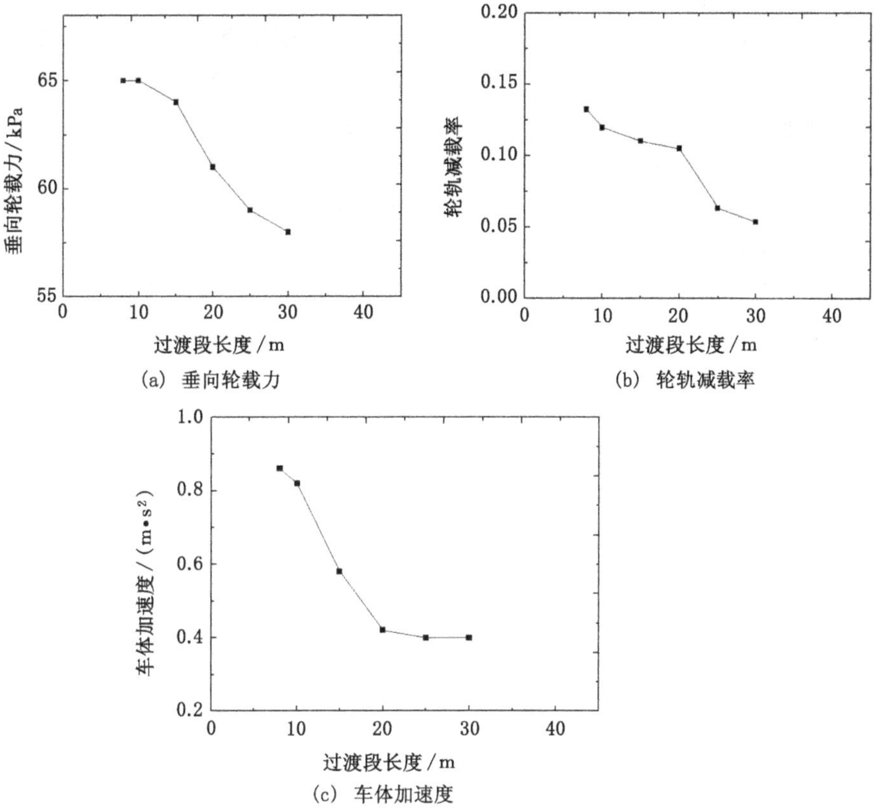

图 7-2　过渡段长度对三种动参数的影响

合理设计长度应为不小于 15 m。

由图 7-1 可知，虽然基床表层动应力、基床表层动位移、路基表面动应力和道床表面动加速度的幅值随过渡段长度变化不太明显，但是过渡段越长，动参数沿纵向的变化越缓和，整个轨道走向动响应参数的幅值变化范围越小，尤其当过渡段长度大于 25 m 后更为明显。由图 7-2 可知，随着过渡段长度的增加，轮重减载率、车体垂向振动加速度、轮轨垂向力等指标均逐步减小。理论计算结果表明，列车以 350 km/h 高速通过时，过渡段长度大于 15～20 m 后，各项动力学指标的变化就非常微小了，再继续增加过渡段的长度，几乎无作用。理论计算结果还表明，即使过渡段的长度短至 10 m，甚至 5 m，虽然车体垂向振动加速度、轮轨垂向力等指标有一定程度的增加，但其数值仍处于比较低的水平，远低于相应的控制值。这也说明了过渡段刚度的变化对过渡段长度设置影响不显著，不成为控制因素。综合考虑，此工点过渡段长度取 25 m 较好。

7.2.2 过渡段轨面弯折的影响

设计时速为 350 km/h 的武广高速铁路采用无砟轨道，对路基的变形要求更严、更高，工后沉降不超过 3 cm，甚至要求地基为“零沉降”，任意路基地段的不均匀沉降不得大于 20 mm/20 m，路-桥、路-隧过渡段或任意两段路基沉降造成的折角不得大于 1‰，沉降差异造成的错台不大于 5 mm。因此本书在取车速 350 km/h，过渡段长度 20 m 的情况下，讨论了过渡段折角为 0.75‰、1‰、3‰和 4‰四种情况的动响应变化规律。计算结果见表 7-5。可以发现，参数基床表层动应力、基床表层动位移、路基表面动应力和道床表面动加速度的幅值随过渡段轨面弯折角变化不太明显，但其幅值在过渡段纵向的变化有所不同。图 7-3 绘出了其沿过渡段纵向的变化规律。轮重减载率、车体加速度和轮轨垂向力随过渡段轨面弯折角改变变化较明显，图 7-4 列出了其与过渡段轨面弯折角的变化曲线。

表 7-5 过渡段折角对各动参数的影响

θ	车辆指标			动加速度/(m/s²)			动应力/kPa				动位移/mm	
	$\Delta P/\bar{P}$	W	N	a_c	a_r	a_b	P	σ_b	σ_{s1}	σ_{s2}	U_r	U_{s1}
0.75‰	0.101 0	1.83	0.8	0.59	258.28	1.86	62	10.83	10.13	4.32	1.72	0.043
1‰	0.323 7	2.23	1.5	0.73	298.30	1.93	66	12.11	11.63	4.38	1.73	0.045
3‰	0.829 5	2.52	2.5	3.41	348.33	2.03	81	13.22	12.47	4.46	1.74	0.047
4‰	0.921 6	3.45	3.2	4.33	385.33	2.27	96	14.06	13.40	4.63	1.75	0.049

注：θ——过渡段轨面弯折角度。

由图 7-3、图 7-4 和表 7-5 可知，随着过渡段折角的增大，车体加速度和等效轮轨力均出现明显的增长，且当过渡段折角为 3‰时，车体垂向加速度最大值已经达到 3.41 m/s²，即 0.35g，大于“八五”国家重点科技攻关计划专题“高速铁路线桥隧设计参数选择研究”项目中的动力学性能指标关于舒适性的指标限值 $a_z \leqslant 0.13g$，且过渡段折角为 0.75‰和 1.0‰时，车体平稳性指标均小于 2.5，车辆通过此处车况为一级(优)，而当过渡段折角达到 3‰时，车辆通过时平稳性指标为 2.52，说明车辆通过时的平稳性已经受到了影响。所以在过渡段设计和施工中，应注意严格控制不均匀沉降造成的轨面弯折。

计算数据表明：轨面弯折变形对过渡段动力学特性的影响非常显著，各项动力学指标随着轨面弯折角的增大，基本呈线性规律增加。在轨面平顺、行车速度达到了 350 km/h 的条件下，各项动力学指标的数值都维持在一个较低的水平，远远低于设计控制值。随着轨面弯折变形的出现和增大，各项动力学特性指标

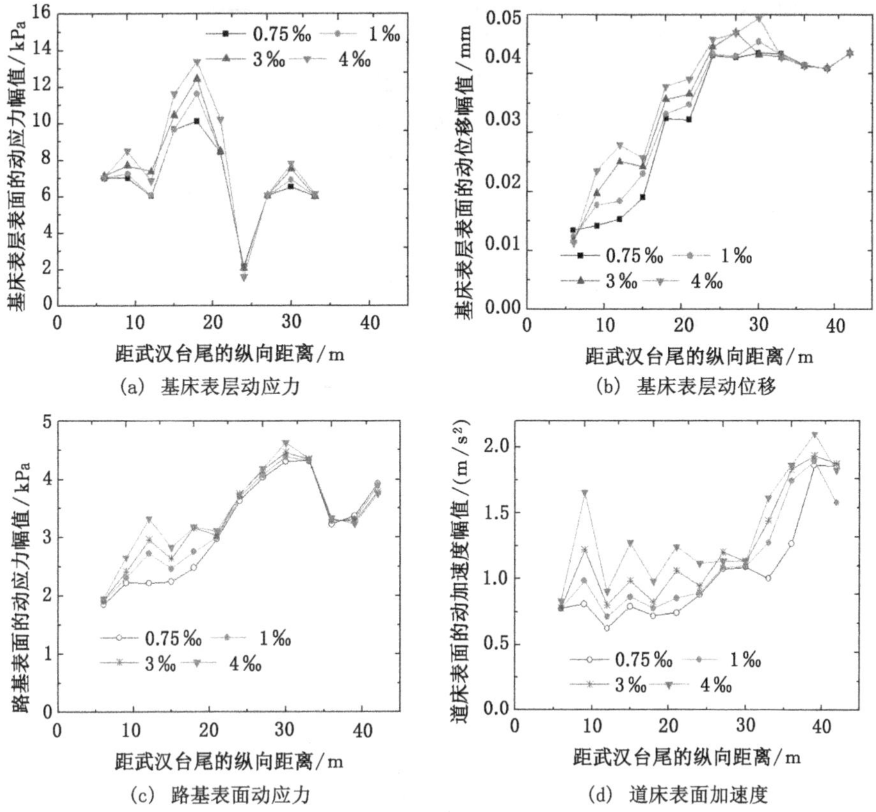

(a) 基床表层动应力　(b) 基床表层动位移

(c) 路基表面动应力　(d) 道床表面加速度

图 7-3　过渡段轨面弯折四种动参数的影响

急剧恶化；轨面弯折角越大，各动响应幅值沿轨道走向的变化幅度越大，引起的动响应不平顺越明显。

由图 7-3、图 7-4 还可以看出，过渡段弯折角对轨上车体的动力学行为影响相比轨下性能影响更大。由于车体加速度、轮重减载率等动力学性能变化是由轨道不平顺所引起的，在过渡段长度确定以后，只要限定折角大小就可以保证车体动力学性能。在理论上，列车以 350 km/h 高速通过时，将轨面变形的弯折角控制在1.5‰～2.5‰以内，就能保证高速列车的正常运行。《京沪高速铁路线桥隧站设计暂行规定》要求路-桥过渡段的允许工后沉降标准为 5 cm，根据1.5‰～2.5‰的弯折角可得到过渡段长度为 20～33 m，这与前述对过渡段长度的研究结果是较为吻合。

7.2.3　过渡段差异沉降对路基动力特性影响分析

为了确定不同沉降差可能造成的影响，在车速为 350 km/h，过渡段长度为

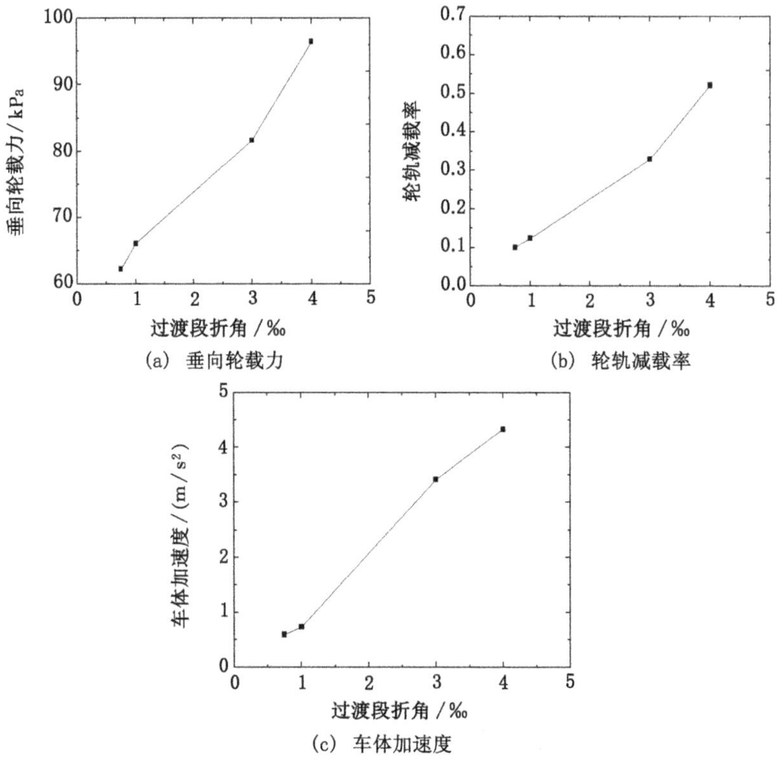

图 7-4　过渡段弯折角度对三种动参数的影响

20 m 条件下，分别计算了在一个轨枕间距 $l_s=0.6$ m 内差异沉降(mm)分别为 1.0、2.0、3.0、4.0、5.0(无砟轨道规范要求)、6.0、7.0 时结构的动力响应。

车辆动力性能随过渡段几何差异沉降的变化见表 7-6。基床表层动应力、基床表层动位移、路基表面动应力和道床表面动加速度的幅值随过渡段轨面差异沉降变化曲线见图 7-5。轮重减载率、车体动加速度和轮轨垂向力随过渡段差异沉降变化曲线见图 7-6。

表 7-6　过渡段差异沉降对各动参数的影响

Δh	车辆指标			动加速度/(m/s²)			动应力/kPa				动位移/mm	
	$\Delta P/\bar{P}$	W	N	a_c	a_r	a_b	P	σ_b	σ_{s1}	σ_{s2}	U_r	U_{s1}
3	0.13	2.13	0.7	0.45	258.28	1.86	62	10.83	10.13	4.32	1.72	0.043
4	0.49	2.33	1.1	0.67	299.97	1.99	86	12.54	11.94	4.38	1.72	0.045

表 7-6(续)

Δh	车辆指标			动加速度/(m/s²)			动应力/kPa				动位移/mm	
	$\Delta P/\bar{P}$	W	N	a_c	a_r	a_b	P	σ_b	σ_{s1}	σ_{s2}	U_r	U_{s1}
5	0.72	2.50	1.8	0.87	366.36	2.47	101	13.96	12.67	4.46	1.73	0.048
6	3.70	3.75	3.0	3.49	418.36	2.90	126	14.36	13.80	4.63	1.74	0.051
7	4.19	4.64	4.7	3.99	496.73	3.56	144	15.83	15.72	4.72	1.75	0.056
8	8.30	6.34	5.3	4.93	599.35	4.61	158	16.11	17.43	4.87	1.75	0.059

注:Δh 为过渡段差异沉降,mm。

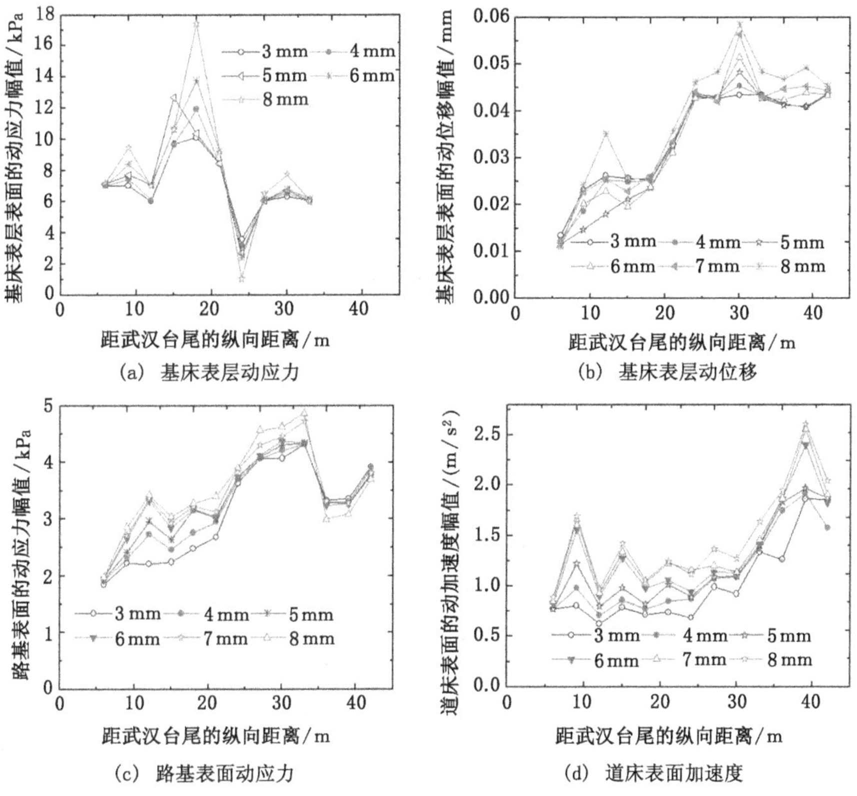

图 7-5　过渡段差异沉降对四种动参数影响曲线

由表 7-6 可见,随着差异沉降的增大,车辆-轨道动态响应依次增大。当差异沉降 $h=5$ mm 时,大部分动力学特性评价指标小于允许值,也有些指标是接近动力学特性控制指标的允许值的,比如:轮重减载率达到 0.72,车辆平稳性指

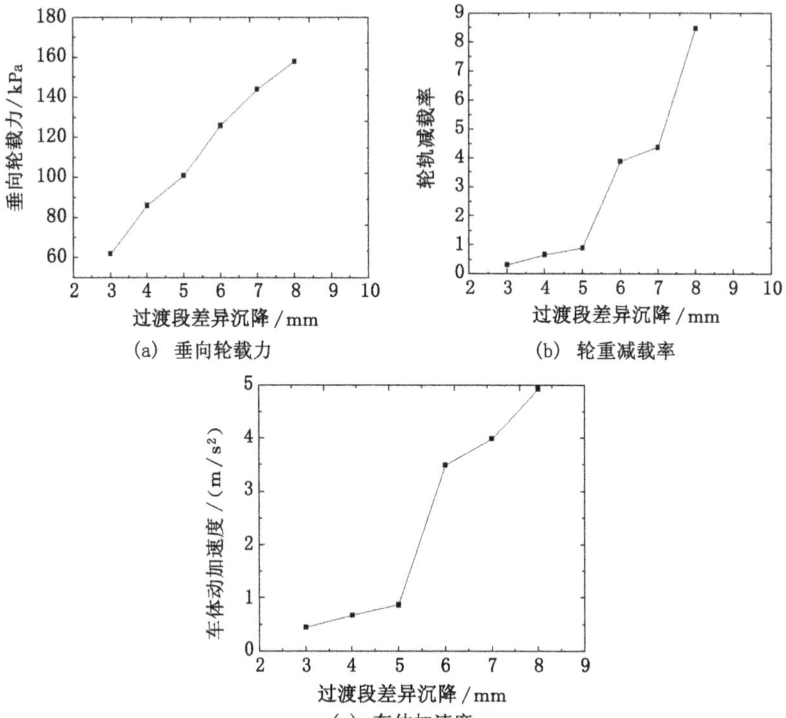

(a) 垂向轮载力 (b) 轮重减载率

(c) 车体加速度

图 7-6 过渡段差异沉降对三种动参数的影响

标为 2.5,车辆舒适性指标为 1.8,车体动加速度为 0.87 m/s^2。从图 7-6 还可以看出,过渡段动响应随过渡段差异沉降增大而增大,且当过渡段差异沉降大于 5 mm后,动响应随差异沉降的增大趋势更为明显。这说明高速铁路无砟轨道要求桥台沉降量之差≤5 mm 是合理的,也是必要的。

另外,从图 7-5 中将不同过渡段差异沉降相应的各动参数沿轨道走向的变化曲线与其他条件下(不同过渡段长度、不同过渡段刚度、不同过渡段形式等)所对应的动参数沿轨道走向的变化曲线相比,发现过渡段差异沉降使得动参数沿轨道走向的变化曲线凹凸程度更为明显,这样就会导致列车运行过程中颠簸程度更为严重,这也说明基础沉降差异对过渡段动参数的影响在过渡段设计中是必须予以考虑的。在实际工程一般采取以下措施:① 将桥台侧面与路基交界处的错落式沉降变成连续式的斜坡式沉降,即将过渡段设计为梯形形式,并对梯形区域的填料进行优化和改良,或者进行加筋处理;② 对已经形成的差异沉降造成的折角,通过调整扣件来调整轨面高程使之保持平顺。

7.2.4　过渡段刚度对路基动力特性影响分析

过渡段的两端由于结构物的结构形式和材料均存在差异，而造成了两者的刚度必然存在一定的差异，而刚度差异会使列车通行时轨面出现不同程度的弯折变形。为了探求过渡段刚度比对车体动响应的影响，本书计算中只取刚度不平顺进行分析。在列车速度为 350 km/h、轨面弯折和差异沉降都为 0、过渡段长度为 20 m、过渡段为正梯形状的前提下，取实际工况路-桥过渡段(刚度比 1∶3.3)和刚度比1∶1.5，1∶6，1∶9(普通路基的刚度不变，增大过渡段刚度)对其最大幅值进行对比分析，计算结果见表 7-7；分析得到不同刚度比沿过渡段纵向的变化规律，如图 7-7 所示；轮重减载率、车体加速度和轮轨垂向力随刚度比的变化如图 7-8 所示。

表 7-7　过渡段刚度对各动参数的影响

刚度比	车辆指标			动加速度/(m/s^2)			动应力/kPa				动位移/mm	
	$\Delta P/\bar{P}$	W	N	a_c	a_r	a_b	P	σ_b	σ_{s1}	σ_{s2}	U_r	U_{s1}
1∶1.5	0.121 6	2.01	0.5	0.33	279.33	2.01	60	10.84	9.99	4.32	1.72	0.045
1∶3.3	0.132 4	1.82	0.8	0.39	279.28	1.86	61	11.17	10.09	4.34	1.72	0.043
1∶6	0.143 4	2.25	1.2	0.45	279.3	1.87	62	11.42	10.16	4.38	1.72	0.043
1∶9	0.151 8	2.62	1.8	0.63	279.29	1.91	65	11.39	9.99	4.39	1.72	0.043

注：刚度比即普通路基的综合模量与过渡段刚度之比。

由表 7-7 可以看出，随着过渡段刚度的增加，无论过渡段刚度比为多少，轮重减载率都远小于 0.8、舒适度指标都小于 2，而稳定性指标除了在刚度为 1∶9 时，稍微大于 2.5，其他均小于 2.5。这说明过渡段与普通路基的刚度比对车辆运行的安全性和平稳性影响并不是很大。

由图 7-7 可以看出，道床动加速度随着刚度比的增大而增大，基床表层动应力、基床表层动位移、路基表面动应力的最大幅值随刚度变化并不是很大，但在路基纵向变化幅值有所不同，尤其在过渡段部分，刚度越大，基床表层动位移越小，而基床表层动应力和路基表面动应力越大，然而，这些参数的变化幅度并不大。

由图 7-8 不难看出，垂向轮载力、轮轨减载率和车体加速度都随刚度比的增大而增大，且当刚度比大于 1∶6 时，这些参数增加得更为明显，然而都未超过规范值。由图还可以看出，随着桥、路结构物刚度差异的增大，车体质心加速度和等效

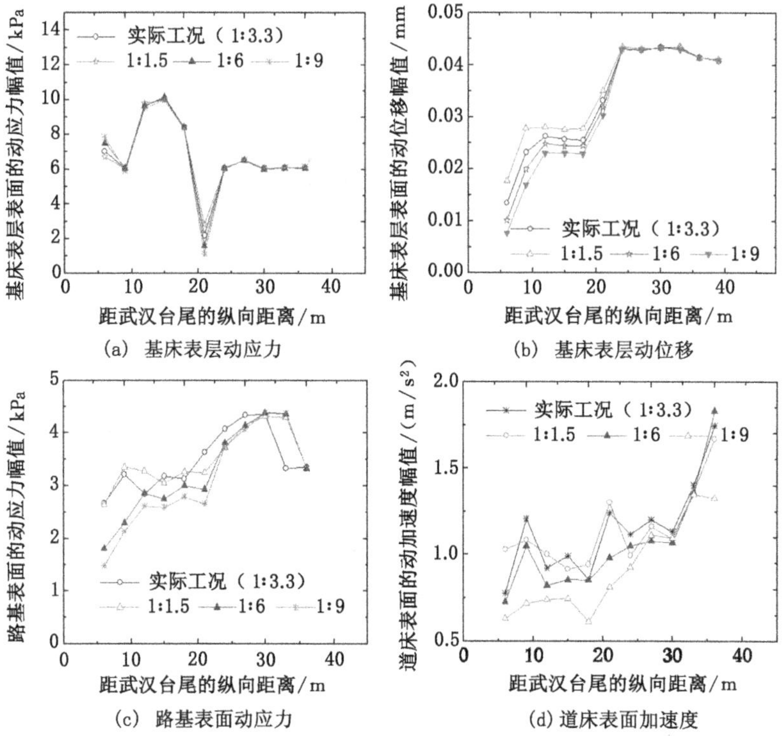

图 7-7 过渡段刚度比对四种动参数影响曲线

轮载力都有不同程度的增加，但增长趋势很平缓，即使是刚度比达到 1∶6 的状况下，其车体竖向加速度幅值也仅 0.45 m/s^2，这说明过渡段两端结构物的刚度差异对列车通行过渡段的影响不是很显著，不是控制过渡段的主要因素。而路-桥过渡段线路状态的现场调查也发现，只要经常对轨道进行起拨道和捣固有砟轨道维修作业，使轨面保持平顺，轨检车就能顺利通过，而不被扣分。

7.2.5 过渡段形式对过渡段动力特性的影响

路-桥过渡段路基采用正梯形或倒梯形结构形式，对其动态响应有何变化？下面将对其进行对比分析。在列车速度为 350 km/h、轨面弯折和差异沉降都为 0、过渡段长度为 20 m、刚度比为 1∶3.3 的前提下，取过渡段正梯形或倒梯形结构形式进行计算，结果见表 7-8。基床表层动应力、基床表层动位移、路基表面动应力和道床表面动加速度的幅值随过渡段长度的变化曲线见图 7-9。

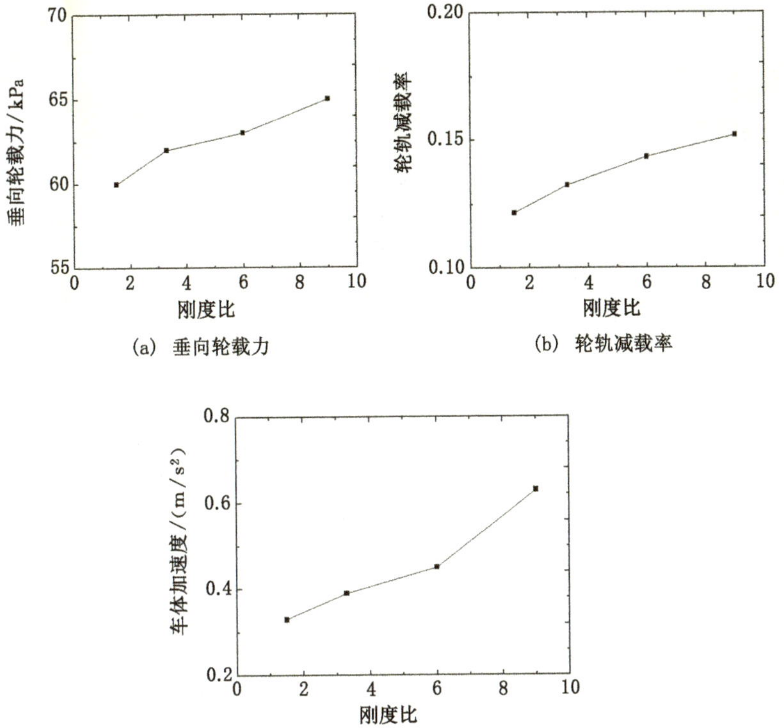

(a) 垂向轮载力　(b) 轮轨减载率　(c) 车体加速度

图 7-8　过渡段刚度比对三种动参数的影响

表 7-8　过渡段形式对各动参数的影响

形式	车辆指标			动加速度/m/s²			动应力/kPa				动位移/mm	
	$\Delta P/\bar{P}$	W	N	a_c	a_r	a_b	P	σ_b	σ_{s1}	σ_{s2}	U_r	U_{s1}
正	0.132 4	1.82	0.5	0.49	279.28	1.86	61	11.17	10.09	4.34	1.72	0.043
倒	0.133 8	1.81	0.4	0.48	279.36	1.97	62	10.92	10.54	4.33	1.72	0.043

注:“正”代表“正梯形”,“倒”代表“倒梯形”。

由表 7-8 和图 7-9 可以看出,过渡段设置为正梯形和倒梯形对动响应幅值的影响并不是太大,且动响应都满足规范要求。另外还可以看出,无论过渡段设置为倒梯形还是正梯形,动响应随线路变化规律是相同的,其幅值大小也比较接近。在基床表层以上部分,倒梯形形式过渡段的动响应值小于正梯形,而在基床表层以下部分,正梯形形式过渡段的动响应小于倒梯形,然而其大小差别均不明

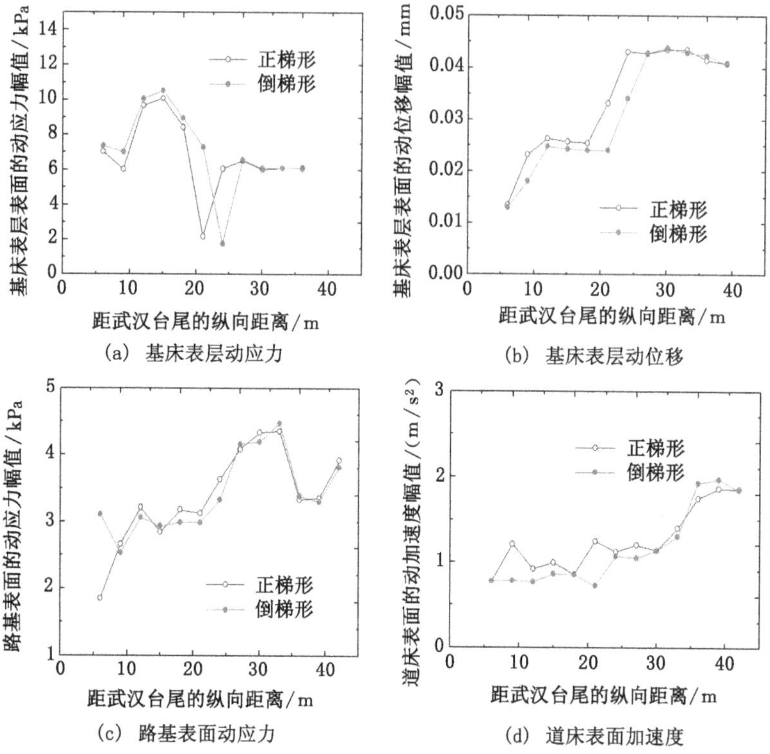

(a) 基床表层动应力　(b) 基床表层动位移

(c) 路基表面动应力　(d) 道床表面加速度

图 7-9　过渡段结构形式对四种动参数影响曲线

显。当深度超过一定距离后，二者基本重合，无影响。然而，为了使过渡段设计更加合理，建议当基床表层材料刚度较大时，采用倒梯形形式过渡段；当基床表层刚度较小，则可以选用正梯形形式过渡段。

7.3　相邻过渡段对路基动力影响分析

目前研究分析大多数只针对单个路-桥（涵）过渡段进行，然而，对于路-桥、路-涵、路隧以及路堤与路堑等不同类型的过渡段的差异性，高密度相邻过渡段之间的相互影响以及不同类型填料过渡段的对比性试验和数值模拟研究等，几乎还是空白。武广高速铁路沿线不同类型的过渡段有近 7 000 处，平均每 45 m 左右就有一处过渡段，本书对高密集相邻过渡段之间的相互影响以及不同类型填料过渡段的动力特性和变形特征进行了研究。针对密集过渡段的设置，曾有文献研究了涵-涵过渡段，通过对不同涵-涵间距进行仿真分析，认为 43.2 m 为最不利的涵-涵过渡段间距。王永和等以竖向加速度 a_z 和横向加速度 a_y 均不超过 1 m/s^2 的情况下作为获取两构筑物之间最短距离的基准，采用 ADAMS 软件对涵-涵过渡段进行了分析，认为当涵-涵间距大于 80 m 时，两过渡段间相互影响基本消除，可以当作两个独立的涵-路过渡段处理。然而，他们的研究结果之所以产生如此大的差别，一方面是因为采用的评价标准不同，另一方面是因为都未考虑到过渡段的刚度比、轨面弯折等其他影响因素。

高速铁路土建工程之间的设计应注重构筑物之间的相互协调。路基、桥涵及隧道等各类构筑物的设计应注重各构筑物间变形协调，应尽量避免不同构筑物间的频繁过渡，应重视轨道刚度均匀性和不同轨道结构间的刚度过渡。当无砟轨道过渡段长度一定时，随着构筑物间距的减少，动响应会发生变化。当短于某距离时，动响应肯定会产生叠加，有可能存在安全隐患。为了消除此安全隐患，将两个过渡段之间的路基部分也换成过渡段填筑材料，即由原来的两构筑物之间的两次过渡变为一次过渡，这样虽然提高了安全系数，但却也提高了工程造价，究竟什么样的情况才非要用一次过渡来处理，还有待于研究。

由路-桥过渡段动响应规律可知，过渡段的存在对路基动响应有一定影响，对于单个的路-桥过渡段，动响应沿轨道走向并不是恒定值，也不是线性变化的，而是存在一定的波动，在轨道走向距离桥台一定距离存在最大值。照此推测，如果两个过渡段相隔很近，将会引起波的叠加，从而是否会导致沿轨道走向某个位置的动响应因波的叠加而增大？本书选择路-桥过渡段间距为 40 m、45 m、60 m、80 m 和 100 m 的情况进行仿真分析，并与实际工况的路-桥过渡段动响应进行对比研究，以获得相邻过渡段最佳的设计参数。计算结果见表 7-9。图 7-10 为不同过渡段密集度下动参数沿轨道走向分布曲线。图 7-11 所示为对过渡段间距与动参数的影响。

表 7-9　相邻过渡段对各动参数的影响

ΔL/m	车辆指标			动加速度/m/s^2			动应力/kPa				动位移/mm	
	$\Delta P/\bar{P}$	W	N	a_c	a_r	a_b	P	σ_b	σ_{s1}	σ_{s2}	U_r	U_{s1}
实际	0.132 4	1.82	0.5	0.39	279.28	1.86	61	11.17	9.93	4.38	1.72	0.044
40	0.110 1	2.76	2.1	0.63	278.91	1.05	68	11.05	10.08	3.03	1.73	0.031
45	0.120 4	2.60	2.8	0.57	235.47	1.12	75	14.92	10.09	3.16	1.73	0.040
60	0.135 3	2.38	1.5	0.51	235.48	1.20	74	11.66	10.12	3.45	1.72	0.042
80	0.123 2	1.97	1.0	0.45	235.48	1.16	66	11.20	10	3.52	1.72	0.043
102	0.125 7	1.58	0.8	0.40	235.48	1.23	65	11.68	9.82	3.51	1.72	0.042

注：ΔL——过渡段间距；“实际”代表实际工况的路-桥过渡段。

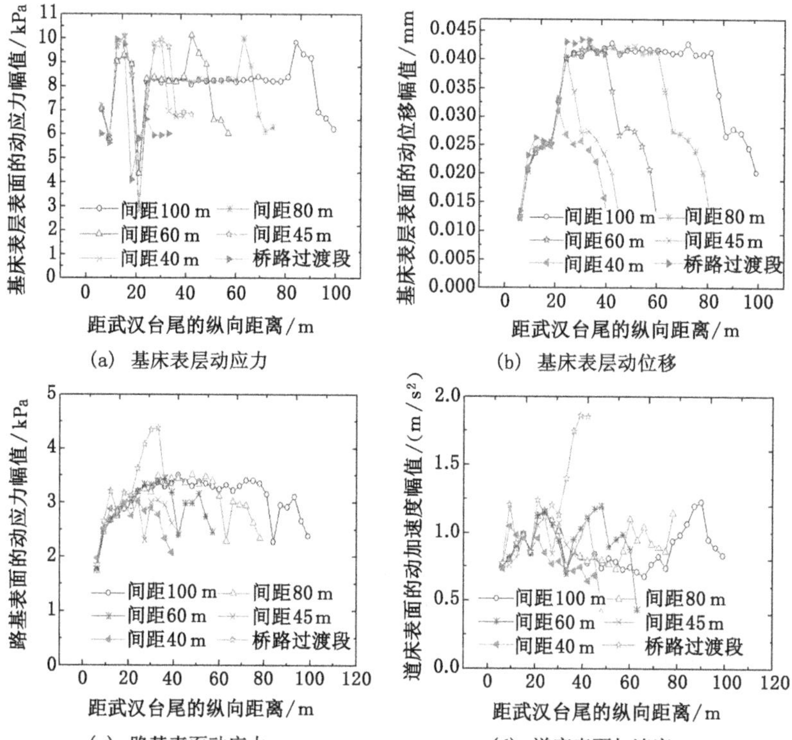

(a) 基床表层动应力　　(b) 基床表层动位移

(c) 路基表面动应力　　(d) 道床表面加速度

图 7-10　不同过渡段密集度对四种动参数影响曲线

表 7-9、图 7-10 和图 7-11 将列车荷载作用下不同过渡段间距的车辆-轨道-路基动响应参数与实际工况的路-桥过渡段动响应参数做了对比。可以见到，与上述推测相比，当过渡段比较密集时，列车荷载作用下，由于密集过渡段使得整体结构的刚度有所增加，因此动响应的叠加并没有使得所有动响应值都大大超过单个的路-桥过渡段的动响应值，反而有些动响应值小于单个路-桥过渡段动响应值。比如，普通路-桥过渡段路基表面动应力的最大值为 4.38 kPa，而密集过渡段的路基表面动应力的最大值减小到 3～3.52 kPa，减小幅度最大达到 31.5%；道床表面动加速度也由普通路-桥过渡段的 1.86 m/s^2 减小到1.05～1.23 m/s^2，减小幅度最大达到 43.5%。另外，密集过渡段的钢轨垂向振动加速度、轮重减载率和基床表面垂向位移相对于单个桥过渡段也都有不同程度的降低。这说明刚度的增加对密集过渡段动响应的影响抵消了由于过渡段密集而产生的动响应叠加。然而，我们要考虑的是，密集过渡段的存在，虽然减小了部分动响应值，却使得动响应值沿轨道走向的变化曲线变得更加波折。动响应时大时小，也

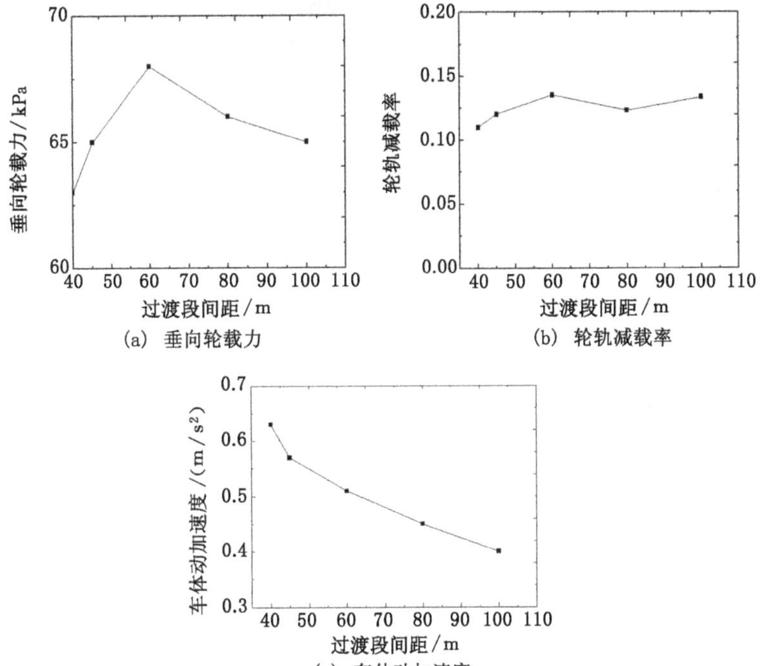

(a) 垂向轮载力　(b) 轮轨减载率

(c) 车体动加速度

图 7-11　过渡段间距对动参数的影响

将导致乘车舒适性的降低。

再者,也有部分动响应值是随着密集过渡段的出现而增大的,比如,车辆稳定性指标、舒适性指标、车体垂向加速度、轮轨垂向力、钢轨垂向位移、道床应力和基床表面应力。还可以发现,这些参数起初随着过渡段间距的增大,当增大到一定程度,便随着过渡段间距的增大而减小,而这个峰值往往出现在过渡段间距为 45 m、60 m 和 80 m 的情况下。如过渡段间距由 40 m 变为 60 m 时,车辆舒适性指标大于 1、小于 3;当过渡段间距增大到 80 m 时,车辆舒适性指标等于 1,处于非常舒适的状态;而当过渡段间距小于 60 m 时,车辆稳定性指标均大于2.5,处于良好或者及格状态;道床应力在过渡段间距为 45 m 时达到 14.92 kPa,相比其他工况最多增加了 35%,而路基表面应力、基床表面位移的最大值均出现在过渡段间距为 80 m 时,由此判断相邻路段最不利间距在 45～80 m 之间。

为了获得准确的最不利过渡段间距,本书考虑在极限工况下,即在列车速度为 350 km/h,过渡段长度为 20 m,过渡段轨面弯折为 1‰,刚度比为 1∶6 的工况下,过渡段间距分别取 50 m、60 m 和 70 m。我们知道动车组高速行驶时,安全性问题是放在首位的,在安全性得到满足的前提下,再考虑平稳性及舒适性问题。考虑到上述分析中，各工况的变化对轨上系统的影响大于轨下系统，而且路基动响应基本上满足评价标准，这里只列出车辆行驶舒适性指标和车体加速度、轮轨作用力作为本研究的评价依据。计算结果如表 7-10 所示。

表 7-10　极限工况下过渡段密集度对各动参数的影响

ΔL/m	$\Delta P/\bar{P}$	W	N	a_c	P
50	0.82	2.86	2.3	1.32	163
60	0.90	2.46	1.8	1.00	152
70	0.86	2.38	1.6	0.86	138

由表 7-10 不难看出，轮重减载率和轮轨作用力都是在评价指标范围之内的，而当过渡段间距为 60 m 时，轮重减载率处于临界值 0.9，车体垂向加速度为 1 m/s^2，也处于本书建立评价标准的临界值，也就是说，当过渡段间距小于 60 m 时，轮重减载率和车体垂向加速度都是满足要求的，而舒适性指标和稳定性指标则是随着过渡段间距的增大而减小，可见，当过渡段间距达到 60 m 后，稳定性指标小于 2.5，舒适性指标小于 2，也都是满足本书评价标准的。由此看来，60 m 为最不利过渡段间距。

当过渡段的密集度使得结构动响应幅值变化范围更大，甚至使得部分动响应指标大于现有评价指标时，两构筑物过渡段之间路基已不能采用通常方法来进行设计，通常做法是采用换填优质材料来进行填筑，即提高路基填料的刚度和强度。

由前述已知过渡段结构形式设计成正梯形，斜边坡比为 1∶2，过渡段长为 20 m，其正梯形及过渡段长度内基床表层填筑材料为级配碎石＋5％水泥，其他位置均采用 A、B 填料填筑。但如果两个相邻路-桥过渡段之间采用级配碎石＋5％填筑(称为一次过渡法)，则轨下结构的动态响应将发生很大的变化。路堤本体换填材料后给轨下结构动态响应的影响见表 7-11。

表 7-11　相邻路-桥过渡段一次过渡对各动参数的影响

ΔL/m	车辆指标			动加速度/m/s^2			动应力/kPa				动位移/mm	
	$\Delta P/\bar{P}$	W	N	a_c	a_r	a_b	P	σ_b	σ_{s1}	σ_{s2}	U_r	U_{s1}
40	0.62	2.05	1.39	0.71	235.70	0.863	72	11.66	11.03	2.39	0.017 2	0.028
50	0.68	1.85	0.99	0.59	235.48	1.020	65	11.19	10.75	2.63	0.017 2	0.036
60	0.64	1.67	0.79	0.52	235.53	1.047	61	11.62	10.98	2.70	0.017 2	0.037

通过上述分析已知相邻路-桥过渡段间距小于 60 m 时会因为动响应的叠加

而给结构带来安全隐患，而表 7-11 表明当对相邻路-桥过渡段采用一次过渡法处理时，整个结构的动刚度增大，且变得更为平顺，这使得密集过渡段车辆-轨道-路基系统的动响应值均大幅度减小，都在评价指标之内，能更大程度地保证车辆运行的安全性和舒适性。

7.4　本章小结

本章介绍了国内外车辆轨道路基动力学特性的评价指标，根据这些参考值和第 4 章的轨道-路基动力模型，引用第 3 章轮载力的数定方法，求得路-桥过渡段在列车荷载作用下轨道-路基的动力响应，利用第 5 章模态叠加法建立的车辆-轨道模型求得车辆-轨道的动力响应。以武广高速铁路轨道路基设计参数为基础，对影响系统动力响应的一些参数进行分析，主要分析了过渡段长度、轨面弯折、差异沉降、过渡段刚度、过渡段形式以及过渡段密集度对动力指标的影响，根据计算结果得出以下结论：

(1) 过渡段差异沉降和轨面弯折是引起过渡段动力不平顺的主要因素，过渡段刚度、过渡段长度以及过渡段形式的选择应有助于减少过渡段差异沉降和轨面弯折，从而达到减小系统动响应的目的。

(2) 通过计算，针对本书所取工点提出：行车速度为 350 km/h 时，路-桥过渡段折角不平顺的限值应小于 1/1 000、过渡段长度宜取 25 m、沉降差不超过 5 mm可作为路-桥过渡段的设计和施工参考。

(3) 在基床表层以上部分，倒梯形形式过渡段的动响应值小于正梯形，而在基床表层以下部分，正梯形形式过渡段的动响应小于倒梯形，然而其大小差别均不明显。当基床表层材料刚度较大时，可以采用倒梯形形式过渡段；当基床表层刚度较小，则可以选用正梯形形式过渡段。

(4) 过渡段与普通路基的刚度比对车辆运行的安全性和平稳性以及路基动响应值影响并不是很大，但当刚度比大于 1∶6 时，各动参数随刚度比增加而增加的幅度增大，因此建议过渡段刚度比控制在 1∶6 以内。

(5) 对于相邻路-桥过渡段，过渡段最不利间距为 60 m，如果小于 60 m 时，建议采用一次过渡法对过渡段进行处理，这样可以大大增加过渡段的安全性和舒适性。

第8章 结论与展望

8.1 本书研究工作总结

本书针对无砟轨道路-桥过渡段静态不平顺和动态不平顺共同存在的特征，以国家自然科学基金项目“高速铁路无砟轨道高密集度过渡段路基的动力特性与变形控制研究”(50678177)，湖南省自然科学基金项目“高速铁路密集过渡段轨道-路基长期累积变形机理研究”(2020JJ5488)为依托，通过理论分析、室内试验、现场试验和数值模拟等方法，对无砟轨道路-桥过渡段系统的动力计算模型和列车荷载作用下的动力特性进行了广泛而深入的研究，主要结论和研究成果如下：

(1) 通过现场波速试验、大型激振试验(跨孔法、下孔法及面波法)及室内大型粗颗粒土的物理力学试验，得到了级配碎石+5%水泥、级配碎石与A、B组填料的动参数和物理力学参数。同时，还通过室内粗颗粒物理力学试验得出级配碎石和A、B组填料的物理力学参数，结果表明所选级配碎石和A、B组两种路基填料的粒径分布不均且级配良好，两种填料的强度指标均较一般土体或路基填料更高，说明作为高速铁路的路基填料，级配碎石和A、B组填料在级配良好的状况下能够达到很高的强度，这对高速铁路路基的稳定性十分有利。

通过激振法和跨孔法试验，根据实际的结构尺寸计算得到，桥台和路基的综合模量分别为2 001.16 MPa和605.55 MPa，相差约3.3倍，由桥台经过过渡段到路基的综合弹性模量变化率约为41.0 MPa/m；桥台和路基的刚度分别为152.72 kN/mm和100.5 kN/mm，仅相差约1.52倍，由桥台经过过渡段到路基的刚度变化率为1.53 kN/mm/m。通过仿真分析，用钢轨轮轨力/钢轨表面动位移求得近似动刚度，得到桥台和路基的近似刚度分别为150 kN/mm和95 kN/mm，仅相差约1.58倍，由桥台经过过渡段到路基的刚度变化率为1.18 kN/mm/m。这些结果基本上与设计要求一致(桥路刚度比一般不超过2倍)。这种差值基本上能消除结构突变的影响，使路基结构的刚度能较均匀过渡。

跨孔法、下孔法测试压缩P波、剪切S波试验结果基本一致，在同一剖面同一填料层内，随着深度的增加，动剪变模量、动弹性模量随之增加，动泊松比随之减少。这些物理量与填料的性质也有关，动剪变模量、动弹性模量与填料的关系依次为：级配碎石+5%水泥最大，级配碎石次之，A、B组填料最小；动泊松比则与此刚好相反。当然，这些物理量除了与深度、填料的本身性质有关外，还与填料的压实度、含水量有关。

对于并非理想成层的地层和深层测试，面波法测试的剪切波速度的精度较跨孔法或者下孔法测试结果的精度有明显不足，而跨孔法由于每个测点需要两个以上的钻孔，钻孔间的平行度难以保证，所以对路基参数获取试验仍推荐采用下孔法，并可以面波法作为参考。

(2) 基于列车运行条件下过渡段轨道加速度实测结果，通过数定获得过渡段轨道动应力时程曲线，作为轨道-路基动力模型的荷载输入。

(3) 基于D'Alembert原理的弱变分和整体Lagrange格式，建立了无砟轨道路-桥过渡段系统半无限三维空间动力有限元计算模型。材料变形特性的计算模型采用了线弹性、黏弹性本构模型；采用与材料相关阻尼的输入方法，分别输入不同土体材料的阻尼；模型边界引入黏-弹性人工边界；车辆系统与无砟轨道过渡段结构系统之间的耦合作用，是根据钢轨实测加速度数定而得的钢轨轮轨垂向力的输入来进行的。整体刚度矩阵方程的求解采用了Newmark隐式积分法，因计算模型中包含有大量的耦合约束方程，采用了波前求解器和缩减法求解器，整个求解是在ANSYS系统中进行的。

在该模型中，不同的结构采用了不同的单元离散，如钢轨采用梁单元，轨道板采用板单元，CA砂浆层采用板单元和弹簧-阻尼单元，钢轨与轨道板之间的扣件和轨下胶垫结构采用弹簧-阻尼单元，整体混凝土道床，硬质碎石道砟，级配砂(砾)石层(掺5%的水泥)或A、B组填料层和地基等结构层采用三维实体单元。

虽然板单元与梁单元、板单元与实体单元相对应的节点相距很近，但它们并不能够保证板壳与板壳或梁、板壳与实体在连接处有相同的位移。问题在于板单元节点偏移以致位移不连续，或梁、板单元与实体单元的节点自由度不匹配，转动自由度不能传递到实体单元的节点上去，诸如此类问题一直干扰着无砟轨道过渡段结构系统的动力计算模型建立。本书利用Timoshenko梁假设和刚体力学理论，建立了各种不同性质单元的耦合约束方程，不同材料接触面之间相互耦合，无相对位移，其耦合约束方程采用Lagrange增广法处理，很好地解决了无砟轨道过渡段结构系统相互衔接的建模难问题。

(4) 引入小波分析理论，根据牛顿-柯特斯积分法、五点三次平滑法，结合Matlab软件编程，获取了更真实的动态时程响应曲线。为了获取动响应幅值，进一步对时程曲线进行随机数据信号的均方值、均值和方差的统计分析，并通过K检验法进行正态分布的假设检验，进一步验证数据的真实性，从而剔除部分不真实数据，获得真实信号。得到以下结论：

① 过渡段的动态响应受轴重、行车速度、行车方向、邻线行车的影响。轴重影响最大，车速影响次之，行车方向与邻近行车影响最小。车辆轴重应该作为过渡段路基（动力）设计的主要控制条件之一。

② 随着路基基床表层深度的增加，动响应幅值随路基深度的衰减趋势十分明显，从动响应随深度的变化规律看，基床层承担了主要的动响应部分，而基床动加速度更能灵敏地反映基床的振动情况。

③ 过渡段的最大动应力、动位移均在高刚度结构物和低刚度结构物之间。比如在基床表层，动压应力在距离桥台台尾13 m处为峰值；在离台尾19 m和25 m的位置，加速度和动位移幅值出现峰值。同时发现，动应力、动加速度、动位移随过渡段刚度变化较大，而动速度受到过渡段刚度变化的影响较小。因此，有必要加强过渡段中较薄弱的地段。

④ 行车速度对各个层面加速度幅值的影响明显呈现“上大下小”的趋势，行车速度对轨道板加速度、振动速度的影响较为明显，而对路基面及以下部分的加速度、振动速度则影响甚微。这说明在轨道状态较好的状况下，列车速度对系统动力响应影响主要在轨道路基结构上部，对基床表层以下影响不大。因此高速铁路轨道路基中，基床表层以上结构是设计重点。

⑤ 测试数据表明：本书中路-桥过渡段所采用的形式以及用级配碎石＋5%水泥作基床填料的过渡效果较为理想，过渡段路基按要求填筑的质量能够满足设计和运营要求。

(5) 通过建模和有限元分析，并提取其振型和频率，将有限单元法和模态综合叠加技术引入车轨耦合振动模型。车辆采用六自由度的二维车辆模型，轨道采用平面梁单元建立连续梁模型，提取车轮行驶单元节点处振型向量，利用模态综合叠加法推导了系统矩阵，并建立了系统运动方程，这使得车轨耦合方程组矩阵维数大大降低，提高了求解速度，且避免了由于单元划分过细而导致的轨道刚度矩阵和质量矩阵非常大、计算难以进行的问题。运用FORTRAN语言编制了相应的计算程序，运用所编制的程序进行对比分析，结果表明该种方法可行，具有很强的通用性，且便于分析结构细部的动力响应。

(6) 根据国内外车辆轨道路基动力学特性的评价指标，利用第4章的轨道-路基动力模型，利用第3章轮载力的数定，求得路-桥过渡段在列车荷载作用下轨道-路基的动力响应，利用第5章模态叠加法建立的车辆-轨道-路基过渡段模型求得车辆-轨道-过渡段路基的动力响应。以武广高速铁路轨道路基设计参数为基础，对影响系统动力响应的一些参数进行分析，主要分析了过渡段长度、轨面弯折、差异沉降、过渡段刚度、过渡段形式以及过渡段密集度对动力指标的影响，根据计算结果得出以下结论：

① 过渡段差异沉降和轨面弯折是引起过渡段动力不平顺的主要因素，过渡段刚度、过渡段长度以及过渡段形式的选择应有助于减少过渡段的差异沉降和轨面弯折，从而达到减小系统动响应的目的。

② 车辆运行速度为 350 km/h 时，可将路-桥过渡段折角不平顺的限值应小于 1/1 000、过渡段长度在 20～30 m 之间、沉降差不大于 5 mm 作为路-桥过渡段的设计和施工参考。按此设计，在弹性变形、动加速度、动速度以及动应力方面完全满足高速列车行车要求，且尚有余地进一步优化设计。

③ 在基床表层以上部分，倒梯形形式过渡段的动响应值小于正梯形，而在基床表层以下部分，正梯形形式过渡段的动响应小于倒梯形，然而其大小差别均不明显。当基床表层材料刚度较大时，可以采用倒梯形形式过渡段；当基床表层刚度较小，则可以选用正梯形形式过渡段。

④ 过渡段与普通路基的刚度比大于 1∶6 时，车辆运行的安全性和平稳性以及路基动响应值随刚度比增加而增加的幅度增大，因此建议过渡段刚度比控制在 1∶6 以内。

⑤ 对于相邻路-桥过渡段，当两过渡段间距小于 60 m 时，宜采用一次过渡法对过渡段进行处理，这样可以大大增加过渡段的安全性和舒适性。对于一次过渡法所用的过渡段填料，还有进一步优化设计的余地，建议改变级配碎石内的水泥掺入量或填料类型等以实现既经济可行，又能保证过渡段路基的安全性、舒适性。

8.2　本书主要创新

(1) 通过大型动力响应试验，将轨道实测加速度通过数定法得到轨道动应力时程曲线，并由此作为三维空间的无砟轨道路-桥过渡段动力有限元模型的动荷载输入，相比其他荷载简化方法，更真实可信。

(2) 充分考虑了路-桥过渡段及路基系统的空间、时变、耦合特性及设计断面和设计参数，建立了三维空间的无砟轨道路-桥过渡段动力有限元模型。利用 Timoshenko 梁假设和刚体力学理论，解决了各种不同性质的单元耦合问题，利用黏-弹性人工边界模拟无限地基的能量辐射作用，不但吸收了模型边界向无穷远处逸散的能量，而且大大地缩小了模型的尺寸，从而提高了计算机的运行速度。

(3) 通过建模和有限元分析，并提取其振型和频率，将有限单元法和模态综合叠加技术引入车轨耦合振动模型，通过提取车轮行驶单元节点处振型向量，利用模态综合叠加法进行迭代求解。并运用 FORTRAN 语言编制了相应的计算程序，使得车轨耦合方程组矩阵维数大大降低，提高了求解速度，具有很强的通用性，且便于分析结构细部的动力响应，避免了由于单元划分过细而导致的轨道刚度矩阵和质量矩阵非常大、计算难以进行的问题。

(4) 在新建武广高速铁路综合试验段进行了两种车型 120 趟高速行车条件下的动力学测试，首次获得了最高速度达 354.7 km/h 的路-桥过渡段轨道-路基动力响应测试数据，并通过一系列数据处理方法，获得动响应在列车作用下的变化规律，为我国高速铁路过渡段路基的设计提供了重要依据。

(5) 系统地研究了不同因素对过渡段动力响应的影响，从而确定了过渡段设计的控制条件。对于相邻路-桥过渡段路基，提出在最不利间距内采取一次过渡填筑处理方法，并建议改变级配碎石内水泥掺入量，以进一步优化高速铁路无砟轨道相邻过渡段路基的设计，提高行车的安全性和舒适性。

8.3 对今后研究工作的展望

随着高速铁路的迅猛发展，人们对行车的安全性、稳定性和舒适性的要求也越来越高，而过渡段又是整个高速铁路路基中的一个非常薄弱的环节，因此对过渡段的动力特性的研究是保证高速铁路平稳舒适的关键问题之一。然而，由于笔者时间和精力的限制，目前对于高速铁路无砟轨道过渡段路基的动力分析，还存在以下难点和不足：

(1) 尽管本书所建动荷载作用下轨道-路基仿真模型相比其他模型更贴近实际，但数值解与试验值仍然有一定差距，并不能完全重合。这可能与模型中各结构特性参数的获取，以及本构模型的选择有关，并且实测数据受到许多因素的影响。这些都有待于进一步研究。

(2) 模型有效性的验证，采用实测数据与模型分析结果进行对比是最理想的方法，但这种对比验证的前提条件是必须准确得到系统中结构特性参数，如参振质量、转动惯量、阻尼、连接刚度等。而实际工程中，这些系统参数往往难以准确获得，尤其是像轨道这样铺设在离散道砟上的结构，结构参数更是难以准确测量，且沿线路延长方向有很大的离散性，难以保证模型分析中系统参数取值与实际结构体系特性参数完全一致。因此，如何真实地测试实测数据，并从实测数据中剔除错误或者误差较大的数据，从而获取更真实的实测数据也是需要进一步研究的。

(3) 基于有限元方法和模态叠加法所建立的过渡段车辆-轨道-路基模型是针对系统竖向受力分析的，考虑空间受力状态，并建立三维动力分析模型，是将来需要完善的工作。

(4) 关于动参数的研究，所得的动弹性模量相比其他文献偏大，然而运用此参数建立的仿真模型所计算出来的结果却相对更为准确，到底是试验过程多重因素影响问题，还是施工过程中路基模量确实比较大，或是仿真模型的完善性所致，都有待做进一步系统的探讨。

参考文献

[1] 蔡袁强，赵莉，曹志刚，等.不同频率循环荷载下公路路基粗粒填料长期动力特性试验研究[J].岩石力学与工程学报，2017，36(5)：1238-1246.

[2] 陈兆玮，孙宇，翟婉明.高速铁路桥墩沉降与钢轨变形的映射关系(Ⅰ)：单元板式无砟轨道系统[J].中国科学(技术科学)，2014，44(7)：770-777.

[3] 陈兆玮，孙宇，翟婉明.高速铁路桥墩沉降与钢轨变形的映射关系(Ⅱ)：纵连板式无砟轨道系统[J].中国科学(技术科学)，2014，44(7)：778-785.

[4] 勾红叶，冉智文，蒲黔辉，等.高速铁路桥梁竖向变形与轨面几何形态的通用映射解析模型研究[J].工程力学，2019，36(6)：227-238.

[5] 郭春梅，郜永杰，黄俊杰，等.无砟轨道路基基床翻浆注胶加固模型试验研究[J].铁道科学与工程学报，2019，16(10)：2387-2394.

[6] 何春燕，陈兆玮，翟婉明.高速铁路路桥过渡段不均匀沉降与钢轨变形的映射关系及动力学应用[J].中国科学(技术科学)，2018，48(8)：881-890.

[7] 康晨曦，雷晓燕，刘庆杰，等.嵌入式轨道槽内结构刚度匹配及拓扑优化研究[J].噪声与振动控制，2020，40(2)：133-139.

[8] 冷伍明，周文权，聂如松，等.重载铁路粗粒土填料动力特性及累积变形分析[J].岩土力学，2016，37(03)：728-736.

[9] 李栋，苏谦，刘亭，等.高速铁路桩板结构路桥过渡段无砟轨道动力特性试验研究[J].铁道标准设计，2019，63(10)：56-60.

[10] 李述涛，刘晶波，宝鑫，等.基于自由场局部变形的地下结构抗震 Pushover 分析方法[J].地震工程学报，2019，41(6)：1472-1481.

[11] 李扬波，张家生，朱志辉，等. CRTSⅢ型板式无砟轨道下路基的累积变形[J].华南理工大学学报(自然科学版)，2019，47(3)：135-142.

[12] 李扬波，张家生，朱志辉，等.循环荷载作用下铁路路基级配碎石填料累积变形研究[J]，工程科学与技术，2018，50(5)：130-137.

[13] 李再帏，张斌，雷晓燕，等.基于随机有限元的无砟轨道服役可靠性分析[J].铁道工程学报，2019，38(16)：239-244.

[14] 刘宝，苏谦，Phong P D，等.不同含水状态级配碎石临界动应力及变形规律

研究[J].铁道学报,2016,38(6):100-107.

[15] 刘晶波,王东洋,谭辉,等.整体式反应位移法的理论推导及一致性证明[J].土木工程学报,2019,52(8):18-23.

[16] 刘美芳,蒋鑫,陈晓丽,等.考虑分层填筑的高路堤沉降变形特性分析[J].交通运输工程与信息学报,2020,18 (1):61-67,76.

[17] 刘卫丰,杜林林,刘维宁.横向固定谐振荷载下曲线轨道参数对钢轨位移响应的影响研究[J].振动工程学报,2019,5(32):837-844.

[18] 刘卫星,赵坪锐,毕澜潇,等.高速铁路有砟轨道轮轨附加动荷载取值研究[J].铁道标准设计,2020,64(5):50-56.

[19] 龙尧,张家生,丁建源,等.粗粒土路基循环荷载试验及累积变形模型研究[J].振动与冲击,2017,36(16):128-133,158.

[20] 卢春房,王德.中国高铁安全运营技术体系与保障措施[J].中国安全科学学报,2019,9(8):1-9.

[21] 马蒙,刘维宁,刘卫丰.列车引起环境振动预测方法与不确定性研究进展[J].交通运输工程学报,2020,20(3):1-16.

[22] 梅慧浩,冷伍明,刘文劼,等.持续动荷载作用下基床粗粒土填料累积塑性应变试验研究[J].铁道学报,2017,39(02):119-126.

[23] 聂如松,梅慧浩,冷伍明,等.重载铁路过渡段路基动力响应特性试验研究[J].土木工程学报,2019,52(5):101-115.

[24] 屈畅姿,康凯,魏丽敏,等.高铁路-涵过渡段路基动力响应特性及长期动力稳定性研究[J].岩土力学,2020,41 (10):3432-3442.

[25] 宋小林,翟婉明,王开云.波磨对轮轨系统动力特性的影响分析[J].中国铁道科学,2018,39(5):42-50.

[26] 王开云.轨道交通结构服役性能演变与安全控制[J].中国科学,2019,64(25):2564-2565.

[27] 王树国,王璞,赵磊,等.高速铁路工务工程前沿基础理论与科学问题:轨道系统与运维机制[J].铁道建筑,2018,58(11):5-12.

[28] 谢伟平,王政印,孙亮明.地铁车辆段新型隔振支座的减振效果研究[J].振动与冲击,2018,37(10):63-70.

[29] 徐磊,翟婉明.车轮踏面磨耗及轨道不平顺联合作用下的车辆-轨道系统随机分析模型[J].铁道学报,2020,42(2):79-85.

[30] 徐翔,蔡成标,何庆烈,等.地震作用下悬挂式单轨车桥系统动力性能分析[J].铁道标准设计,2020,64(11):79-85.

[31] 袁玄成,王开云,阁鑫,等.轨道不平顺波长和幅值对高速动车组动力学性

能的影响分析[J].交通信息与安全,2018,36(2):1-9.
[32] 曾庆元,周智辉,赫丹,等.列车-轨道(桥梁)系统横向振动稳定性分析[J].铁道学报,2012,34(5):86-90.
[33] 翟婉明,赵春发.现代轨道交通工程科技前沿与挑战[J].西南交通大学学报,2016,51(2):209-226.
[34] 张甲峰,钱建固,吕玺琳,等.飞机移动荷载作用下跑道地基响应范围变化规律[J].岩土工程学报,2019,41(1):101-104.
[35] 张克平,和振兴,石广田,等.城市轨道交通路基沉降与无砟轨道轨面不平顺映射关系[J].铁道标准设计,2020,64 (2):82-87.
[36] 张凌,雷晓燕,刘全民,等地铁环境振动源强测试与评价标准分析[J].振动测试与诊断,2020,40 (1):89-94.
[37] 张鹏飞,连西妮,桂昊,等.墩底沉降对桥上 CRTSⅡ型板式无砟轨道纵向力的影响[J].北京交通大学学报,2020,44(1):113-119.
[38] 周文权,冷伍明,聂如松,等.重载铁路粗粒土填料累积变形预测模型与应用[J].铁道学报,2019,41(11):100-107.
[39] 左志远,刘林芽,秦佳良,等.扣件胶垫温变特性对车辆-轨道垂向耦合动力响应的影响分析[J].噪声与振动控制,2020,40(3):194-199,206.
[40] FENG Y L,JIANG L Z,ZHOU W B,et al.An analytical solution to the mapping relationship between bridge structures vertical deformation and rail deformation of high-speed railway[J].Steel and composite structures,2019,33(2):209-224.
[41] HEYDARI-NOGHABI H,VARANDAS J N, ESMAEILI M,et al.Investigating the influence of auxiliary rails on dynamic behavior of railway transition zone by a 3D train-track interaction model[J].Latin American journal of solids and structures,2017,(14):2000-2018.
[42] HU P,ZHANG C S,WEN S,et al.Dynamic responses of high-speed railway transition zone with various subgrade fillings [J].Computers and Geotechnics,2019,(108):17-26.
[43] LI D Q,ELKINS J A,Otter D E,et al.Vehicle/track dynamice models for wheel/rail forces and track response[J],Heavy vehicle systems,1999,6 (1):345-359.
[44] LIU K W,SU Q,NI P P,et al.Evaluation on the dynamic performance of bridge approach backfilled with fibre reinforced lightweight concrete under high-speed train loading[J].Computers and geotechnics,2019,104:

42-53.

[45] PAIXAO A,FORTUNATO E,CALCADA R.Numerical study on the influence of backfill settlements in the train/track interaction at transition zones to railway bridges[J].Proceedings of the institution of mechanical engineers—Part F:journal of rail and rapid transit,2016,230:866-878.

[46] RADKEVYCH A V, PETRENKO V D, TIUTKIN O L, et al. Comparative analysis of the parameters of the strength of the subgrade at the transition to the higher axial loading up to 25 t[J].Materials science and engineering,2019,708:1-7.

[47] SHAN Y,ZHOU S H,SHU Y.Differential settlement and soil dynamic stress of a culvert-embankment transition zone due to an adjacent shield tunnel construction[J].KSCE journal of civil engineering,2018,22(7):2325-2333.

后　记

年初筹划出书，掩卷之际，思绪万千，感慨良多。本书从选题、构思、试验研究、理论分析、程序调试到撰写成稿的整个过程，从总体框架到标点符号，从研究内容到书写方式，无不浸透着点灯熬油的心血。在成稿期间，有过成功的喜悦，亦有过失败的沮丧。感谢一路以来老师、领导、同事和亲人朋友们的支持与鼓励。

本书中大量工作是在导师王永和课题组前期研究成果的基础上开展的，导师渊博的学识、严谨的治学、谦虚求实的作风、和蔼可亲的为人是我终生学习的楷模。在日常生活、学习和研究过程中，导师夫妇的巨大帮助、无微不至的关怀、谆谆教诲和启迪，使我得以顺利完成书中的大量研究工作，在此表示最最衷心的感谢！

书中的现场参数测试和现场动测试验得到了中南大学高速铁路建造技术实验室的大力支持，测试前的设备调试及整个测试过程中有幸得到了何群老师、童发明高工的帮助，在此表示感谢！

书中的室内试验工作得到了中南大学土工实验室老师们的支持，实验过程中得到了各位老师、同学的帮助，在此表示感谢！

书中的数值分析工作得到了卿启湘老师的指导和帮助，在本书撰写时在对理论分析、试验研究等方面给予了本人孜孜不倦的教导和帮助，在此表示感谢！

研究中的编程工作得到了肖祥教授无私的帮助，在此表示感谢！

正如《礼记》上所说：独学而无友，则孤陋而寡闻。在此书成稿过程中，正是有了师长们的指导、同学们的讨论，领导同事们的关心，此书才得以不断完善！正是有了大家的鼎力支持，本书才得以如期面世！书中引述了国内外学者的研究成果，谨对各位专家学者致以崇高的敬意，书中引用若有疏漏或不妥之处，我深表歉意，并将及时勘误。

最后，谨以此书献给我的恩师、我的家人以及所有关心和帮助我的亲人和朋友。怀昂扬之志，扬理想之帆，我将铭记恩师的教诲和亲朋好友的嘱托，带着所有人的殷切期盼和美好祝愿，继续开拓进取，实现我们美好的梦！

胡　萍

2020 年 7 月